Zu diesem Buch

Marina ist dreizehn Monate und krabbelt noch nicht. Thomas hält stundenlang seine Rassel fest umklammert und macht Lärm. Es gibt so manches, was Müttern und Vätern angst macht in der Entwicklung der Kinder. Viele Eltern, Erzieherinnen und Lehrerinnen vertrauen aber auch auf die lebendigen Kräfte ihrer Kinder. Sie sehen das Positive und fördern es.

Dieses Buch bietet den ängstlichen und den mutigen, den gestreßten und den gelassenen Eltern Ideen und Hilfen, sich und ihren Kindern Gutes zu tun.

Schon Babys lieben Körperspiele. Sie juchzen und freuen sich. Und kleine Kinder lieben Körperspiele noch viel mehr. Ihnen ist es egal, daß Rüssel-Rasseln und Ba-Klatsch oder das Streichelspiel ihre seelische Entwicklung positiv beeinflussen. Hauptsache, es macht Spaß. Daß Körper und Seele eins sind, ist eine uralte Weisheit. Spiel und Bewegung sind wichtige Voraussetzungen für gesundes körperliches, geistiges und seelisches Wachstum eines Kindes. Mit seinen Spielanregungen zieht dieses Buch praktische Konsequenzen aus dieser Erkenntnis. Zugleich informiert es über die normale psychomotorische Entwicklung sowie über Abweichungen und wie bei Problemen geholfen werden kann.

In ihrer Praxis hat die Autorin alle Übungen und Spiele mit Kindern ausprobiert und erfolgreich angewendet.

Dr. Gela Brüggebors ist Diplom-Pädagogin, arbeitet als Sprachtherapeutin in Hannover und leitet das IFBT-Institut für pädagogisch-psychologische Fortbildung, Beratung und Therapie, Schneckenburgerstr. 30, 30177 Hannover. Sie ist Mutter einer Tochter.

Anregungen und Kritik bitte an folgende Adresse: Büro für wissenschaftliche Publizistik Dr. Horst Speichert, Teutonenstr. 32b, 65187 Wiesbaden. Hier erhalten Sie auch gegen Voreinsendung eines frankierten DIN-A 6-Umschlags einen Prospekt der Reihe «Mit Kindern leben».

Gela Brüggebors

Körperspiele für die Seele

312mal Bewegung, Entspannung, Energie
Anregungen zur Psychomotorik

Fotografie: Michael Seifert

rororo
Rowohlt

Dies ist ein Buch aus dem
Büro für wissenschaftliche Publizistik
Dr. Horst Speichert
Teutonenstr. 32b, 65187 Wiesbaden
Redaktion: Andreas Wagner

Umschlag: Peter Wippermann/Sebastian Raulf (Foto: Michael Seifert)
Bildnachweis:
Zeichnungen Harald Schmuck, Wiesbaden
Fotos Michael Seifert, Hannover

Für Hannelore und
Gerd Schetting

30.–32. Tausend September 1996

Originalausgabe
Veröffentlicht im Rowohlt Taschenbuch Verlag GmbH,
Reinbek bei Hamburg, Januar 1989

Satz Times (Linotron 202)
Gesamtherstellung Clausen & Bosse, Leck
Printed in Germany
1290-ISBN 3 499 18526 1

Inhalt

Kapitel 1

Psychomotorik – keine neue Masche

Psyche – das ist doch klar.

Schließlich haben wir alle unsere Gefühle: Wir sind traurig, mutig, freudig erregt oder angefüllt mit Haß. In den Medien wird uns jeden Tag etwas über die Psyche des Menschen erzählt – direkt oder indirekt.

In einer Eltern-Sendung im ZDF wird 45 Minuten über die psychische Entwicklung des Kindes berichtet, und in der Berichterstattung über einen Mordprozeß erfahren wir indirekt etwas über die Psyche, das Fühlen, das Handeln, die Motive eines Mörders.

Schlagen wir dann noch ein schlaues Lexikon auf, heißt es dort unter dem Stichwort Psyche: «Psyche ist die Bezeichnung für die Gesamtheit aller bewußten und unbewußten Erlebens- und Verhaltensweisen der Menschen.»

Es geht also um die Gefühle und das daraus resultierende Verhalten eines Wesens, das wir «Mensch» nennen, also auch um uns und unsere Kinder.

Dann gibt es in dem Wort Psycho-Motorik noch die Motorik. Das Duden-Fremdwörterbuch sagt, daß Motorik «Bewegung» heißt. Schön und gut – aber was haben unsere Gefühle mit der Bewegung zu tun?

Wenn ich laufe, steht dieses Laufen in einem Zusammenhang mit meiner psychischen Verfassung? Und wenn ich weine, hat dieses Verhalten etwas mit meiner Motorik zu tun?

Offensichtlich schon, denn wenn ich weine, sind meine Bewegungen anders, als wenn ich mich freue oder ratlos bin. Und wie oft erkennen wir an den Bewegungen, an der Körpersprache eines Menschen seine Stimmungslage.

«Aha, Herr Müller scheint sich geärgert zu haben», denken wir, bevor wir mit Ernst Otto Müller auch nur ein Wort gewechselt haben.

«Aha, Edeltraud Eckes scheint mal wieder verliebt zu sein, sonst würde sie nicht so beschwingt durch die Gegend laufen», denken wir vielleicht.

Und wie «durchsichtig» werden erst die Gefühle von Kindern durch ihre Bewegungen.

Verhalten ist eine Ausdruckseinheit von Psyche und Motorik – also Psycho-Motorik.

Vater Peter sieht Klein-Peter schon an den Bewegungen an, was «Sache» ist, und Mutter Gisela weiß, daß Tochter Mareike sich so nur bewegt, wenn sie glücklich ist.

Bewegung spiegelt also den Gefühls- und Erlebenszustand eines Menschen. Selbst wenn wir uns zusammenreißen und unsere «miese» Stimmung überspielen wollen, treffen wir oft auf irgendeinen Menschen, den wir nicht täuschen können, der genau sieht, fühlt und erfaßt, was wirklich mit uns los ist.

Psyche und Motorik gehören aber nicht nur in einer Richtung zusammen:

Psyche → Motorik

(die psychische Situation bestimmt die Bewegung).

Sondern das Verhältnis existiert auch umgekehrt.

Motorik → Psyche

(Bewegung beeinflußt die Psyche).

Es gibt also einen gegenseitigen Austauschprozeß: Wir sind eine Einheit von allen Dingen, können über Bewegung auch unsere psychische Verfassung verändern: positiv wie negativ.

Von den positiven Einflüssen der Motorik auf die Psyche eines Kindes soll in diesem Buch die Rede sein.

Gottlob gibt es seit einiger Zeit neben den «Quatsch»-Therapien – im Sinne von Rede-Therapien (der Patient erzählt seine Probleme dem Therapeuten) – jetzt auch körperbezogene Therapie«techniken», die den Menschen als Einheit von Körper und Geist/Psyche sehen und deshalb beides in die Therapie oder Beratung einbeziehen. Darüber reden, nämlich über die Probleme, die das Lebensgefühl beeinträchtigen, ist gut. Darüber reden und sie gleichzeitig körperlich ausdrücken, ist besser.

Und was für Erwachsene gut ist, ist für unsere Kinder oftmals besonders gut.

Psycho-Motorik ist kein neumodisches Schlagwort, keine neue Masche aus den USA, auch keine «fixe» Idee von «überkandidelten» Therapeuten: Psycho-Motorik ist erwachsen aus der Arbeit mit gesunden und kranken oder behinderten Kindern, entwickelt von kompetenten Pädagogen.

Regelkindergärten beziehungsweise deren Mitarbeiterinnen erkennen die Notwendigkeit der integrativen Erziehung, der Erziehung von behinderten und nichtbehinderten Kindern; Sportlehrer in der Schule nehmen Abstand vom üblichen Leistungsdenken. Schulsport und Eltern entdecken durch ihre Aktivitäten, daß der Körper auch dazugehört, wenn die Seele sich gut entwickeln bzw. geheilt werden soll.

Und alle entdecken die heilende Wirksamkeit von psychomotorischen Spielen für die eigenen und die ihnen «berufsmäßig» anvertrauten Kinder.

Wie schön ist es für Karina, Anna, Philipp und Sebastian, wenn sie ihren Gefühlen freien Lauf lassen können und dürfen. Meistens unterbinden Eltern, Lehrer und Erzieher diese Seite des Kindseins – aus Angst vor dem Chaos. Aber dieses Chaos stellt sich immer nur am Anfang ein. Kinder haben große Fähigkeiten zur Selbstregulierung – zuerst drehen sie mächtig auf, aber im Laufe der Zeit reguliert sich vieles von selbst.

Mutige Eltern haben Zeit und Vertrauen in die positiven Kräfte ihrer Kinder. Denken Sie an Ihre Kindheit: War da nicht doch irgend jemand, der an Sie geglaubt hat und Sie so akzeptiert hat, wie Sie waren: frech, wild, launisch, zappelig, antriebsarm oder «unerträglich»?

Prinzipien einer solchen Erziehung sind:

Positives sehen und fördern und nicht rumstochern in Negativem, Neurotischem und Auffälligem.

Hinschauen: So ist der andere, und dann loslassen, nicht im Negativen verhaftet bleiben.

Dieses Buch stellt exemplarisch die psychomotorische Entwicklung eines Kindes dar und macht Vorschläge, die «guten» Seiten eines Kindes zu fördern.

Jedes Kind, jeder Mensch hat vier «Ecken» und mindestens fünf Sinne.

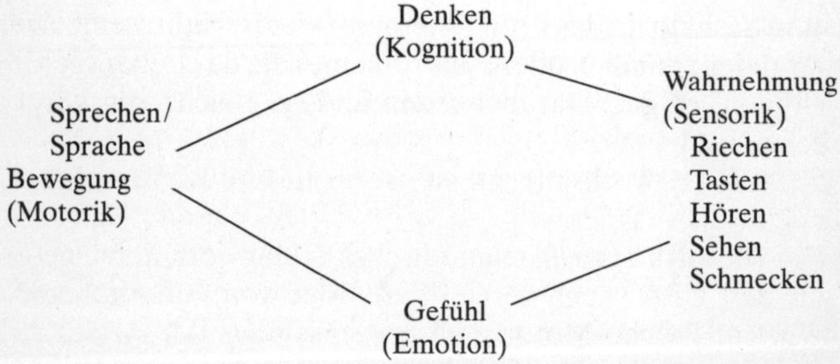

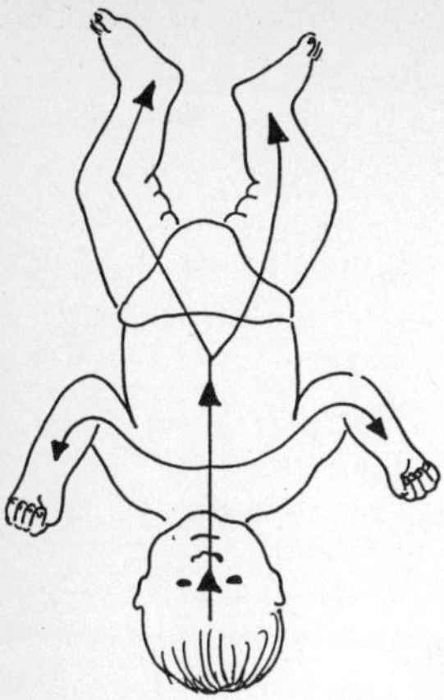

Die Motorik entwickelt sich von Kopf bis Fuß und von innen nach außen.

Die Entwicklung der Motorik läßt sich sehr genau beobachten und beschreiben. In diesem Buch werden wir mit «Karina» die Entwicklung der Bewegung verfolgen und die enge Verknüpfung zwischen Motorik und den anderen drei «Ecken» (Wahrnehmung durch die Sinne, Denken mit und ohne Sprache, Sprechen und den Gefühlen) miterleben.

Die Entwicklung der Motorik folgt vier Tendenzen:

von Kopf bis Fuß

von innen nach außen

von der Grob- zur Feinmotorik (z. B. vom Bewegen der Hand zur gezielten Bewegung eines Fingers)

der Sensomotorik (Steuerung der Bewegung durch Wahrnehmung; z. B. sieht das Kind einen Bonbon mit den Augen und greift nach ihm!).

Es bestehen enge Zusammenhänge zwischen allen vier «Ecken», also nicht nur zwischen Bewegung und Gefühlen. Die Wahrnehmung beeinflußt das Gefühl, das Gefühl die Bewegung, die Bewegung das Gefühl, das Gefühl das Denken, das Denken die Bewegung, die Bewegung das Denken usw. usw. Ein Kind braucht für die optimale Entwicklung seiner Möglichkeiten viel Bewegungsfreiraum. Spiel, Bewegung und vor allen Dingen Psycho-Motorik sind entscheidende Voraussetzungen für eine gesunde körperliche, geistige, psychische und intellektuelle Entwicklung unserer Kinder.

Ich hoffe, dieses Buch gibt Ihnen eine Menge Anregung für die Förderung der Psychomotorik Ihres Kindes.

Kapitel 2

Karina bis zum sechsten Lebensjahr

Die Neugeborene

Gisela und Peter Klein fiebern der Geburt ihres ersten Kindes entgegen. Wird es eine Karina oder ein Karsten – das ist die große Frage, auf die schon etliche Wetten abgeschlossen wurden.

Peter, der werdende Vater, meint nach altbewährter Art: «Egal, ob Junge oder Mädchen – Hauptsache gesund!»

Und dann kommt der große Tag. Nach zwölfstündigen Wehen wird ein kleines Mädchen geboren: «Karina ist da – hurra!»

Die Hebamme ist entzückt. Karina sieht prächtig aus, schreit gleich und bekommt die Höchstpunktzahl bei dem Test für Neugeborene.

Da Gisela Klein sich für eine ambulante Entbindung entschieden hat, sind die drei Kleins schon drei Stunden nach Karinas Geburt wieder zu Hause.

Karina liegt in der für Neugeborene typischen Beugehaltung auf Papas Bauch. Gisela meint, das sei der beste Weg zu einer intensiven Beziehung zwischen Vater und Tochter. Von den Fingern bis zu den Zehen sind Karinas Gliedmaßen gebeugt, der Kopf ist zur Seite gedreht. So liegt sie ruhig und entspannt auf Papas Bauch. Sie liegt jedoch nicht immer regungslos da, nein, sie strampelt schon recht kräftig herum.

Als Karina einige Tage später in Bauchlage auf der Wickelkommode liegt, drückt Gisela leicht gegen Karinas Fußsohle. Daraufhin stößt das Baby ruckweise nach vorne, den wackeligen Kopf hebt es für einen Moment an und wendet ihn sichtlich schwerfällig zur anderen Seite. Da Gisela Ärztin ist, weiß sie, daß dies durch Reflexe ausgelöste Kriechbewegungen sind, die jedes gesunde Baby zeigt.

Karina kann natürlich noch nicht sitzen, und auf dem Rücken liegend, kippt ihr Kopf ständig auf die eine oder andere Seite.

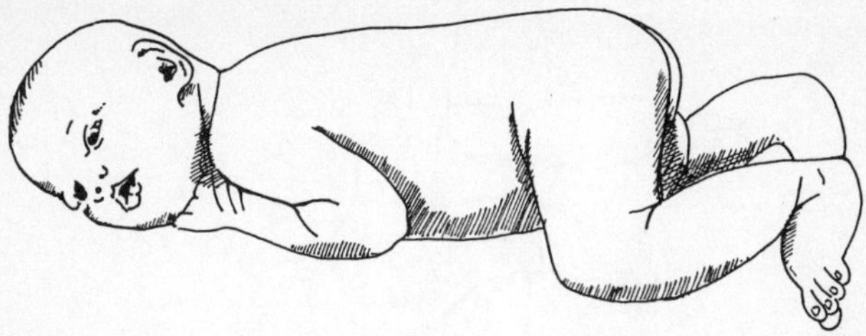

Karina liegt in der für Neugeborene typischen Beugehaltung.

«Peter, was sagst du dazu: Unsere Karina kann zwar noch nicht sitzen oder sprechen, aber laufen kann sie!»

«Du spinnst», meint Peter, der als Elektro-Ingenieur keine Ahnung von der Entwicklung eines Kindes hat.

«Schau», sagt Gisela und stellt Karina auf den Tisch.

Karina «läuft» tatsächlich quer über den Tisch.

«Ich finde, sie läuft nicht nur einfach, sie schreitet», witzelt Peter, «wie funktioniert denn das?»

«Das ist der sogenannte automatische Bewegungsreflex. Dieser Reflex wird dadurch ausgelöst, daß Karinas eine Fußsohle den Tisch berührt und sich das Bein daraufhin streckt, während das andere Bein gleichzeitig gebeugt wird. Dadurch hat man den Eindruck, daß sie läuft. Eben dieser Reflex muß in einigen Wochen wieder verschwunden sein, sonst lernt unsere Tochter nie richtig laufen.»

«Kompliziert, kompliziert. Erst ist der Reflex da, dann muß er wieder verschwinden! Ich würde ja in einigen Wochen denken: O Gott, jetzt läuft sie nicht mehr.»

«Bei dem willkürlichen, also gewollten Laufen stören diese Reflexe nur», klärt Gisela ihren Mann auf. «Aber jetzt erklär du mir mal, warum die Fernbedienung für den Fernseher nicht mehr funktioniert.»

«Das muß ich mir gleich mal ansehen», meint Peter und will ins Wohnzimmer gehen, aber Karinas kleines Händchen hält seinen Zeigefinger fest umklammert. Peter ist gerührt. Seine Tochter will ihn nicht gehenlassen!

«Ist das jetzt auch wieder so ein Reflex, oder liebt mich meine Tochter etwa schon über alle Maßen?» fragt er Gisela.

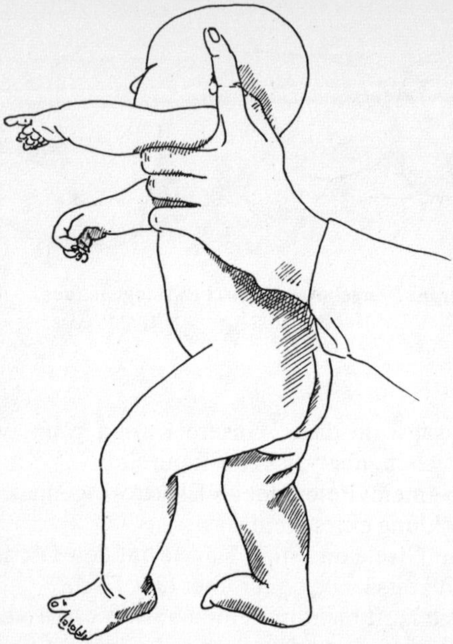

Im Alter von wenigen Tagen scheint Karina schon laufen zu können.

«Auch das ist wie das Laufen und Kriechen rein reflektorisch. Wenn du Karinas Handflächen berührst, schließen sich die Finger sofort. Schau, Karinas Daumen ist dabei unter den Fingern. Das ist ein gutes Zeichen! Ein Prachtkind – dank...» – «Papa», wirft der Papa ein.

Gisela und Peter legen Karina in ihr Bettchen und gehen ins Wohnzimmer.

Einige Minuten später kreist ein Hubschrauber mit ohrenbetäubendem Lärm über dem Haus. Karina schreit wie am Spieß!

«Kann sie schon richtig hören, so wie wir?» fragt Peter seine Gisela.

«Offensichtlich ja», meint diese etwas entnervt, «und das schon, als sie noch in meinem Bauch war.» Gisela geht ins Kinderzimmer und nimmt Karina auf den Arm, die sich sofort beruhigt, als sie Körperkontakt fühlt.

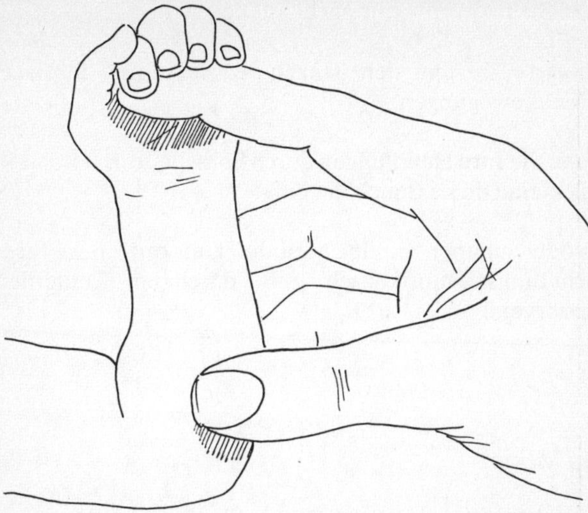

In einem Reflex krallt sich das Neugeborene an einem Finger fest.

Sprache:
Hat Ihr Kind kurz nach der Geburt geschrien?
Schreit Ihr Kind kräftig bei starken Sinneseindrücken (z. B. Licht- und Geräuscheinwirkungen) und Unbehagen?
Kann Ihr Kind saugen und schlucken?

Akustische Wahrnehmung (Hören)
Zuckt Ihr Kind bei einem plötzlichen Geräusch erschreckt zusammen?

Motorik – Bewegung
Zeigt Ihr Kind die beschriebenen Reflexbewegungen?
Zeigt Ihr Kind den beschriebenen Handgreifreflex?

Optische Wahrnehmung (Sehen)
Fixiert Ihr Kind einen roten Gegenstand, den Sie mit einem Abstand von etwa 20 cm vor seine Augen halten?

Spiele für das Neugeborene

1 Nehmen Sie Ihr Kind öfter nackt auf den Arm.

2 «Massieren» Sie ihm den ganzen Körper durch Streichel- und sanfte Druckbewegungen.

3 Begleiten Sie Ihre Handlungen durch Sprache, z. B. «So, jetzt reibe ich dir das kleine dicke Bäuchlein ein».

4 Singen oder summen Sie eine Melodie. Untermalen Sie Ihre Bewegungen rhythmisch-musikalisch, z. B. durch ein Kinderlied oder einen Kindervers.

Der erste Monat

Im ersten Lebensmonat entwickelt sich Karina prächtig. Liegt sie auf dem Bauch, so hebt sie für einige Sekunden ihren Kopf an und zieht dabei die Stirn kraus.

«Schau dir unsere Tochter an», sagt Peter zu Gisela, «sie wackelt mit dem Haupt wie ein alter Tattergreis und legt die Stirn in Falten wie ein uralter, weiser Philosoph.»

«Komm her, kleine Maus», sagt die Mama liebevoll, legt Karina auf den Rücken und streichelt ihr sanft den Bauch im Uhrzeigersinn. Dann nimmt sie Karinas Händchen und zieht sie langsam zum Sitzen hoch.

«Warum quälst du sie», fragt Peter etwas irritiert. «Ich quäle so gerne», antwortet Gisela etwas spitz. «Ach Quatsch, ich überprüfe ihre Muskulatur. Schau, Karinas Kopf fällt nach hinten, ihre Halsmuskulatur kann den schweren Kopf noch nicht halten. Rumpf und Gliedmaßen sind allerdings leicht angespannt. Karina leidet also nicht an einer krankhaften Schlaffheit.»

«Ist ja schön und gut», meint Peter, «aber ist es normal, daß sie ewig die Hände faustet? Immerhin ist sie schon bald fünf Wochen alt!»

«Klar, das ist völlig normal. Und gestern habe ich überprüft, ob sie auch altersgemäß fixiert.»

«Die Arme wird ja ständig durchgecheckt. Du bist wohl so eine Art Baby-TÜV», meint Peter halb ironisch, halb beruhigt. «Und was ist mit dem Fixieren?»

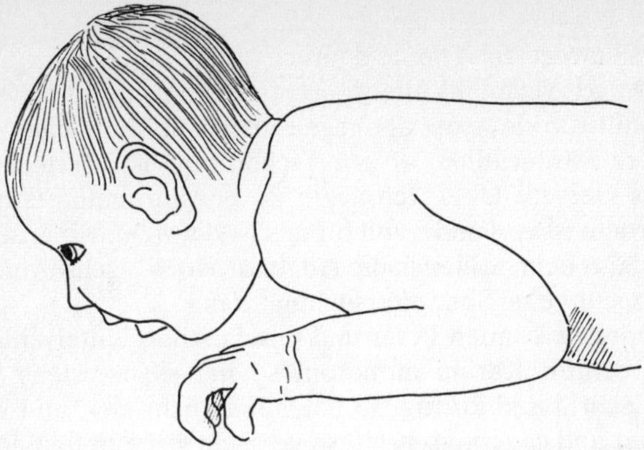

Im ersten Lebensmonat hebt Karina selbständig für einige Sekunden den Kopf an und zieht dabei die Stirn kraus.

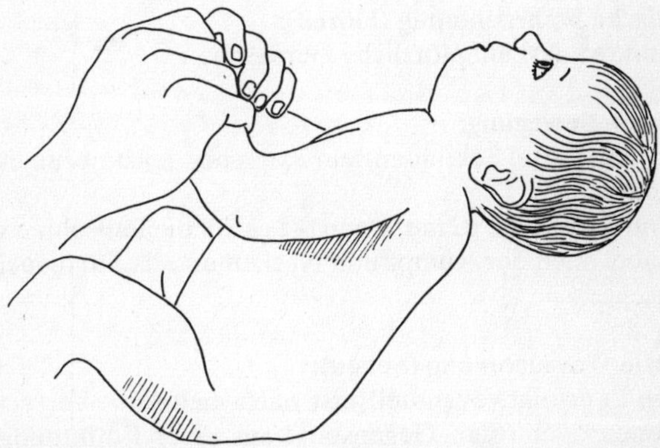

Ziehen die Eltern Karina zum Sitzen an den Händen hoch, sinkt der Kopf nach hinten.

«Alles in Ordnung! Ich habe Karina etwa 20 cm vor die Augen die rote Rassel gehalten und ganz langsam von der Mitte aus von links nach rechts bewegt. Ich konnte deutlich sehen, daß Karina die Rassel mit ihren Augen verfolgt – allerdings erst beim dritten Versuch.»

Gisela stillt Karina, trotz der gegensätzlichen Meinungen über die Qualität der Muttermilch. «Nach Tschernobyl ist Muttermilch bestimmt das kleinere Übel. Ich achte ja sehr auf meine Ernährung. Und außerdem ist es wundervoll für uns beide, wenn wir unsere Haut spüren und uns beim Stillen in die Augen schauen!» schwärmt Gisela, und Peter schaut eine Spur eifersüchtig drein.

Beim Schreien können Peter und Gisela schon Unterschiede heraushören. Schreit Karina monoton, so hat sie meistens Hunger. Schreit sie schrill und kräftig, so hat sie «Bauchweh», und wenn sie etwas milder und gedehnt schreit, so versucht sie, Kontakt aufzunehmen.

Sprache:
Erste Differenzierungen des Schreiens sind hörbar.

Akustische Wahrnehmung (Hören):
Ihr Kind reagiert auf plötzliche Geräusche.

Motorik – Bewegung:
Ihr Kind hält drei Sekunden sein Köpfchen hoch, wenn es in Bauchlage liegt.
Ihr Kind streckt die Beine, wenn Sie es auf die Fußsohlen stellen. Oft sind dabei auch der Rumpf und Nacken und dadurch auch der Kopf aufgerichtet.

Optische Wahrnehmung (Sehen):
Ihr Kind verfolgt, eventuell erst nach mehreren Versuchen, einen orangenen oder roten Gegenstand aus einer Entfernung von etwa 20 cm von der Mitte her in 45 Grad zur linken und rechten Seite hin.

Spiele

5 Zeigen Sie Ihrem Kind Gegenstände aus der Umgebung des Kindes wie den Badeschwamm oder die Seife und nennen Sie die Dinge beim Namen.

6 Singen Sie «mit» Ihrem Kind ein Lied. Dabei nehmen Sie die Hände des Kindes und machen rhythmische Bewegungen.

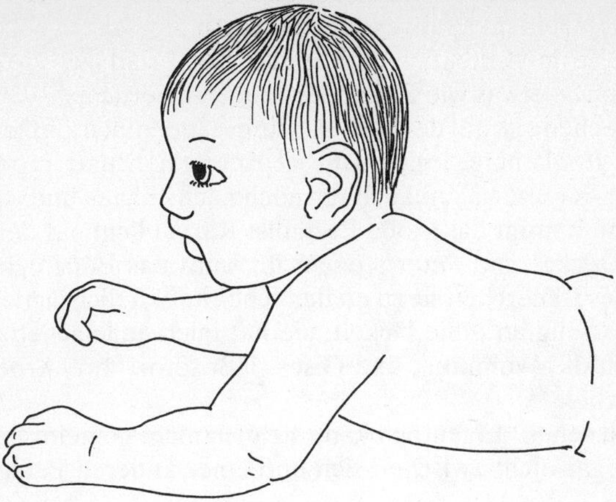

Mit sieben Wochen hebt das Kind den Kopf und hält ihn in einem Winkel von 45 Grad.

7 Nehmen Sie Ihr Baby auf den Arm, so daß es möglichst viel Körper- und Hautkontakt spürt.

8 Hängen Sie ein schönes Mobile über das Bett des Kindes.

Das erste Lächeln

Karina ist sieben Wochen alt. Sie liegt auf dem Bauch, hebt ihren Kopf und hält ihn in einem Winkel von 45 Grad etwa zehn Sekunden lang hoch.

Diese Lage scheint ihr ein besonderes Vergnügen zu bereiten, da sie ihr offensichtlich einen anderen Ausschnitt der Welt vermittelt als das ewige Auf-dem-Rücken-Liegen und An-die-Decke-Starren.

In Sachen «Laufen» macht sie die von Gisela prophezeiten «Rückschritte», die eigentlich keine sind: Die reflektorischen Stützreaktionen der Beine und das «automatische Laufen» lassen nach. Langsam öffnen sich Karinas Fäustchen: eine wichtige Voraussetzung zum Greifen.

Auch ihre Reaktionen auf Laute und Geräusche erscheinen differenzierter. Bei einem halbwegs angenehmen Ton schreit Karina nicht mehr los, sie lauscht kurz und angestrengt, und ihr Gesichtchen drückt schon so etwas wie Erstaunen und Neugierde aus.

Ihr «Sprechen» ist auf der «A – A-Stufe»: Jedenfalls klingen die von Karina in Rückenlage mit leicht geöffnetem Mund produzierten Laute nach «a» und «ä», manchmal auch nach «haaa» und «äh».

Und dann kommt das große Ereignis: Karina liegt auf dem Boden auf einer Decke, und Peter streicht ihr sanft das Bäuchlein, da ein festsitzendes Bäuerchen sie zu quälen scheint: Plötzlich lächelt Karina ihren Vater selig an. «Sie lächelt, sie hat mich angelächelt», schreit Peter durch die Wohnung, und Gisela läßt sofort ihre Arbeit liegen und eilt herbei.

«Laß mal sehen! Eigentlich kann sie dich nicht gemeint haben. Sie kann noch gar nicht zwischen sich und einer anderen Person unterscheiden.»

«Und Karina hat mich doch angelächelt! Richtig gelächelt, mit Augen und Mund!» beharrt Peter wütend.

Und seit diesem ersten Lächelkontakt zwischen ihm und seiner Tochter widmet er ihr noch mehr Zeit. «Vielleicht ist dieses erste Lächeln, was eigentlich noch gar keines ist, eine sehr kluge Einrichtung der Natur», denkt Gisela, ist aber so klug und spricht diesen Gedanken nicht aus.

Sprache:
Ihr Kind gibt schon andere Laute als Weinen von sich, z. B. «au – a» und «äh – äh – äh».

Akustische Wahrnehmung (Hören):
Ihr Kind reagiert mit Interesse auf angenehme Geräusche, z. B. einen Glockenton.

Motorik – Bewegung:
Ihr Kind hebt auf dem Bauch liegend den Kopf bis zu zehn Sekunden lang hoch.
Ihr Kind öffnet jetzt schon zeitweise seine Fäustchen.

Optische Wahrnehmung (Sehen):
Ihr Kind betrachtet interessiert Ihr Gesicht, wenn Sie sich ihm nähern (in 30 cm Abstand).

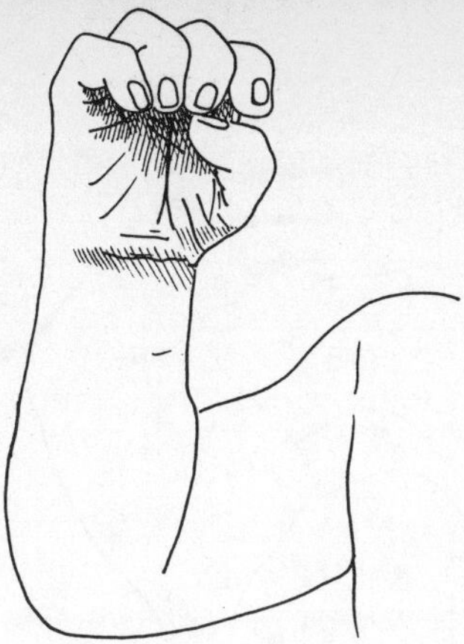

Im zweiten Monat läßt Karina die Hände bereits leicht geöffnet.

Spiele

9 Einen bunten Ball an einer Schnur langsam hin und her pendeln lassen und dabei singen: «Bim – bam – bim – bam, hin und her, gar nicht schwer.»

10 Erzeugen Sie schöne Einzeltöne, z. B. mit dem Klavier, der Flöte, einem Glöckchen.

11 Treten Sie an sein Bettchen und sprechen Sie freundlich, lächelnd mit ihm. Dabei können Sie z. B. seinen Bauch antippen, seinen Namen nennen und «Kille – kille Bäuchlein» sagen.

12 Befreien Sie Ihr Kind von den lästigen Windeln. Machen Sie mit ihm kleine psychomotorische Übungen wie: beide Arme strecken und beugen, beide Beine strecken und beugen. Ein Arm nach oben, den anderen nach unten, beide Arme vorn kreuzen.

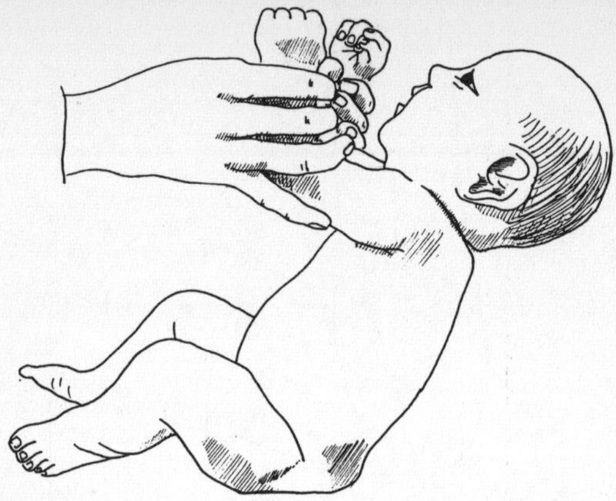

Zieht man im dritten Lebensmonat Karina an den Händen zum Sitzen hoch, hebt sie ihren Kopf schon an.

Die Muskeln werden kräftiger

«Stolz wie eine Schneekönigin schaut sie aus, unsere Tochter», meint Peter, als er Karinas neuesten Fortschritt den Großeltern vorführt.

Karina liegt auf dem Bauch und stützt sich gekonnt auf ihre Unterarme. Das Gesicht liegt jetzt schon im Winkel von 90 Grad zur Unterlage, und sie hält ihren zwar etwas wackeligen Kopf in dieser Position eine Minute.

Aber nicht nur ihre Nacken-, Schulter- und Rückenmuskulatur sind kräftiger geworden, auch die vordere Halsmuskulatur ist jetzt in der Lage, beim Hochziehen den Kopf kurz anzuheben. Wenn sie sitzt, ist der «Dickschädel», wie Papa Peter Karinas gut proportionierten Babykopf zu nennen pflegt, zwar schon wieder nach hinten abgesackt, aber immerhin sind deutliche motorische Veränderungen zu beobachten. Am Ende des ersten *Vierteljahres* hält Karina in Sitzhaltung den Kopf etwa 30 Sekunden aufrecht.

«Wenn sie erst läuft, unternehme ich viel mit ihr», sagt Peter.

«Da kannst du aber noch lange warten», meint Giselas Mutter, Karinas Oma, «wenn sie so ‹gehfaul› ist wie ihre Mutter, vergeht, bis sie richtig laufen kann, noch ein Jahr.»

«Egal, wie es mit meinem Laufenlernen war», wirft Gisela ein,

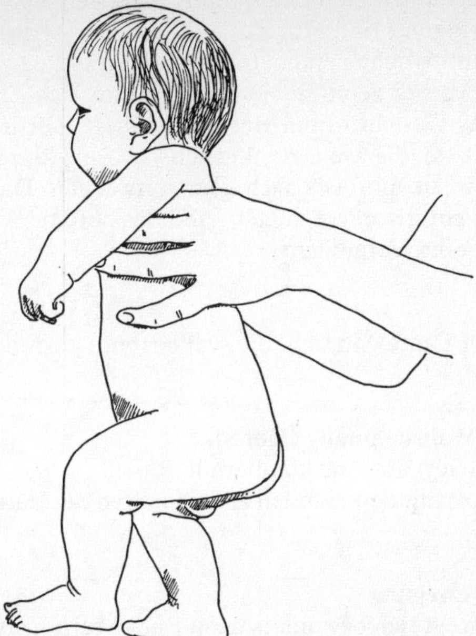

Für das Laufen ist es ein guter Entwicklungsschritt, daß Karina beim Abstützen ihre Knie beugt.

«Karina macht jedenfalls genau die richtigen ‹Lauffortschritte› für ihr Alter.»

«Lauffortschritte – wie meinst du das? Die Kleine kann doch noch nicht die Spur laufen. Ihr wollt wohl unbedingt ein Super-Kind!» sagt Giselas Vater.

«Ich zeig's euch mal.» Gisela nimmt Karina, faßt sie unter den Ärmchen und stellt sie auf den Tisch. Karina beugt die Knie: Das ist alles, mehr passiert nicht.

Die automatischen Schreitbewegungen sind verschwunden. «So, das ist die gute, gesunde Laufentwicklung im dritten Lebensmonat! Karina beugt ihre Beine beim Abstützen.»

«Das ist alles?» fragen Oma, Opa und Peter erstaunt.

«Ja, für heute», meint Gisela und legt ihr kleines «Vorführstück» liebevoll in das Bettchen und kuschelt sie ein.

Was tut sich sonst noch im Laufe des Monats?

Karina beginnt zu greifen und führt dann den Gegenstand in guter alter Kindermanier zum Mund.

Das vor drei Wochen erstmals kurz aufgetretene Lächeln beim Anblick ihres Vaters zeigt sie jetzt oft, wenn sich ein freundliches, menschliches Gesicht ihrem Bettchen nähert. Dazu produziert Karina eifrig Laute, die wie «rrr» und «ch – ch – ej» klingen. Am sprechfreudigsten ist sie morgens nach dem Aufwachen. Dann quietscht sie manchmal richtig vor Vergnügen, und das bereitet wiederum Gisela und Peter großes Vergnügen.

Sprache
Ihr Kind gibt Laute von sich, die sich girrend, gurrend oder gurgelnd anhören.

Akustische Wahrnehmung (Hören)
Ihr Kind reagiert auf eine klappernde Rassel.
Ihr Kind zupft mit den Händen an den Falten der Bettdecke, wenn es sie spürt.

Motorik – Bewegung
Ihr Kind bewegt sich besonders beim Baden sehr lustvoll.
Es beugt die Beine beim Abstützen.

Optische Wahrnehmung (Sehen)
Ihr Kind verfolgt die Rassel (möglichst rot) mit den Augen so lange von einer Seite zur anderen, bis die Rassel die Unterlage erreicht hat. Dabei bewegt es ab und zu auch den Kopf in die entsprechende Richtung.

Spiele

13 Streichen Sie mit verschiedenen Materialien (z. B. Samt, Seide, Feder, Wolle, Pelz) über Arme, Beine und Bauch Ihres Kindes.

14 Weiche Windel in die Hände geben. Dabei bitte das Kind nicht unbeaufsichtigt lassen.

15 Legen Sie einen Teddybär ins Bettchen, nehmen Sie die Hand Ihres Kindes und tasten gemeinsam Augen, Nase, Ohren und das Fell ab. Begleiten Sie das mit Sprache.

16 Unterstützen Sie die Tendenz Ihres Kindes, alles in den Mund zu stecken, durch geeignete Gegenstände wie Beißring oder Rassel.

17 Bürsten Sie Ihrem Kind Arme, Hände, Beine und Füße (nicht Fußsohlen) beim Baden mit seiner weichen Babybürste.

18 Beim Baden sollten Schwimmtiere in kontrastreichen Farben und natürlichen Formen mitbaden.

19 Falls Ihr Kind ein «Flaschenkind» ist, unterbinden Sie nicht ständig den Griff zur Flasche!

20 Tragen Sie Ihr Kind durch die Wohnung, bei gutem Wetter auch durch den Garten, und lassen Sie es Dinge anfassen, die seine Aufmerksamkeit erregen. Benennen Sie die Gegenstände mit Namen, oder erzählen Sie eine kleine Geschichte dazu. Ihr Kind wird aufmerksam «zuhören», obwohl es nur «Bahnhof» versteht.

21 Spielen Sie Ihrem Kind die schönsten Kinderlieder vor, die Sie kennen und die Sie durch die eigene Kindheit begleitet haben. Eine Kassette tut auch ihre Dienste. Hören Sie aber gemeinsam mit Ihrem Kind diese Kassette an.

Karina «schwimmt»

Jetzt «entzückt» Karina ihre Eltern durch Bewegungen in der Bauchlage, die ans Schwimmen erinnern. Sie stützt sich nicht mehr auf ihre Unterarme, wenn sie auf dem Bauch liegt, sondern streckt Arme und Beine und hebt gleichzeitig den Kopf an. Diese lebhaften und ruckartigen Bewegungen erinnern Gisela an Peters Schwimmstil.

Beim Hochziehen aus dem Sitzen hebt Karina den Kopf so lange konzentriert an, bis sie auf ihrem Po sitzt. Frei Sitzen kann sie noch nicht. Sie braucht noch die Hände von Mama oder Papa, sonst würde sie umfallen.

In Sachen «Laufen» tut sich in diesem vierten Lebensmonat nicht viel. Karinas Beine verharren in der Beugehaltung, wenn Gisela ihre Füßchen auf eine Unterlage stellt.

«Sie macht gar keine Fortschritte beim Laufenlernen», bemerkt der scharf beobachtende Papa zur «Mama» Gisela.

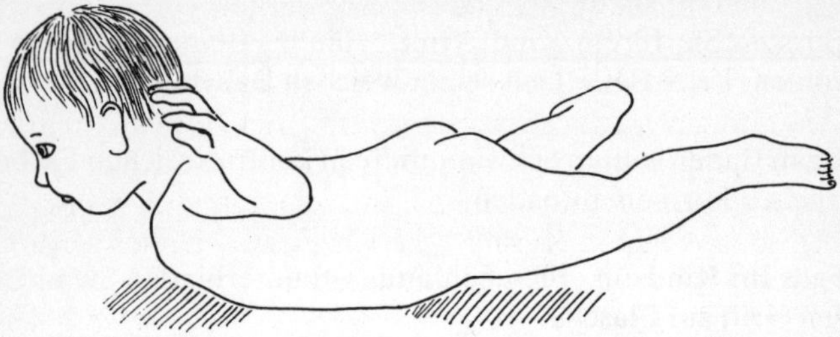

Wenn Karina auf dem Bauch liegt, kann sie Arme, Beine und den Kopf gleichzeitig anheben.

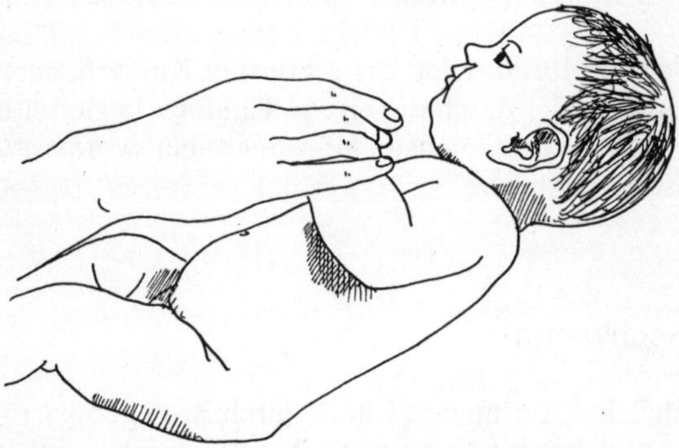

Jetzt hebt Karina beim Hochziehen zum Sitzen den Kopf mit an.

«Das ist auch gut so; wenn sie jetzt schon mit ihren Beinchen in die Streckung gehen würde, wäre das schon reichlich früh. Allerdings macht die kleine Laura von Anna und Dieter das schon. Na ja, gottlob sind die Unterschiede groß, sonst gäbe es nur noch normierte Kinder», sagt Gisela halb zu Peter, halb zu sich selbst.

Wenn Karina unbeobachtet im Bettchen liegt, keine Blähungen und Langeweile sie quälen und kein Spielzeug in der Nähe ist, spielt sie mit ihren beiden Händen. Das scheint erst mehr Zufall als Absicht zu sein, aber im vierten Lebensmonat wirken diese Bewegungen immer gezielter.

Karina versucht ihre Umwelt durch «Be – greifen» und «Be – tasten» zu erforschen. Es beginnt die Phase des «Alles-in-den-Mund-Steckens».

Peter und Gisela beobachten Karina sehr aufmerksam und bemühen sich, daß nichts in Karinas Nähe liegt, was Unheil verursachen könnte, wenn sie es in den Mund nähme.

Karinas Lächeln ist jetzt kein Zufallsprodukt mehr. Sie lächelt und lächelt und lächelt, und das nicht nur mit dem Mund und mit den Augen. Ihr ganzer Körper scheint daran beteiligt zu sein. Ihre Hände wedeln aufgeregt hin und her, und ihre Beine strampeln vergnügt.

«Mein Wonnekloß», nennt sie Peter, und Gisela sagt: «Du kleines Grinsemurkelchen.» Karina belohnt die liebevolle Zuwendung ihrer Eltern mit Juchzen und Brabbeln. «Fffuuvvv – ssss», so klingen ihre Lautketten, angereichert durch einen Laut, der wie das englische «th» klingt.

«Meine Tochter spricht perfekt ausländisch», weiß Vater Peter seinen Tennispartnern zu berichten, «und wenn ihre motorische Entwicklung weiter so gut voranschreitet, wird sie eine zweite Steffi Graf.» Mit dieser Erkenntnis steht er im Club nicht allein da. Auch andere junge Väter haben vielversprechenden Tennisnachwuchs zu Hause in der Wiege.

Sprache
Ihr Kind produziert Jauchzer und Reibelaute wie «f» und «w» und auch schon «s»-Laute. Es lacht laut, kichert vergnügt und quietscht auf.

Akustische Wahrnehmung (Hören)
Ihr Kind schaut Ihnen interessiert ins Gesicht, wenn Sie mit ihm sprechen.

Motorik – Bewegung
Ihr Kind führt beide Hände zusammen und spielt damit. Es führt Dinge zum Mund und betastet sie so.

Ihr Kind macht in Bauchlage sogenannte «Schwimmbewegungen». Es beugt und streckt seine Arme und Beine in einem unregelmäßigen Rhythmus.

Optische Wahrnehmung (Sehen)
Ihr Kind betrachtet einen Gegenstand in einer leuchtenden Farbe, den Sie ihm in die Hände geben.

Spiele

22 Lassen Sie Ihr Kind Dinge aus verschiedenen Materialien berühren: rauhes Handtuch, Schwamm, Sandpapier, Wolle, Watte, Plastik, Holz usw. Benennen Sie diese Dinge.

23 Lassen Sie Ihr Kind in warmem Wasser mit Händen und Füßen planschen.

24 Übergießen Sie einzelne Körperteile Ihres Kindes mit warmem Wasser. Benennen Sie dabei diese Körperteile.

25 Wenn Ihr Kind Ihr Gesicht oder sonst etwas von Ihnen mit dem Mund befühlen möchte, lassen Sie es gewähren.

26 Geben Sie Ihrem Kind mit Körnern gefüllte Stofftiere zum Betasten.

27 Lassen Sie Ihr Kind mit den Gegenständen hantieren (sofern sie nicht gefährlich sind), die sein Interesse hervorrufen, z. B. auch Küchengeräte, Kassettenrecorder.

28 Draußen: Sand, Ziegelsteine, Kies, Gras, Blätter anfassen lassen. Nicht «igitt» sagen. Nur bei wirklicher Gefahr eingreifen.

29 Stellen Sie das Bettchen Ihres Kindes so, daß gleichmäßiges, nicht zu grelles Licht beide Augen trifft.

30 Knipsen Sie das Licht einige Male an und aus. (Nur wenn das Kind keine Angst zeigt.)

31 Binden Sie Ihrem Kind, falls es Spaß daran hat, kleine Glöckchen um die Fußgelenke.

32 Lassen Sie Ihr Kind kurz das Ticken einer Uhr hören.

33 Hängen Sie einen Glocken- oder Schellenkranz von Orff in Reichweite des Bettes auf.

34 Gehen Sie mit Ihrem Kind auf dem Arm auf und ab und sprechen oder singen Sie im Rhythmus.

Was sie im fünften Monat macht

Karinas liebste Beschäftigung in diesem Monat ist das Hinundherschaukeln auf dem Bauch. Treibt sie es gar zu toll, rollt sie zu ihrer eigenen Überraschung auf den Rücken. Ihr noch recht großer Babykopf zieht Karina sozusagen herum. Verdutzt schaut sie dann aus dieser Perspektive in die Welt und wundert sich. Die ersten Male zog sie bei diesen Gelegenheiten noch den Mund zu einer «Schippe» (Unterlippe wird weit herausgestreckt), aber inzwischen hat sie sich an diese Bauchroller gewöhnt.

Wenn Gisela oder Peter in diesem Stadium der Entwicklung ihre Tochter aus der Rückenlage zum Sitzen hochziehen, ist Karina schon recht aktiv dabei. Sie beugt sich mit dem Kopf vor, der fast das Kinn berührt, Arm-, Bauch- und Beckenmuskulatur sind gespannt, die Oberschenkel berühren fast den Bauch.

Steht sie, übernehmen ihre kleinen strammen Beinchen für einen Moment das ganze Körpergewicht, und ihre Zehen krallen sich in die Unterlage. Gelegentlich steht Karina auch schon richtig «platt» auf ihren Fußsohlen.

Eines Abends «plärrt» Karina unentwegt. Gisela und Peter sind ratlos. Was könnte der Grund sein. Gisela ist entnervt von dem Besuch der Schwiegermutter und Peter von einem anstrengenden Arbeitstag.

Sie lassen Karina schreien, und schließlich wird es Gisela zu bunt: «Mein Gott, Kind, hör doch mal auf mit dem Geplärre!» Sie schaut Karina böse an, und diese schaut sie wieder voller Angst und Ratlosigkeit an. Sie hat offensichtlich deutlich den Unmut der Mutter registriert.

Gisela ist gerührt durch den Anblick ihrer kleinen hilflosen Tochter und nimmt sie liebevoll hoch. «Ach, mein Kleines, woher sollst du wissen, daß ich erschöpft bin.»

Es scheint so, als sei Karina jetzt schon sehr wohl in der Lage, aus Tonfall, Gestik und Mimik den «Zustand» ihrer Eltern zu erkennen. Sie unterscheidet zwischen positiven und negativen Reaktionen.

Karinas Sprachentwicklung scheint zu stagnieren oder sogar rück-

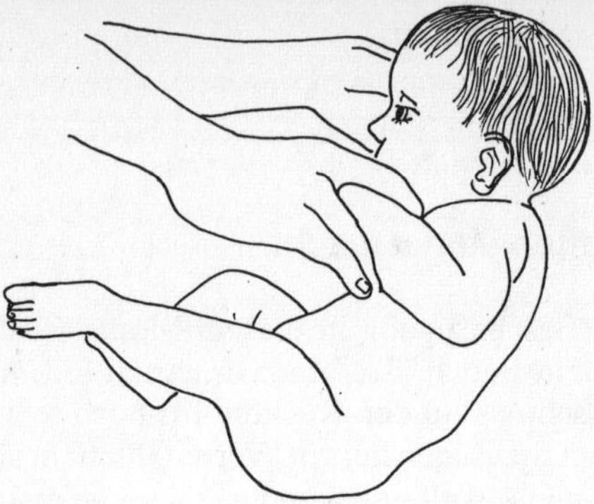

Ziehen die Eltern ihre Tochter aus der Rückenlage zum Sitzen hoch, hilft sie tatkräftig mit.

läufig zu sein. Die im vierten Lebensmonat geplapperten Laute produziert sie spärlich, und neue scheinen auch nicht dazugekommen zu sein.

Sprache

Ihr Kind macht im fünften Lebensmonat keine auffälligen Fortschritte.

Es hält seinen Mund überwiegend geschlossen und schluckt seinen Speichel meistens herunter.

Akustische Wahrnehmung (Hören)

Ihr Kind lauscht allen Lauten, Tönen und Geräuschen.

Motorik – Bewegung

Ihr Kind streckt die Arme nach einem Gegenstand aus.
Ihr Kind wälzt sich von der Bauch- in die Rückenlage.

Optische Wahrnehmung (Sehen)

Ihr Kind beobachtet auch schon kleine Gegenstände wie Erbsen oder Rosinen. Der Kontrast zum Untergrund muß allerdings recht kraß sein.

35 Zeigen Sie Ihrem Kind Bewegungen, die es mit beiden Händen ausführen kann, z. B. zusammen- und wieder auseinanderlegen. Machen Sie die ersten Handklappspiele und Fingerspiele (Tip: Pousset, R.: Fingerspiele und andere Kinkerlitzchen, rororo 7774).

36 Zeigen Sie Ihrem Kind sein Spiegelbild, und nennen Sie es mit Namen.

37 Nähern Sie sich mit Ihrem Kind dem Spiegel, und stoßen Sie gemeinsam mit Nase und Stirn dagegen.

38 Hängen Sie ein schönes leichtes Mobile über das Bett Ihres Kindes und pusten Sie dagegen.

39 Rollen Sie einen aufgeblasenen Plastikball mit einer Glocke darin hin und her.

40 Zeigen Sie Ihrem auf dem Rücken liegenden Kind ein Spielzeug und legen Sie dieses dann etwas außer Reichweite auf die Unterlage.

41 Hängen Sie quer über das Gitterbettchen oder den Laufstall eine Stange mit herunterhängenden Handgriffen, an die sich Ihr Kind hängen kann.

42 Lassen Sie Ihr Kind sanft hüpfen, indem Sie es unter die Achseln fassen.

43 Heben Sie vor den Augen Ihres Kindes (Bauchlage) langsam ein Spielzeug hoch.

44 Lassen Sie Ihr Kind mit der Hand ein Tamburin oder eine Trommel schlagen.

45 Geben Sie Ihrem Kind in jede Hand einen Gegenstand, und schlagen Sie diese dann gemeinsam gegeneinander.

46 Heben Sie Ihr Kind hoch in die Luft, sprechen Sie dazu.

47 Schaffen Sie feste Zuordnungen von Wörtern und Bewegungen: «winke-winke», «groß – klein», «Ei».

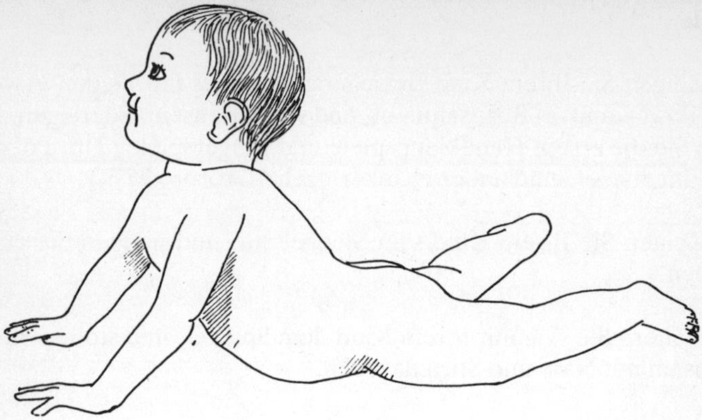

Karina stützt sich auf den gestreckten Armen ab und beobachtet aufmerksam ihre Umwelt.

48 Benennen Sie die spontanen Tätigkeiten Ihres Kindes.

49 Gebrauchen Sie immer die gleichen Gruß- und Abschiedsrituale: «Papa geht jetzt, macht die Tür zu, und Karina schläft ein. Gute Nacht, mein Schatz.»

50 Verstärken Sie die Lautproduktion Ihres Kindes durch Wiederholungen.

«Begreifen»

Karina stützt sich auf den gestreckten Armen ab und beobachtet aufmerksam ihre Umwelt. Die Hände sind dabei halb oder auch ganz geöffnet, und die Arme halten ihren Oberkörper so, daß sich der ganze Brustkorb vom Boden abheben kann.

Das Krabbeln bahnt sich erst an, aber das Sitzen (mit Festhalten) ist schon mit Kopfkontrolle möglich.

Gisela zeigt ihrer Tochter das kleine Osterhäschen, das sie ihr vom Einkaufen mitgebracht hat, und Karina, das Körpergewicht auf

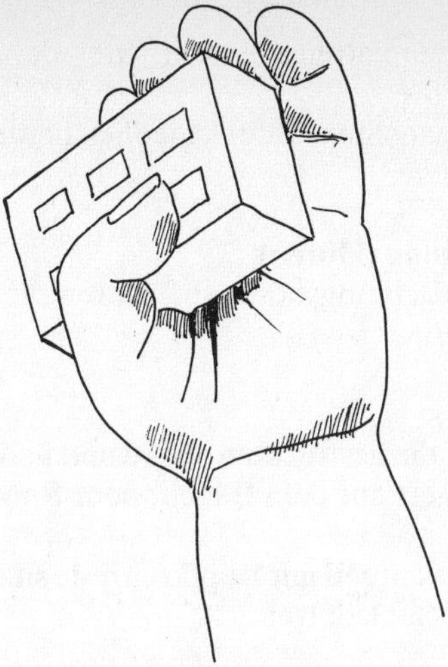

Wenn das Kind im sechsten Monat mit der ganzen Hand greift, können die Eltern sehen, ob es Rechts- oder Linkshänder ist.

Bauch und gestreckte Arme gelagert, verlagert ihr Gewicht auf den linken Unterarm und greift mit der frei gewordenen rechten Hand nach dem gelben Spielzeug.

«Aha, sie scheint Rechtshänderin zu sein», stellt Gisela fest.

Nach wenigen Sekunden des Balancierens fällt Karina etwas unfreiwillig auf ihr Näschen, da sie noch nicht länger das Gleichgewicht halten kann.

Das Ergreifen von Spielzeug in der «Oberkörperhochstreckstellung» und in der altbewährten Rückenlage gelingt Karina inzwischen ohne sichtbare Mühe und großes Gezappel.

Ganz wesentlich ist dabei, daß Karina die ganze Hand, alle Finger und den Daumen, öffnet, den Gegenstand mit der Handinnenfläche erfaßt und sofort alle Finger und den Daumen um den Gegenstand legt.

Karina ist in der sogenannten oralen Phase: Sie steckt alles in den Mund!

Neu ist, daß sie das Spielzeug von einer Hand in die andere übergeben kann. Sie kann im richtigen Moment die «erste» Hand von dem Gegenstand lösen – eine komplizierte, willkürliche Bewegung.

Karina lächelt in diesem Alter nur noch vertraute Personen an.

Sprache
Ihr Kind gibt jetzt Silbenketten von sich, wie «da-da-da» und «be-be-be».

Die Silben werden manchmal unterschiedlich betont, mal laut, mal leise – mal hoch, mal tief.

Akustische Wahrnehmung (Hören)
Ihr Kind kann jetzt «Richtungshören»: Es kann die Richtung eines Geräusches lokalisieren.

Motorik – Bewegung
Ihr Kind stützt sich auf die gestreckten Arme und hebt den Brustkorb hoch. Das Gewicht lagert auf dem Bauch, dem Rumpf und den Armen.

Ihr Kind kann jetzt eventuell mit Kopfkontrolle sitzen, aber nur mit Unterstützung, also noch nicht frei.

Optische Wahrnehmung (Sehen)
Ihr Kind unterscheidet deutlich zwischen bekannten und unbekannten Personen.

Spiele

51 Unterstützen Sie die «Sitzübungen» Ihres Kindes. Befestigen Sie eine Stange am Bett des Kindes, an der es sich hochziehen kann, oder halten Sie ihm Zeige- und Mittelfinger entgegen. Gehen Sie auf Impulse des Kindes ein.

52 Setzen Sie sich mit Ihrem Kind auf dem Schoß in einen Schaukelstuhl und schaukeln Sie sanft. Trällern Sie dazu ein Liedchen. Dadurch wird das Gleichgewichtsorgan im Ohr Ihres Kindes auf optimale Art stimuliert.

53 Nehmen Sie Ihr Kind auf den Arm und tanzen Sie (nicht zu wild) zu beschwingter Musik durch das Zimmer.

54 Brabbeln Sie mit Ihrem Kind um die Wette «sinnlose» Silben. Das macht allen Beteiligten Spaß. «Ba-be-bi-bo-bu-bap» und «Ma-me-mi-mo-mu-map».

55 Spielen Sie Clown. Ziehen Sie lustige, keinesfalls angsterregende oder furchteinflößende Grimassen, z. B. die Zunge aus dem Mund hängen lassen und «Brrrrr» sagen (kann etwas feucht-fröhlich werden).

Oder Sie legen den linken Daumen und Zeigefinger an die Nase und lassen den rechten Arm (Ellenbogen auf Ellenbogen abstützen) durch den linken hängen. So werden Sie zu einem Elefanten mit Rüssel.

Der Drang sich zu bewegen wächst

Karina wird immer munterer, und ihr Fortbewegungsdrang ist groß, da es in der Umgebung immer mehr Dinge gibt, die ihr Interesse erregen.

Um an den schönen Ball mit dem orangefarbenen Kater Garfield zu gelangen, vollbringt sie im siebten Lebensmonat erstmals das Kunststück, sich vom Rücken auf den Bauch zu drehen.

Wenn sie allein im Bettchen liegt und sich langweilt, strampelt sie ihre Decke fort und vergnügt sich mit ihren Zehen, die sie sogar in den Mund stecken kann.

«Wenn Karina so gelenkig bleibt, kann sie Akrobatin werden», meint die Oma väterlicherseits und weiß zu berichten, daß Peter als Kind auch «sehr geschickt und beweglich war».

Karina kann inzwischen mit beiden Händen verschiedene Gegenstände greifen und sie länger als noch vor vier Wochen festhalten. Auch das gewollte und gezielte Loslassen klappt besser. Fällt ihr ein Objekt aus der Hand, sucht sie es zuerst mit den Augen und versucht dann, es wieder zu ergreifen. Sie weiß also bereits, daß im Moment nicht sichtbare Dinge nicht «spurlos» verschwunden, sondern weggerollt oder nach unten gefallen sind.

Das Laufen bahnt sich durch «Federn» an: Karinas Mutter hält ihre Tochter mit beiden Händen unter den Achseln – Karina geht in die Hocke, beugt also die Knie, und federt das durch Streckung der Hüfte, der Knie und der Sprunggelenke ab. «Federn» ist also ein Abwechseln von Beugen und Strecken der unteren Muskeln und Gelenke.

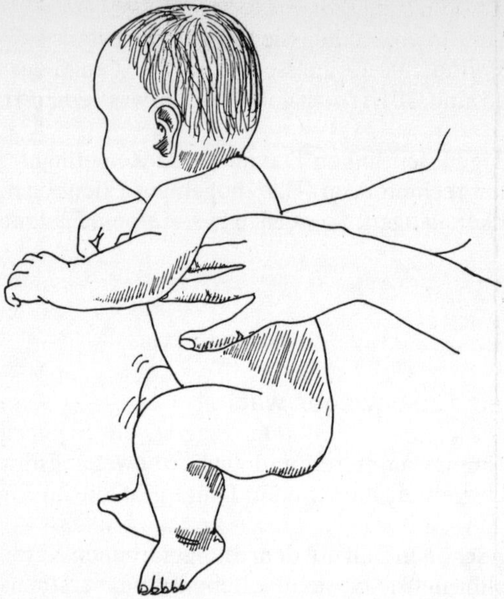

Das Laufen bahnt sich durch «Federn» an: Das eigene Gewicht können Kinder durch ihre Bewegungen jetzt auffangen.

Sprache
Intensivierung des «Geplauders» des sechsten Monats. Hauptsächlich produziert Ihr Kind Vokale in Kombination mit den Konsonanten b, p, m, d, h und g.

Akustische Wahrnehmung (Hören)
Ihr Kind lauscht genau und gern allen an sein Ohr dringenden Schallwellen.

Motorik – Bewegung
Ihr Kind dreht sich vom Rücken auf den Bauch, federt sich mit den Beinen ab, wenn es unter den Achseln gehalten wird, und spielt in Rückenlage liebend gern mit seinen Füßchen.
Die Handmotorik differenziert sich weiter aus:
Das Kind greift mit jeder Hand einen anderen Gegenstand und wendet auch ein mit beiden Händen gehaltenes Objekt hin und her.

Optische Wahrnehmung (Sehen)
Ihr Kind sucht einen mit den Händen «verlorenen» Gegenstand mit den Augen wieder.

Spiele

56 Üben Sie mit Ihrem Kind das freie Sitzen. Sie setzen Ihr Kind so auf eine Unterlage, daß die Beine in einem weiten Winkel ausgestreckt sind.

Halten Sie Ihr Kind an den Händen fest und geben Sie etwas nach. Dadurch muß Ihr Kind das Nachlassen des Druckes durch eigene Aktivität ausbalancieren.

57 Zeigen Sie Ihrem Kind einen Gegenstand in natura, z. B. eine Apfelsine, und dann die Abbildung einer Apfelsine in einem Bilderbuch. So wird das zwei- und dreidimensionale Sehen trainiert.

58 Spielen Sie mit Ihrem Kind das «Kuckuck-Spiel».

Legen Sie dem Kind ein Tuch über den Kopf und ziehen Sie es mit dem Ausruf «Kuckuck» wieder weg.

Bald wird das Kind Sie nachahmen und großen Spaß an diesem kleinen Spielchen entwickeln.

59 Machen Sie Handklappspiele und Fingerspiele mit Ihrem Kind.
Erst kommt der Sonnenkäferpapa,
dann kommt die Sonnenkäfermama
und hinterdrein, so klimperklein,
die Sonnenkäferkinderlein.
Sie machen ihren Sonntagsgang
an unserer Fensterbank entlang.
Sie machen ihren Sonntagsgang
an unserer Fensterbank entlang.
(Die Hand spaziert den Arm Ihres Kindes hinauf und kitzelt dann die Halskuhle.)
Das ist der Daumen,
der schüttelt die Pflaumen,
der hebt sie auf,
der trägt sie nach Haus,
und der kleine Schelm ißt sie alle auf.
(Tippen Sie jeden Finger des Kindes kurz an.)

Eine Fülle von Vorschlägen finden Sie in dem Buch von Pousset, R.: Fingerspiele und andere Kinkerlitzchen, rororo 7774.

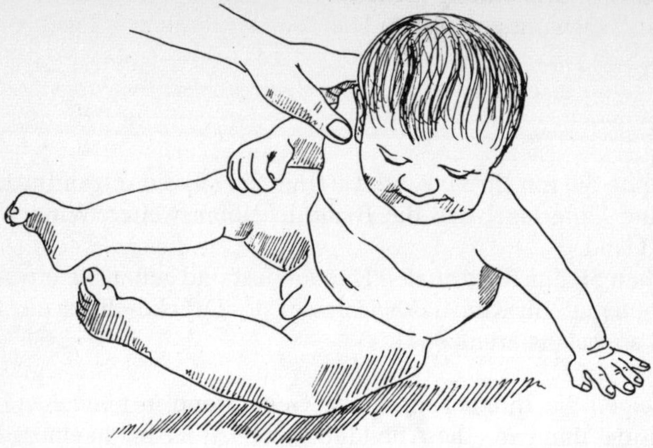

Karina sitzt nun selbständig. Droht sie umzufallen, stützt sie sich seitlich ab.

60 «Unterhalten» Sie sich mit Ihrem Kind. Hören Sie ihm gut zu und antworten Sie so, daß Ihr Kind Ihre Mundbewegungen beobachten kann.

61 Lassen Sie Ihr Kind viel Lärm mit Kochlöffeln und Töpfen, Dosen in allen Größen und Farben und diversen Inhalten (Knöpfen, Erbsen, Bausteinen) machen.

Sitzen

Es ist soweit: Karina kann einige Sekunden ganz ohne Hilfestellung sitzen. Sie kann sich aber noch nicht selbst in diese Sitzposition bringen, da müssen Gisela und Peter durch Hochziehen oder Hinsetzen unterstützen.

Wenn Karina umzukippen droht, stützt sie sich blitzschnell seitlich mit einem Arm ab.

Krabbeln und Greifen machen im 8. Lebensmonat keine Entwicklungssprünge. Die Krabbel- und Greifmuster des vorangegangenen Monats verfestigen sich.

Auch die Sinneswahrnehmung ist gekennzeichnet durch ein Einspielen vorhandener Verhaltensweisen und Verarbeitungsmuster.

Dagegen beginnt eine andere sehr wichtige Entwicklung, bekannt unter dem Begriff Fremdeln: Auf fremde, ihr gar nicht oder kaum vertraute Menschen reagiert Karina mit Angst und wehrt sich z.B. dagegen, von Giselas Kollegin auf den Arm genommen zu werden. Sie brüllt auch die ganze Praxis zusammen, als sie die Kinderärztin bei einer Magen- und Darminfektion untersuchen will.

Wenn Peter abends Zeitung liest, schaut sie ihm interessiert zu, und wenn Gisela strickt, beobachtet Karina gespannt die Bewegungen von Mamas Armen und Händen und das Hinundherrollen des Wollknäuels.

Aber am meisten begeistert ist Karina von sich selbst: genauer gesagt von ihrem Spiegelbild. Sie schaut sich in die Augen, lacht sich an und spricht mit sich selbst. Sie flüstert manchmal dabei, wie sie überhaupt in diesem Monat die Entdeckung macht, daß leise sprechen auch Spaß macht.

Sprache
Ihr Kind entdeckt das Flüstern.

Akustische Wahrnehmung (Hören)
Ihr Kind lauscht sich selbst und anderen Personen mit gespannter Aufmerksamkeit.

Motorik – Bewegung
Ihr Kind kann seine eigene Körperlage dadurch verändern, daß es sich um die eigene Achse dreht. Es sitzt einige Sekunden allein und kann sich seitlich mit dem Arm abstützen.

Optische Wahrnehmung (Sehen)
Ihr Kind entdeckt sein Spiegelbild. Es kann sehr deutlich zwischen bekannten und unbekannten Menschen unterscheiden und reagiert mit Angst und Abwehr, dem sogenannten Fremdeln, auf Unbekannte.

Spiele

62 Vergessen Sie nicht das Schaukeln im Schaukelstuhl, oder legen Sie Ihr Kind in eine Hängematte, und bewegen Sie diese langsam, sanft und rhythmisch.

63 Reagieren Sie verständnisvoll auf das Fremdeln Ihres Kindes!

Gewöhnen Sie Ihr Kind langsam an den neuen Babysitter, und akzeptieren Sie die Abwehr Ihres Kindes gegen den alle acht Wochen auftauchenden Patenonkel.

64 Reiben Sie Ihr Kind mit Nivea-Creme ein. Lassen Sie eigenes Hantieren des Kindes mit der Creme und die Matscherei zu.
Streicheln, reiben und drücken Sie liebevoll die Haut Ihres Kindes.

Schöne Musik und eine halbe Stunde ohne Telefon und andere Störquellen intensivieren diesen Genuß.

65 Bieten Sie Ihrem Kind, sooft es will, den Daumen oder den Zeigefinger zum Hochziehen an.

Halten Sie dabei nicht mehr die Hände des Kindes fest.

66 Geben Sie Ihrem Kind die Gelegenheit, in den Spiegel zu schauen und Kontakt zu seinem Spiegelbild aufzunehmen.

Sagen Sie dabei: «Das bist du, der Boris.»

67 Lassen Sie Ihr Kind nackt seinen Körper entdecken, und benennen Sie seine Körperteile, und tippen Sie dabei an «Das ist der Bauch von Boris».

Robben

Karinas neueste «Entdeckung» ist das Sitzen. Stolz wie die Kaiserin von China sitzt sie mit gestrecktem Rücken und leicht angebeugten Beinen schon ein bis zwei Minuten frei im Raum.

Man merkt ihr allerdings an, daß diese «Leistung» noch allerhöchste Konzentration erfordert. Manchmal setzt sie auch die Arme ein, um die Balance zu halten.

Aus dieser und auch anderen Positionen heraus beginnt Karina jetzt mit der Vorstufe des Krabbelns: dem Robben. Sie liegt auf dem Bauch mit angehobener Brust und robbt sich mit Hilfe der Unterarme durch den Raum. Die Beine werden entweder mitgezogen oder beteiligen sich am Robben.

Das Stehen als Vorübung zum Laufen gelingt jetzt kurzzeitig: Allerdings müssen Gisela und Peter noch beide Hände halten.

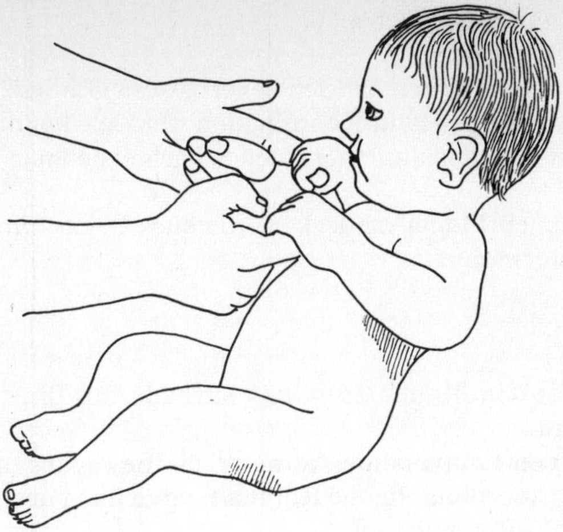

Im neunten Monat zieht sich Karina zum Sitzen hoch, wenn man die Finger als Haltegriff reicht.

Das willkürliche Greifen mit bewußtem Loslassen von Gegenständen vervollkommnet sich im neunten Lebensmonat.

Deutlich artikuliert Karina Doppelsilben wie «ma-ma», «pa-pa», «da-da», «ba-ba».

Ganz gebannt ist Karina von dem leisen Ticken der Uhr im Wohnzimmer und den leisen Geräuschen, die durch die geschlossenen Fenster in die Wohnung dringen.

Sprache

Ihr Kind liebt Doppelsilben über alles, und das erste «Ma-ma» oder auch «Pa-pa» ist schon, bei gutem Willen, herauszuhören.

Akustische Wahrnehmung (Hören)

Ihr Kind interessiert sich für leise Geräusche und kann sich schon recht lange auf diese konzentrieren.

Motorik – Bewegung und optische Wahrnehmung (Sehen)

Ihr Kind erobert im Robb-Stil die Wohnung. Achtung – bald geht die erste Vase zu Bruch!

Sitzen kann Ihr Kind in diesem Lebensmonat eine gute Minute lang.

Stehen kann Ihr Kind ebenfalls so lange, allerdings nur, wenn die Hände gehalten werden.

Die Hand-Motorik und das Sehen verbessern sich und damit auch die sogenannte Auge-Hand-Koordination. Ihr Kind kann z. B. gezielt einen grünen Baustein aus einer roten Schachtel nehmen und wieder loslassen.

Das im letzten Monat entdeckte «Kuckuck-Spiel» wird zu einem ersten «Versteckspiel».

Spiele

68 Geben Sie dem Robb-, Steh- und Sitzbedürfnis Ihres Kindes genügend Raum.

Bei all diesen Laufvorstufen lernt es, die Bewegungen der Arme und Beine zu koordinieren, die Kopfhaltung zu üben und das Gleichgewichtsorgan zu stimulieren.

69 Regen Sie den Bewegungsdrang Ihres Kindes durch attraktives Spielmaterial an, mit dem Sie es heranlocken.

70 Wenn Ihr Kind seine Auge-Hand-Koordination ausprobieren möchte, bauen Sie Ihr Unbehagen vor «Gemansche» ab, und geben Sie Ihrem Kind den Löffel zum Selberessen in die Hand, falls es signalisiert, daß es Lust am «Ausprobieren» dieses ersten Werkzeuges hat.

71 Das geliebte Verstecken-Spielen sollte in allen Variationen durchgespielt werden.

72 Sie können auch Dinge verstecken, die leise Geräusche erzeugen. Dabei werden die akustische Wahrnehmung neben der optischen und die Motorik gefördert.

73 Kaufen oder besorgen Sie Spielzeug aus Naturmaterial. Falls es farbig ist, achten Sie darauf, daß die Farben ungiftig sind.

74 Geben Sie Ihrem Kind nicht nur flüssige oder breiige, sondern auch feste Kost. Für das Sprechenlernen ist ein Training der Kau- und Sprechmuskeln wichtig!

75 Erzählen Sie Ihrem Kind kleine Phantasiegeschichten mit bis zu zehn Sätzen.

76 Hören Sie viel Musik oder noch besser: Machen Sie viel Musik, und animieren Sie Ihr Kind zum Mitklatschen, Trampeln, Strampeln oder «Singen».

77 Baden Sie zusammen mit Ihrem Kind, und planschen Sie nach Herzenslust.

Karina krabbelt

Das Krabbeln und damit das Laufen rücken näher. Karina hebt im zehnten Lebensmonat den Körper immer mehr vom Boden ab und stützt sich nur noch mit Händen und Knien ab.

Aus der Bauchlage heraus schafft sie es jetzt auch, sich durch Abstützen und Drehen des Rumpfes in die Sitzposition zu bringen.

Das freie Sitzen gelingt nun auch ohne Abstützung. Die Hände sind dadurch frei für andere Bewegungsabläufe.

Jetzt müssen Peter und Gisela Karina nicht mehr beim Stehen an den Händchen festhalten: Sie zieht sich selbständig zum Stehen hoch; allerdings müssen entsprechende Gegenstände wie ein Tischbein (oder auch mal ein Tischtuch!) oder Papas Hosenbein in greifbarer Nähe sein.

Karina interessiert sich jetzt auch für kleine Gegenstände und versucht, diese aufzuheben. Sie greift mit Daumen und Zeigefinger, die sie nun unabhängig von den anderen Fingern bewegen kann. Und sie kann die aufgegriffenen Dinge nicht nur aufheben, nein, sie wirft sie auch weg.

Karinas liebstes Spiel ist es, alles aus der Karre zu werfen, sei es Spielzeug oder die vom Kopf gezerrte Mütze. Das bringt Gisela fast zur «Raserei». Mit ihr im Supermarkt einkaufen zu gehen heißt jetzt, nichts darf in erreichbare Nähe kommen, sonst fliegt es durch die Gegend.

Karina entwickelt sich zum Spiegelbild ihrer Umgebung. Wenn Peter morgens zum Abschied sagt: «Tschüß, meine kleine Maus» und dazu winkt, ahmt sie ihn nach, und wenn er sich abends beim Lesen seines schwerverständlichen Fachbuches am Kopf kratzt, sieht es zumindest so aus, als würde Karina auch dieses nachahmen.

Karina sitzt nun frei mit gestreckten Beinen und geradem Rücken.

Sprache

Karina hat jetzt ein erstes Sprach-Verständnis, sie versteht einige Begriffe. Wenn Gisela fragt: «Wo ist die Mama?», schaut ihre Tochter sie verzückt an und kreischt freudestrahlend.

Auch die Puppe «Tante Rosa» ist ihr bekannt unter diesem Namen, ebenso bringt sie offensichtlich das Wort «Bett» mit dem Gegenstand Bett in Verbindung, und davon will sie manchmal gar nichts wissen.

Das Sprechen entwickelt, im Gegensatz zum Sprachverständnis, in diesem Monat eine erste dialogische Form, d. h., es kommt zu kleinen Zwiegesprächen, in denen Karina versucht, Silben «nachzusprechen».

Optische Wahrnehmung (Sehen)

Ihr Kind entdeckt viele Dinge und erfreut sich an ihnen.

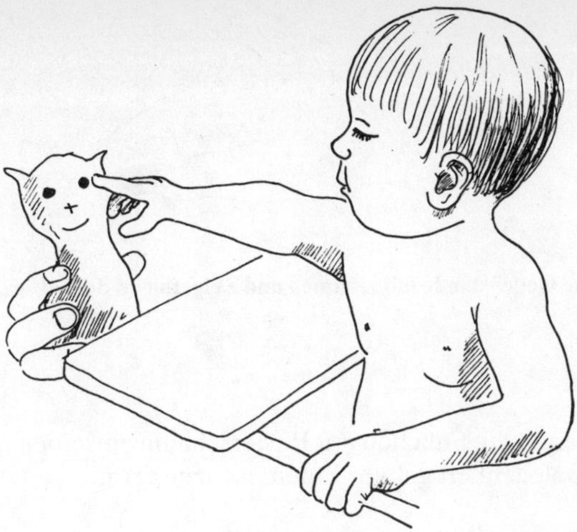

Karina interessiert sich im zehnten Monat für Details und versucht sie aufzuheben.

Motorik – Bewegung
Ihr Kind greift nach vielen Dingen mit dem «Pinzettengriff» (Daumen und Zeigefinger).

Das Zusammenspiel zwischen linker und rechter Hand verbessert sich.

Ihr Kind kommt aus der Bauchlage zum Sitzen, sitzt dann längere Zeit frei und kann sich an Gegenständen zum Stehen hochziehen.

Spiele

78 Wenn Ihr Kind z. B. die Nase des Teddys entdeckt, nach ihr greift und sie abreißen möchte, nennen Sie all diese Dinge beim Namen: «Das ist Teddys Nase, und das ist Karinas Nase.»

79 Stimulieren Sie das Gleichgewichtsorgan Ihres Kindes durch gezielte Übungen, die allerdings nicht überfordern dürfen, z. B. durch gemeinsames Hinundherschaukeln.

80 Stimulieren Sie durch Hautkontakt die Tastwahrnehmung Ihres Kindes. Sie können z. B. Ihrem Kind den Rücken, die Arme, die

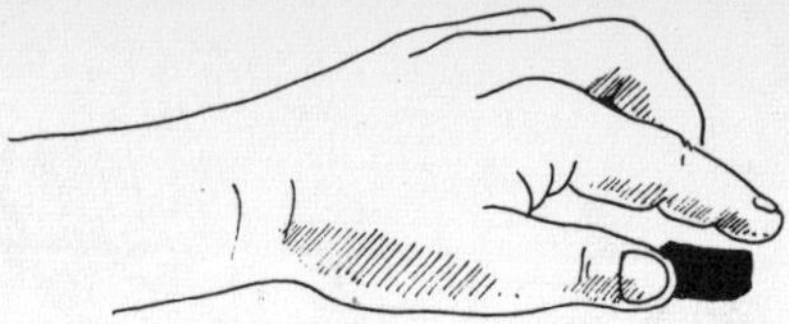

Sie greift kleine Gegenstände mit Daumen und Zeigefinger, dem «Pinzettengriff».

Brust, die Beine, die Füßchen mit Rasierschaum einreiben und Ihrem Kind dann Gelegenheit geben, Ihnen nachzueifern.

81 Lassen Sie Ihr Kind ruhig Sachen wegwerfen.

Machen Sie in entspannten Momenten einfach ein lustiges kleines Spielchen daraus.

82 Spielen Sie mit Ihrem Kind Nachahmungsspiele aller Art wie «Backe-backe-Kuchen», «Wie das Fähnchen auf dem Turme», «Wie groß bist du?», «Das ist Papas Zunge. Wo ist Karinas Zunge?»

Der «Zangengriff»

Es ist soweit: Karina krabbelt und ist dadurch ungeheuer mobil. Als Krabbeln wird die Fortbewegung auf Händen und Knien bezeichnet. Im Gegensatz zum Robben ist das Becken vom Boden abgehoben, und die Bewegung kommt aus dem «Vierfüßlerstand» heraus.

Das Sitzen hat sich ebenfalls vervollkommnet. Karina sitzt mit gestreckten Beinen und geradem Rücken und verliert selbst dann nicht die Balance, wenn ihr Gisela oder Peter die Beinchen anheben.

Das Laufen bahnt sich durch selbständige, seitwärts an Möbeln entlanghangelnde Schritte an. Karina verlagert ihr Gewicht von einem Bein auf das andere, dadurch entstehen diese ersten Schritte auf der Stelle oder zur Seite.

Wird Karina an beiden Händen gehalten, «läuft» sie erste Schritte geradeaus.

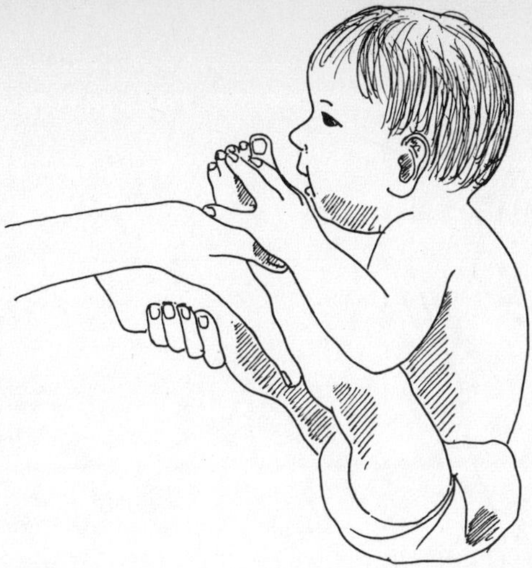

Im Sitzen kann Karina nichts mehr aus der Balance bringen.

Der «Pinzettengriff» des Vormonats verfeinert sich. Sie beugt Zeigefinger und eventuell den Daumen beim Greifen. Dadurch kann sie auch allerkleinste Dinge auflesen.

Beim Essen erreicht Karina eine Selbständigkeit, die Gisela entlastet und das Kind unabhängig macht. Sie ißt ihr Butterbrot mit beiden Händen und umfaßt ihre Tasse und führt sie relativ zielsicher zum Mund.

Sie entwickelt große Freude an anderen Menschen und ist Fremden gegenüber aufgeschlossen.

Karinas Sprachverständnis wächst und ihre Sprechlust auch.

Für manche Objekte und Tätigkeiten verwendet sie gleichbleibende Lautäußerungen, die meist aus einfachen und doppelten Silben bestehen.

Sprache

Das Sprachverständnis Ihres Kindes nimmt deutlich zu. Es versteht schon einiges von dem, was Sie ihm erzählen. Auch «nein» ist keine unbekannte Vokabel mehr. Ihr Kind hält inne und schaut Sie an, wenn Sie dieses Wort energisch aussprechen.

Das Sprechen macht ebenfalls Fortschritte. Erste feststehende Sil-

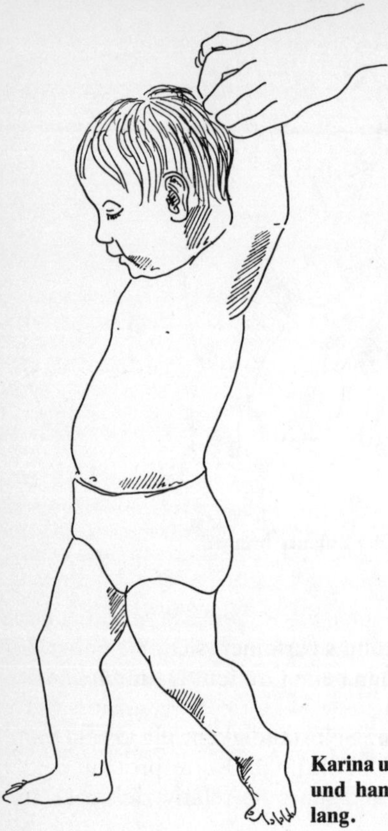

Karina unternimmt nun selbständige Schritte und hangelt sich seitwärts an Möbeln entlang.

ben tauchen für bestimmte Dinge auf, die augenscheinlich nicht mehr nur Zufallsprodukte sind.

Motorik – Bewegung

In diesem Bereich ereignen sich im elften Lebensmonat ganz entscheidende Dinge.

Ihr Kind erkrabbelt sich die ganze Wohnung, es sitzt frei und kann dabei sein Gleichgewicht halten, es macht unter bestimmten Bedingungen, wie Festhalten an den Händen oder an einem Gegenstand, erste Schritte, und der Pinzettengriff wird vom Zangengriff abgelöst.

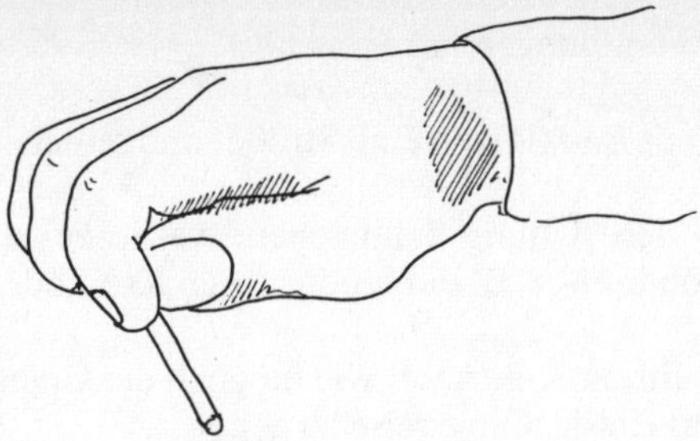

Mit dem Zangengriff kann das Kind die allerkleinsten Dinge auflesen – wenn es will.

Spiele

83 Stimulieren Sie das Gleichgewichtsorgan im Innenohr Ihres Kindes.

Wenn Ihr Kind frei sitzt, heben Sie langsam seine Beinchen an und lassen sie ebenso langsam wieder herunter.

84 Krabbeln Sie mit Ihrem Kind um die Wette. Verlieren Sie auch ab und zu diese Krabbelwettrennen: Ihr Kind ist schon empfänglich für Lob und Bestätigung.

85 Üben Sie das Laufen.

Laufen Sie hinter dem Kind, und ziehen Sie seine Arme so hoch, daß diese leicht gebeugt oder, anders ausgedrückt, fast gestreckt sind.

86 Verstecken Sie vor den Augen Ihres Kindes einen Gegenstand.

Ihr Kind wird sich an den Bauklotz erinnern und ihn mit großer Freude wieder «herbeizaubern».

87 Geben Sie Ihrem Kind Spielzeug, das es mit einer Schnur zu sich heranziehen kann.

88 Unterstützen Sie die selbständigen Eßversuche Ihres Kindes, auch wenn es dabei Krümel, Überschwemmungen und «Matsch» geben sollte.

89 Sprechen Sie mit Ihrem Kind soviel wie möglich. Begleiten Sie Ihre und seine Handlungen mit Sprache.

90 Legen Sie mit Bauklötzen eine Straße, und schieben Sie ein Auto durch.

Sie können diese Übung dahingehend variieren, daß Sie andere Formen ausprobieren, z. B. ein L oder einen Kreis oder ein Dreieck.

91 Geben Sie Ihrem Kind sooft wie möglich die Gelegenheit, in der freien Natur auf Entdeckungsreise zu gehen.

Machen Sie es auf alle Dinge aufmerksam, die es mit seinen Sinnen erfassen kann: das Rauschen der Bäume, das Gelb des Zitronenfalters, das Kriechen und die Glitschigkeit des Regenwurmes und den saftig-süßen Geschmack der Erdbeere.

Karina läuft an der Hand

Karina bevorzugt jetzt zwei Fortbewegungsarten: das Krabbeln und das Laufen an der Hand. Wenn sie selbständige «Abenteuer» unternimmt, krabbelt sie. Wenn ein Erwachsener in der Nähe ist, ist sie dankbar für die Möglichkeit, sich im Laufen zu probieren, obwohl sie es nur auf wenige «getorkelte» Schritte bringt.

«Man könnte meinen, sie hätte zu tief ins Glas geschaut», fällt Peter ein, wenn er mit seiner Tochter an der Hand durch das Zimmer läuft.

Karina sitzt länger als im Monat zuvor, wo sie endgültig gelernt hat zu sitzen.

Die Auge-Hand-Koordination verfeinert sich ständig. Karina sammelt z. B. eines Tages kleine Erbsen auf und wirft sie ins Marmeladenglas. Sie gibt ihrem Vater auch auf Aufforderung den Apfel in die Hand.

Es gelingt Karina, ihre Wünsche durch Laute deutlich zu machen, und sie ahmt mit Vorliebe Geräusche wie Husten und Brummen nach.

Sagt Gisela: «Gib Mama ein Küßchen!», macht Karina das, falls sie gerade in Küßchen-Geb-Stimmung ist.

Karina liebt kleine Spielchen. Besonders erpicht ist sie auf das allabendliche Krabbel-Fang-Spiel mit Papa.

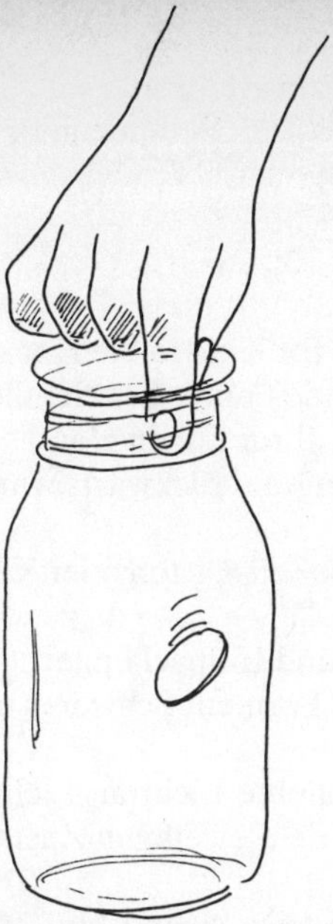

Die Auge-Hand-Koordination klappt jetzt so gut, daß Karina kleine Gegenstände durch eine enge Öffnung fallen lassen kann.

Sprache
Ihr Kind kann kleine Sätze mit Aufforderungscharakter verstehen. Dabei wird es oft von anderen Dingen abgelenkt und scheint das «Hol' den Ball!» mitten in der angesetzten Bewegung zu vergessen und interessiert sich mehr für das «Piep-piep»-Vögelchen auf der Fensterbank.

Optische Wahrnehmung (Sehen)
Ihr Kind verfeinert seine Handlungen, die eine differenzierte Auge-Hand-Koordination voraussetzen, z. B. kann es mittelgroße Knöpfe in sein Milchfläschchen werfen.

Sozialverhalten
Ihr Kind liebt Spielchen mit anderen Menschen. Es erwidert Zärtlichkeiten.

Akustische Wahrnehmung (Hören)
Ihr Kind hört eine flüsternde Stimme in der Nähe und wendet seinen Kopf in diese Richtung.

Spiele

92 Sie setzen sich vor Ihr Kind in die Hocke und halten es beim Aufstehen mit beiden Händen unter den Schultern.

Dann fassen Sie mit Ihrer linken Hand sein rechtes Händchen und gehen in der Hocke langsam rückwärts, Ihr Kind vorwärts.

93 Füllen Sie einen großen Karton oder Koffer mit unterschiedlichen Materialien.

Beim Rauskramen und Einpacken lernt Ihr Kind viele Dinge kennen: Größen, Farben, Formen, Schweres und Leichtes.

94 Spielen Sie das beliebte Licht-an-Licht-aus-Spiel am Lichtschalter, und benennen Sie den jeweiligen Zustand.

95 Nehmen Sie sich jeden Abend fünf Minuten Zeit für die Gute-Nacht-Geschichte.

96 Besorgen Sie einen Sitzroller aus Holz für Ihr Kind.

Zuerst wird es sich mit beiden Füßen abstoßen, dann ein paarmal nur mit einem Fuß, dann wieder mit beiden, und ganz langsam und mit großer Anstrengung lernt es, sich abwechselnd mit den Füßen abzustoßen.

97 Haben Sie Verständnis dafür, wenn zu diesem Zeitpunkt eine Phase der Scheuheit vor fremden Menschen und fremder Umgebung auftaucht.

Nehmen Sie Ihr Kind liebevoll auf den Arm, und reden Sie nicht über «Vernunft»: «Nun sei doch vernünftig, wir waren doch schon mal hier!»

Sauberkeitserziehung

Die Sauberkeitserziehung beginnt frühestens mit 18 Monaten, da es vorher dem Kind nicht möglich ist, seine an dem Entleerungsvorgang beteiligten Muskeln zu kontrollieren. Erst ab dem 18. Monat gelingt es Ihrem Kind, willentlich sein großes und kleines «Geschäft» festzuhalten. Mit zwei Jahren sind viele Kinder tagsüber trocken, aber bei einigen dauert es auch erheblich länger.

Beobachten Sie, wann Ihr Kind seinen Darm und seine Blase entleert, und fangen Sie an, Ihrem Kind das Töpfchen anzubieten.

Wenn Ihr Kind gern mit seinen «Produkten» spielt, die es ausgeschieden hat, ist das noch kein Grund zur Beunruhigung, sondern eine «normale», vorübergehende Verhaltensweise, die allgemeiner Entdeckungslust des Kindes entspricht. Es kennt ja noch keine Ekelgefühle wie wir Erwachsenen. Sie können Ihr Kind durch ein Spielzeug oder Spielchen von diesen Tätigkeiten ablenken.

Selbst-Gefühl

Im Säuglings- und Kleinkindalter wird das sogenannte Ur-Vertrauen gelegt, also die Basis des Vertrauens zu sich und anderen. Ihr Kind erobert sich, seinen Körper, seine Umwelt und strebt einerseits Selbständigkeit an und ist andererseits noch sehr auf die Liebe, Anerkennung und Fürsorge seiner Bezugspersonen angewiesen.

Es kann sich selbst deutlich von anderen Personen abgrenzen. Es sagt noch nicht «ich» zu sich selbst, sondern nennt sich beim Vornamen. Auf «du» reagiert es oft noch nicht.

Ihr Kind kann schon Gefühle wie Angst, Hilflosigkeit, Enttäuschung, Freude, Ausgelassenheit, Zorn, Anspannung und Entspannung erleben, ohne diese Gefühle in Worte fassen zu können. Es ist hin- und hergerissen zwischen Gefühlen und reagiert spontan und unreflektiert.

Wenn es sich etwas in «den Kopf gesetzt hat», will es dieses Vorhaben auch partout realisieren und ist unter Umständen frustriert, wenn ein Erwachsener verbietend oder regulierend eingreift.

Es hat nach wie vor unter Umständen Angst vor einer fremden Umgebung, Dunkelheit, Alleinsein und kann Gefahren oft nicht realistisch einschätzen.

Es spielt jetzt schon mit anderen Kindern, aber oft ist es mehr ein Spiel nebeneinander her als miteinander.

Seine Reaktionen in diesen sozialen Situationen sind von seiner ungefilterten Gefühlsreaktion abhängig: Es kann plötzlich aggressiv, egoistisch («meins» brüllt es und reißt den anderen Kindern Spielzeug aus der Hand), aber auch freudig erregt sein.

Strafen Sie nur in extremen Ausnahmefällen. Die ständige Berieselung mit Ermahnungen und Befehlen hat nur den Effekt: «Hier rein, da raus.» Auch Verbote sollten so selten wie möglich sein.

Fragen Sie sich vor jedem «Nein», ob es auch wirklich nötig ist. Anerkennung und Lob dagegen sollten Sie oft aussprechen. Dann blüht Ihr Kind auf und bekommt eine gesunde Portion Selbstwertgefühl.

Sexualentwicklung

Gegen Ende des zweiten Lebensjahres entdeckt Ihr Kind vielleicht schon den «kleinen Unterschied» und fragt danach, wo die Babys herkommen. Stellen Sie sich dieser Thematik, und beantworten Sie Fragen klar und offen.

Ihr Kind spielt auch gern mit den Genitalien. Ein Entsetzen darüber und ein Verbieten würden bei Ihrem Kind nur Angst- und Schuldgefühle auslösen. Gönnen Sie Ihrem Kind diese lustbetonten Spiele!

Unterstützen Sie die taktilen Bedürfnisse Ihres Kindes dahingehend, daß Sie seine Haut liebevoll mit Lotion einreiben oder die kleinen Füße mit Rasierschaum massieren.

Motorik

Ihr Kind lernt wahrscheinlich Anfang des zweiten Lebensjahres laufen.

Gegen Ende dieses Jahres «rennt» Ihr Kind schon einige Meter und geht rückwärts, ohne hinzufallen.

Das Treppensteigen gelingt ihm mit «Nachziehschritt» und mit Festhalten am Treppengeländer.

Ihr Kind erklettert dann auch kleine Gegenstände wie einen Hocker oder Stuhl.

Der Bewegungsdrang nimmt zwischen dem ersten und zweiten Geburtstag ständig zu. Eine Eingrenzung der motorischen Möglichkeiten bringt große Nachteile für Ihr Kind.

Sprache

Am Anfang des zweiten Lebensjahres spricht bzw. brabbelt Ihr Kind wahrscheinlich fünf oder mehr Silben. Es spricht mit sich selbst, aber auch schon objektbezogen: Es will etwas deutlich machen, etwas «sagen».

Sie werden sicher das Geplapper Ihres Kindes deuten können. Die Phase des Ein-Wort-Satzes liegt ebenfalls in dieser Zeit: Das Kind spricht ein Wort und meint damit einen ganzen Satz, z. B. «Ata» = «Ich möchte nach draußen.»

Ihr Kind versucht Ihre Sprache nachzuahmen, eine Art Echo-Effekt entsteht. Es versucht sich ebenfalls in Tierlauten wie «wau-wau», «huff-huff», «piep-piep», «miau-miau». Ihr Kind gibt schon Selbstlaute von sich, Vokale wie A, E, I, O, U, dabei ist das Auftreten von A, O, U wahrscheinlicher.

Mitte des zweiten Lebensjahres versteht Ihr Kind schon viele Wörter, und es gelingt ihm auch, Worte wie Puppe, Bett, Ball, Mama, Papa, Auto nachzusprechen.

Zwischen Mitte und Ende des zweiten Lebensjahres wird Ihr Kind wahrscheinlich die Konsonanten M, B, P, N, L, T, F, W und D gebrauchen.

Ihr Kind kann schon ihm wichtige Personen mit Namen benennen und immer mehr verstehen, das heißt sprachliche Symbole begreifen. «Die Milch steht auf dem Tisch», diese sechs Worte, sprachliche Symbole, haben für Ihr Kind einen Sinn bekommen. Falls es gerade durstig ist, wird es sich auf den Weg zum Tisch machen und seine Milch trinken.

Das sogenannte Trotzalter, eine Phase der Selbst-Durchsetzung im dritten Lebensjahr

Das dritte Lebensjahr gilt wegen der «Trotzphase» als schwieriger Altersabschnitt. Ihr Kind ist launisch und bockig, eigensinnig und unberechenbar. Es befolgt Ihre Anweisungen nicht, ist also «ungehorsam», zerstört aus für Sie nicht einsehbarem Grund Dinge und kann dann im nächsten Augenblick wieder Ihr «goldiger Sonnenschein» sein.

Diese Launen spiegeln innere psychische Konflikte Ihres Kindes wider. Es entdeckt sich als eigenständige Persönlichkeit und hat keine Lust, ständig zu gehorchen. Oft wechselt Wut auf Mutter oder Vater mit einem intensiven Bedürfnis nach Liebe, Zuneigung und Körperkontakt ab.

Das Spiel mit mehreren Kindern überfordert Ihr Kind wahrscheinlich noch. Es bevorzugt das Spiel zu zweit.

Wenn Ihr Kind außer «Rand und Band» gerät, ist für Erwachsene und andere Kinder der Grund kaum oder gar nicht einsehbar. Ursache und Wirkung stehen in einem krassen Mißverhältnis. Wenn man genau hinschaut, handelt es sich oft um einen Zwiespalt zwischen dem Wunsch nach Selbständigkeit, dem Bedürfnis, das eigene Ich zu entdecken, durchzusetzen und sich von anderen «Ichs» (Personen) abzugrenzen, und der Angst vor Alleinsein, Autonomie und Liebesverlust.

Versuchen Sie, in Ihnen «unbegreiflich» erscheinenden Reaktionen Ihres Kindes diesen tiefliegenden Grundkonflikt zu entdecken und Verständnis aufzubringen.

Sexualerziehung

Ihr Kind interessiert sich jetzt sehr für seine und andere Geschlechtsorgane und spielt vielleicht mit ihnen so, daß es zu orgasmusähnlichen Reaktionen kommt.

Ihr Kind legt vielleicht auch einen Exhibitionismus an den Tag, der Ihnen peinlich ist: Es zeigt gern seinen nackten Körper, und die Zeit der «Doktorspiele» beginnt. Den Kindern fällt der «kleine Unterschied» auf, besonders beim Urinieren.

Sie werden bedrängt, sich «nackig» zu zeigen. Wenn Sie diesem Wunsch Ihres Kindes nicht nachkommen, wird Ihr Kind eventuell zu der List greifen und Sie beim Baden oder Toilettengang durch das Schlüsselloch beobachten. Ihr Kind ist sowenig «asexuell» wie Sie. Billigen Sie Ihrem Kind die Freude an Körperlichkeit, Sinnlichkeit und auch sexueller Lust zu.

Unterdrückung dieser Impulse ist immer schlecht. Sexualität ist ein Teil der menschlichen Persönlichkeit, ob klein oder groß. Auf keinen Fall sollte Ihr Kind sexuelle Gefühle und Schuldgefühle kombinieren lernen. Aber eine direkte, eventuell handgreifliche Aufforderung zu sexuellen Handlungen ist auch abzulehnen.

Lassen Sie Ihr Kind seine Sexualität entdecken, aber forcieren Sie sie nicht. Selbstregulierung ist der optimale Weg.

Motorik

Im dritten Lebensjahr hat sich das Gleichgewicht Ihres Kindes deutlich stabilisiert. Es kann eventuell einen Ball mit einem Fuß wegstoßen oder kurze Zeit auf einem Bein stehen.

Es lernt in diesem Jahr Dreiradfahren, und seine Arme wird es beim Laufen nicht mehr zum Ausbalancieren benötigen. Ihr Kind findet Gefallen am Hüpfen.

Gegen Ende des dritten Lebensjahres kann Ihr Kind eventuell schon zwei Meter weit auf Zehenspitzen gehen.

Beim Rennen wird es seltener hinfallen, und vielleicht ist auch schon ein Schlußsprung (gleichzeitig mit beiden Beinen) von einer Stufe möglich.

Vorübungen zum Schwimmenlernen in der Badewanne sind nützlich: Spritzen und Planschen, fließendes Wasser erleben und Schaumberge bauen machen großen Spaß und mit dem Element Wasser vertraut.

Sprache

Ihr Kind lernt «ich» zu sagen! Das ist eine große Neuerung und dokumentiert das Selbst-Gefühl Ihres Kindes.

Unterstützen Sie die Sprechentwicklung Ihres Kindes, indem Sie Ihre und seine Handlungen mit Sprache begleiten. Unterscheiden Sie zwischen Stuhl und Sessel, Sofa und Hocker. Benutzen Sie Tätigkeitswörter wie: laufen, springen, rennen, gehen, hüpfen, klettern.

Sprache und Denken hängen zusammen, und durch die Förderung der Sprache und des Sprechens wird die intellektuelle Entwicklung Ihres Kindes optimal gefördert.

Ihr Kind kann am Anfang des dritten Lebensjahres etwa zehn verschiedene Worte aussprechen und gegen Ende des Lebensjahres drei Wörter zu einem Satz kombinieren.

Gegen Mitte des dritten Lebensjahres wird es wahrscheinlich Zweiwortsätze sprechen, wie «Milch haben», «Puppe holen», und zu dieser Zeit beginnt bei vielen Kindern die Benutzung der Artikel: die Puppe, der Papa, das Baby.

Neben dem Wort «ich» benutzt Ihr Kind jetzt auch Fürwörter wie «mein» und «dein» und «du».

Karina im Kindergarten

Karina ist jetzt drei Jahre alt und steht seit eineinhalb Jahren auf der Vormerkliste der Kindertagesstätte, die nur drei Straßen von Familie Kleins Wohnung entfernt liegt. Gisela hatte sich eingehend nach geeigneten Kitas erkundigt, hatte im Montessorikindergarten und im Waldorfkindergarten hospitiert, sich dann aber nach einem langen Gespräch mit Peter für den nächstliegenden Kindergarten entschieden, da sie halbtags wieder arbeiten will und nach wie vor überwiegend für Karinas Betreuung zuständig ist.

«Da hab ich weniger Streß mit dem Bringen und Holen! Zwar fände ich den Waldorfkindergarten auch nicht schlecht, aber der liegt ja leider am anderen Ende der Stadt. Und der Montessorikindergarten ist vor allem geeignet für behinderte Kinder. Und da so viele Behinderte auf der Warteliste stehen, will ich denen keinen Platz wegnehmen. Unsere Karina ist so normal und durchschnittlich entwickelt, die kann auch in einen Regelkindergarten gehen.»

«Durchschnitt! Ich muß doch sehr bitten. Karina ist absolut überdurchschnittlich, auf einigen Gebieten sogar fast genial!» meint Peter halb ernst, halb belustigt. «Hast du gesehen, wie sie gestern dem Hanno von Karin und Ulrich weggerannt ist und wie geschickt sie gegenüber der dicken Anna von Brauns am Klettergerüst geturnt hat und...»

«Schon gut, schon gut! Ich beobachte meine Tochter auch, nicht nur du! Sie ist auf einigen Gebieten überdurchschnittlich, weit entwickelt, auf anderen stinknormal!» wirft Gisela ein. «Zum Beispiel ist ihre Kinästhetik nicht so besonders gut.»

«Was ist nicht gut? Ihre Kinn-Ästhetik?»

«Ach, lassen wir das. Dafür weiß ich kaum den Unterschied zwischen Elektronik und Elektrik.» Gisela und Peter Klein, im 7. Ehejahr, führen daraufhin einen sieben Jahre eingeübten Dialog, bis Gisela schließlich meint: «Also, was ist? Bist du dagegen, daß Karina in den nächsten stinknormalen Kindergarten kommt?»

«Ich weiß nicht so recht. Etwas Besonderes sollte es doch schon sein!»

«Dieser Kindergarten in der Rehbergstraße hat auch etwas Besonderes!»

«Aha, aha! Und was ist das wieder Kluges?» fragt Peter etwas entnervt.

«Ich bin zu müde, um dir das auseinanderzuklamüsern! Komm einfach mit am nächsten Mittwoch zu der Informationsveranstaltung!»

Und tatsächlich: Peter Klein verzichtet auf sein Tennisduell im Club und geht mit in die Kindertagesstätte.

«Guten Abend, liebe Väter, guten Abend, liebe Mütter! Erlauben Sie mir, daß ich Sie in dieser Reihenfolge begrüße, aber ich bin so glücklich, fast so viele Väter wie Mütter hier zu sehen, daß ich nicht anders konnte!» so begrüßte Susanne Seidel, die Leiterin der Kindertagesstätte die anwesenden Eltern. «Ich stelle Ihnen erst unsere allgemeine pädagogische Konzeption vor und dann unseren speziellen Schwerpunkt: die psychomotorischen Spiele!»

Nachdem der erste Punkt behandelt ist, kommt Susanne Seidel zu der angekündigten Vorstellung des psychomotorischen Konzepts der Kindertagesstätte.

«Psychomotorik, was bedeutet dieser Begriff? Psychomotorik bedeutet nichts weiter, als daß zwischen der Psyche, den seelischen Vorgängen, und der Motorik, den körperlichen Vorgängen, ein enger Zusammenhang besteht.

Diese Abhängigkeit kann jeder an sich selbst oder an anderen beobachten. Zum Beispiel sind Körperhaltung, Gang, Stimme, Mimik, Gestik als motorische Prozesse abhängig von der augenblicklichen Gefühlslage, der Psyche. So können uns die Bewegungen eines Menschen einige Aufschlüsse über seine Gehemmtheit oder Lockerheit, über seine Wut oder Freude, über seine Angespanntheit oder Entspannung geben.

Bei Kindern ist, wie Sie alle wissen, diese wechselseitige Beeinflussung noch mehr ausgeprägt und deutlicher zu beobachten. Freut sich Ihr Kind, so hüpft es ausgelassen und kreischt dazu, ist es traurig, so hängen die Schultern herunter, und es wird vielleicht aggressiv, um so seine Wut oder Trauer abzureagieren. Wir Erwachsenen sind da, gottlob oder leider, viel kontrollierter.

Umgekehrt können motorische Vorgänge einen Einfluß auf die Gefühle haben.

Z. B. fühlt sich das wütende Kind vielleicht dadurch besser, daß es seine Wut heraustrampeln, schreien oder rennen kann. Dadurch ‹legen› sich die aggressiven Wutgefühle, und Ihr Kind fühlt sich wieder wohler.

Und Kinder, deren Bewegungsdrang durch ständige Ermahnungen und Verbote unterdrückt wird, werden bestimmt keine guten Gefühle für sich und ihre Umwelt entwickeln. Es besteht vor allem bei Kindern eine enge Verbindung von Motorik, Wahrnehmung durch die Sinnesorgane, Sprache und Denken.

Vorgänge und Zusammenhänge der Welt erfährt das Kind über alle diese Kanäle. Z. B. ist die intellektuelle-kognitive Entwicklung ihres Kindes in höchstem Grade abhängig von der motorischen Entwicklung. Das hat die Wissenschaft eindeutig festgestellt.

Auch zwischen dem Sozialverhalten und der Motorik bzw. der Psyche bestehen enge Verknüpfungen, die es auf allen Ebenen und Kanälen zu fördern gilt.»

«Hoffentlich haben wir nichts versäumt und alles richtig gemacht?!» sagt Peter zu Gisela gewandt.

«Na klar, wir haben doch viel Psychomotorik mit Karina gemacht! Wir haben nur den Begriff nicht benutzt», antwortet Gisela.

«Daß Leib und Seele zusammengehören, ist eine Binsenweisheit», fährt Frau Seidel fort, «und daß in einem gesunden Körper ein gesunder Geist wohnt, hat, glaube ich, schon Turnvater Jahn bemerkt.

Welche Rolle spielen Bewegung und Wahrnehmung bei Kindern im Kindergartenalter? Sie lernen genau wie der Säugling und das Kleinstkind überwiegend ihre Umwelt, sich selbst, andere Menschen, Zusammenhänge zwischen all diesem, über Wahrnehmung und Bewegung kennen.

Welche Wahrnehmungen, Formen und Möglichkeiten gibt es? Mindestens so viele, wie wir Sinnesorgane haben!! Also, da wären die akustische Wahrnehmung, das Hören, die visuelle oder optische Wahrnehmung, das Sehen, die taktile Wahrnehmung, das Fühlen und Tasten über die Haut, das Schmecken, das Riechen. Besonders wichtig sind die drei erstgenannten Wahrnehmungsorgane.

Wie war es, als Ihr Kind ein Jahr alt war, gerade laufen, aber kaum sprechen konnte?! Es hatte z. B. keine Ahnung, was ‹kalt› und ‹warm› ist, bevor es ‹loszog› und ins Glas mit kalter Milch griff und den warmen Heizkörper anfühlte. Es hat warm und kalt mit seinen Sinnen erkundet, und Sie haben dazu beigetragen, ihm die sprachlichen Symbole für diese Empfindungen zu vermitteln, indem Sie sagten ‹Die Milch ist kalt› oder ‹Paß auf, die Heizung ist warm›.

Irgendwann brauchte dann das Kind die Sinneserfahrung von warm und kalt, groß und klein oder weich und hart nicht mehr. Es kann sich diese Eigenschaften gedanklich vorstellen und mit dem passenden Wort benennen. Das ist eine große Leistung. Nun haben aber viele Kinder, gerade heute und gerade in einer Großstadt, oftmals nicht ausreichend Gelegenheit, diese Erfahrungen zu machen. Sie wissen ja, Autos wird mehr Platz zugebilligt als Kindern!

So, liebe Eltern! Jetzt stelle ich Ihnen ‹unsere› Psychomotorik, wie wir sie in diesem Kindergarten betreiben, genau vor.

Also, wir haben unsere psychomotorischen Spiele danach unterteilt, wie sie

1. die akustische Wahrnehmung – das Hören,
2. die optische Wahrnehmung – das Sehen,
3. die taktile Wahrnehmung – das Fühlen,
4. das Körperschema,
5. das Gleichgewicht,
6. die Raum – Lage – Orientierung und
7. das Sozialverhalten fördern.

Das mit der akustischen, optischen und taktilen, der Wahrnehmung durch Tasten, hatte ich ja schon erläutert. Oder haben Sie dazu noch Fragen, meine Damen und Herren, liebe Eltern unserer zukünftigen Kindergartenkinder?»

«Ja, ich», meldete sich Peter. «Was ist ‹kinästhetische› Wahrnehmung? Meine Frau will es mir einfach nicht erklären!» Diesmal erntet Peter «nur» einen bitterbösen Blick von seiner Frau.

«Also, die Bewegungsempfindung nennt man kinästhetische Wahrnehmung. Ich habe sie nicht extra aufgezählt, da sie in allen Punkten enthalten ist.

Neben den visuellen und akustischen Reizen gibt es Reize, die nicht von außen kommen, sondern aus dem Körper. Es sind Informationen aus dem Organismus, die meistens unbewußt ablaufen. Z. B. können wir uns Watte oder Ohropax in die Ohren stecken und die Augen mit einer dunklen Binde funktionsuntüchtig machen: Wir nehmen trotzdem Körperveränderungen wahr. Wir wissen, in welcher Lage wir uns im Raum befinden oder wie sich unser Mund inklusive Zunge bewegt, wenn wir ‹Sonne› sagen: Wir fühlen es. Innere Sinnesorgane geben Informationen über Muskel- und Gelenkbewegungen. Das ist übrigens Voraussetzung für ein koordiniertes und sicheres Bewegungsverhalten. Ist Ihre Frage damit beantwortet, Herr...»

«Klein, Klein ist mein Name. Ja danke, das war sehr interessant», sagt Peter.

«Ja, dann noch kurz zu dem Körperschema. Darunter verstehen wir das Bewußtsein für den eigenen Körper. Wir wissen, wo wir aufhören, wo unsere rechte und linke Seite ist, daß unser Kopf oben und die Füße unten sind.

Beim Punkt Gleichgewicht steht die Förderung des Lage- und Bewegungsgefühls im Vordergrund. Sicher haben Sie schon die Erfahrung gemacht, daß es viel schwieriger ist, mit geschlossenen Augen auf einem Bein zu stehen als mit geöffneten, oder daß Sie sich gern mit den Augen einen Fixpunkt suchen, um das Gleichgewicht zu halten. Bei der Raum-Lage-Orientierung geht es um das Empfinden der eigenen Person im Raum.

Und last not least kommen wir zum Punkt Sozialverhalten. Wir wollen mit unseren psychomotorischen Spielen die sozialen Fähigkeiten jedes einzelnen Kindes fördern. Das enthält auch die Entwicklung von Kommunikations- und Interaktionsmöglichkeiten, von Kontakt- und Gruppenfähigkeit. Selbstsicherheit und Selbstwertgefühl werden aufgebaut, Ängste und Hemmungen werden abgebaut. Neugier, Sensibilität und Kreativität erfahren über diese psychomotorischen Spiele wichtige Impulse. Im Spiel erkennt das Kind auch Grenzen, durch die es seine Frustrationstoleranz erhöht.»

«Ich komme mir vor wie auf einer Wahlveranstaltung», raunt Peter Gisela zu, und bevor diese giftig reagieren kann, meint Frau Seidel:

«Na, Herr Klein, wohl sehr skeptisch!?» Peter errötet leicht und meint beschwichtigend: «Nein, nein. Ich finde das Konzept sehr gut. Genau das Richtige für meine, ich meine, unsere Tochter.»

«So, hier haben wir für alle interessierten Eltern eine kleine Broschüre über unsere Spiele zusammengestellt. Die können Sie zu Hause studieren, und bei unserem nächsten Treffen unterhalten wir uns dann darüber. Ich wünsche Ihnen noch einen unfallfreien Heimweg und schönen Abend.»

«Ich bin ja schon gespannt wie ein Flitzebogen auf die psychomotorischen Spiele», sagt Gisela, und zu Hause angekommen, schmökern beide Kleins bei einem Glas Wein in Frau Seidels bebilderter Broschüre.

Soziale Entwicklung im Kindergarten

Sicherlich ist es gut für Ihr Kind, in einer Kindergruppe seine Fähigkeiten zu entdecken, auszuprobieren und Anerkennung für seine Leistungen zu bekommen. Das Spielen mit anderen Kindern will allerdings gelernt werden. Zu Hause, auf der Straße, in den Parks – überall wird die Bewegungsmöglichkeit Ihres Kindes eingeengt.

Da Sie wissen, wie wichtig ein motorisches Ausleben für die psychische Entwicklung Ihres Kindes ist, seien Sie sehr kritisch in der Wahl des Kindergartens für Ihr Kind. Viele Kindergärten haben so große Gruppen, daß sogar die in einigen Bundesländern festgelegten 2 qm pro Kind unterschritten werden.

Schauen Sie sich vorher den Gruppenraum im Kindergarten an: Steht dort einer vielleicht 25köpfigen Kinderschar ein mit Möbeln, Spielzeug und Materialien vollgestellter 36-qm-Raum zur Verfügung. Wie soll sich hier die Psychomotorik der Kinder entfalten?

Wie ist das Außengelände des Kindergartens, wie wird es genutzt? Dürfen sich die Kinder hier frei bewegen, oder werden viele Aktionen und Handlungen der Kinder durch Reglementierungen seitens der Erzieher unterbunden? Wissen die Erzieherinnen um die Bedeutung der Psychomotorik? Viele Erzieher verbieten viel zuviel, und ihr Hauptargument bei diesen ständigen «Neins» – höchstens noch erklärten, um an die «Einsicht» der Kinder zu appellieren – ist die Aufsichtspflicht.

Informieren Sie sich selbst über die Aufsichtspflichten der Pädagogen, und inszenieren Sie einen Elternabend zu diesem Thema, falls Ihres Erachtens die psychomotorische Entwicklung Ihres Kindes unter den Verboten leiden sollte.

Im «idealen» Kindergarten ist viel Platz für die psychomotorische Selbstregulierung der Kinder.

Der Kindergarten ist der Platz für die psychomotorische Form des kindlichen Selbststeuerungs- und Experimentierverhaltens, da «englischer Rasen», keifende Nachbarn, gefährliche Straßen und Kinderzimmer mit gerade neun Quadratmetern (und auf Ordnung und Sauberkeit im Kinderzimmer achtende Eltern) den psychomotorischen Bedürfnissen des Kindes enge Grenzen setzen.

Der Kindergarten soll Ihrem Kind die Basis auch für eine gute intellektuell-kognitive Entwicklung bieten.

- Es muß im Kindergarten etwas zu entdecken geben.
- Es müssen Veränderungen für die Kinder möglich sein. Es darf nicht alles vorprogrammiert und vorstrukturiert sein.

- Es muß genug Bewegungsfreiheit geben.
- Es darf nicht vieles, was mit Bewegung zu tun hat, gleich im Keim erstickt werden.
- Er muß eine Umwelt bieten, die Gefühle wecken und zulassen kann.
- Es muß ein Kindergarten sein, der sich als Spiel-, Lern- und Bewegungswelt für Kinder eignet.
- Er muß dem musischen und Bewegungsbereich großes Gewicht beimessen und darf kein pädagogisch aufgepeppter Aufbewahrungsort sein.

Falls Sie keinen Kindergarten finden, der nach dem Prinzip der psychomotorischen (Selbst-)Regulation arbeitet, starten Sie eine Elterninitiative.

Informationen dazu gibt die Dokumentation der Zeitschrift «Eltern» mit dem Titel «Mehr Kindergärten in Deutschland», oder fragen Sie bei bestehenden Elterninitiativen und Kinderläden nach, wie die Eltern sie aufgebaut haben.

Sprache

Kinder drücken im vierten Lebensjahr bereits viele ihrer Bedürfnisse, Wünsche, Ängste, Kenntnisse und Erfahrungen durch Sprache aus. Die Monologe der vorausgegangenen Lebensjahre treten zugunsten von Dialogen zurück.

Gegen Ende des vierten Lebensjahres beherrscht Ihr Kind etwa 2000 Wörter. Fehlende Wörter erfindet es «logisch»: Das Schließen der Tür heißt «zugetürt» und das Messer «Schneider», die Garage «Auto-Haus» und der Schornsteinfeger «Dachklettermann».

Ihr Kind sucht nach Gesetzmäßigkeiten in der Sprache und probiert sie aus («gelügt» statt «gelogen» kann dabei herauskommen).

Im vierten Lebensjahr lernt Ihr Kind wichtige grammatikalische Formen wie die Beugung der Hauptwörter und der Tätigkeitswörter.

Motorik

Ihr Kind wird geschickter: Seine Bewegungen werden fließender und können gezielter gesteuert werden.

Ihr Kind kann sich jetzt wahrscheinlich selbständig anziehen und übt sich fleißig in dieser Fähigkeit.

Die Handmotorik weitet sich so aus, daß Ihr Kind einen Bonbon auswickeln kann und anfängt, runde Formen zu malen. Dabei hält es wahrscheinlich den Stift zwischen Daumen, Zeige- und Mittelfinger.

Kann es schon aus einer kugelförmigen Knetmasse eine Schlange formen? Oder zwei Punkte durch eine Linie miteinander verbinden?

Das Fahren des Dreirades klappt, und das Treppensteigen gelingt ohne Festhalten am Geländer und mit Fußwechsel: pro Stufe das rechte oder linke Bein.

Das Gleichgewicht hat sich so weit entwickelt, daß gegen Ende des vierten Lebensjahres das einbeinige Hüpfen gelingt.

Passive Übungen: Meditation

Meditation ist leider für viele Menschen der westlichen Zivilisation zu etwas Anrüchigem geworden, da einige Gurus (Lehrer) Scharlatane sind. Sie vergessen unter Umständen, daß Meditation uralt ist und auch tiefe Wurzeln im Christentum hat. Meditation ist eine Art der Selbstversenkung, bei der es zu einer Umschaltung des Bewußtseins kommt.

Der Sitz unseres Bewußtseins ist in der Großhirnrinde. Sie ist der stammesgeschichtlich neueste Teil unseres Gehirns. Wir «denken» ununterbrochen, oder besser gesagt, ein stetiger Bewußtseinsdrang gleitet durch unser Gehirn. Wollen wir abschalten und an gar nichts mehr denken, merken wir, daß uns das gar nicht gelingt: Ständig tauchen Bilder, Vorstellungen, Gedanken, Gefühle etc. in unserem Kopf auf.

Das Gehirn befindet sich in einem ständigen Erregungszustand. Der entscheidende Unterschied zwischen normalen und kreativen Menschen ist, das wurde wissenschaftlich experimentell festgestellt, daß die normal-kreativen Menschen eine ansteigende Hirnstromkurve (EEG) beim Lesen einer unkonventionellen Aufgabe hatten, die auffallend intuitiv-kreativ, phantasievollen Menschen dagegen eine abfallende Kurve.

Eine kreative Leistung ist offensichtlich durchaus mit einem geringen Aktivitätsniveau des Gehirns vereinbar.

Wie oft stehen Sie und auch Ihr Kind unter «Dampf». Zeitdruck – Leistungsdruck – Wettbewerbsdruck – Selbstdruck – Außendruck – und unter Druck lernt es sich nicht gut!

Gönnen wir also unserem Gehirn und dem Gehirn unseres Kindes eine entspannte «Atmosphäre», damit das Gehirn und damit wir etwas leisten können.

Interessant zu wissen ist auch noch, daß offensichtlich die beiden Hälften des Gehirns für unterschiedliche Bereiche zuständig sind.

Die linke Hirnhälfte scheint mehr für logisch-rationale (Denk-) Prozesse zuständig zu sein, während die rechte Hirnhemisphäre mehr für den intuitiv-gefühlsmäßigen, phantasievollen Bereich zuständig ist.

Durch Meditation können wir die rechte Hirnhälfte aktivieren.

In Wellenklassen der Hirnstrommessungen (EEG) ausgedrückt, können wir die «Alpha-Wellen»-Produktion durch Meditation verbessern:

Wellenklasse der Großhirnrinde	Bewußtseinszustand und subjektive Empfindungen
Beta	wach, normaler Denkzustand (kann mit Nervosität, Angst und Unruhe einhergehen)
Alpha	wach, entspannt, intuitiv – kreativ

Meditation beruhigt, entspannt, nimmt Ängste, steigert die Leistungsfähigkeit.

Steigen Sie mit Ihrem Kind ein in die Meditationspraxis!

98 Musik-Meditation Setzen Sie sich im Schneidersitz oder Lotussitz auf eine feste Unterlage mit einem Kissen unter dem Po.

Schauen Sie sich zusammen diesen Kreis an; schauen Sie in die

Mitte des Kreises, und konzentrieren Sie sich ganz auf diesen Kreis. Schauen Sie einige Zeit auf den Kreis, und legen Sie ihn dann beiseite.

Schließen Sie die Augen, und legen Sie die Hände mit den geöffneten Handinnenflächen nach oben auf die Knie.

Sie können auch, wenn Sie mit einer Gruppe von Kindern meditieren wollen, die Kinder bitten, sich in einem Kreis auf den Boden zu legen und sich an den Händen zu halten. Dann werden nach drei Minuten die Hände gelöst und die Arme neben den Körper gelegt.

Stellen Sie passende Musik an, und konzentrieren Sie sich ganz auf die Musik. Die Gedanken kommen und gehen, wir unterdrücken sie nicht, wir nehmen sie an, wir lassen sie vorbeiziehen, vorbeifließen.

Nach zehn bis 30 Minuten: Augen öffnen, Glieder strecken.

99 **Augen-Meditation** Die Kinder malen sich unter leichtem Druck mit Fingerfarbe, Stift, Schminke einen Punkt etwas oberhalb der Augenbrauen über der Nasenwurzel, so wie die Inderinnen.

Wir setzen oder legen uns in einen Kreis und konzentrieren uns auf diesen Punkt auf der Stirn. Wir spüren diesen Punkt sehr deutlich, und unser Bewußtsein, unsere Konzentration fließt zu diesem Punkt, ist in diesem Punkt.

Wir sind dieser Energiepunkt.

100 **Atem-Meditation** Wir setzen uns in den Schneider- oder Lotussitz und legen die gespreizten Hände so auf den Bauch, daß die Daumen auf dem Nabel liegen.

Wir atmen langsam durch die Nase ein, und unser Atem rutscht bis dort unten hin, wo unsere Hände liegen. Wir fühlen, wie unser Bauch beim Einatmen dick wie ein Ballon wird und beim Ausatmen zusammenfällt und flach ist wie ein Brett.

Wir konzentrieren uns nur auf diesen Atemrhythmus.

Wir sitzen mit geschlossenen Augen da und spüren unseren Atem kommen und gehen, kommen und gehen.

Wir spüren auch den kleinen Windzug unter unserer Nase. Er kommt und geht.

Wir atmen langsam und konzentriert.

Wir sind ruhig und entspannt.

Wir sind nur noch Atem.

Nach 10 bis 30 Minuten die Meditation dadurch beenden, daß die Kinder die Augen öffnen und sich recken und strecken.

Die Persönlichkeitsentwicklung

In diesem Jahr bildet sich die Persönlichkeit Ihres Kindes immer deutlicher heraus. Allgemeine Entwicklungstendenzen zu beschreiben wird immer schwieriger: Das fünfte Lebensjahr ist gekennzeichnet durch einen Individuationsprozeß mit immer größerer Selbständigkeit. Sie müssen lernen, Ihrem Kind diese Unabhängigkeit zuzubilligen.

Die Beziehung zwischen Ihnen und Ihrem Kind wird weitgehend dadurch bestimmt, ob Sie Ihr Kind so akzeptieren, wie es ist, oder ob Sie das Bild lieben und realisiert sehen möchten, das Sie sich von Ihrem Kind gemacht haben. Was allerdings nicht heißen soll, daß Erziehen überflüssig ist. Sie erziehen immer, auch wenn Sie nichts sagen und nicht handeln.

Es ist nicht möglich, nicht zu kommunizieren, und jede Kommunikation in der Beziehung zwischen Ihnen und Ihrem Kind ist Erziehung (und auch umgekehrt?). Überlegen Sie sich Ihre grundlegenden Erziehungsvorstellungen genau.

Sprache

Das Sprachniveau ist für alle intellektuellen Leistungen von großer Bedeutung. Das Kind im fünften Lebensjahr denkt jetzt «im Kopf» – es muß nicht mehr Gedanken aussprechen und Handlungen sprechend begleiten: Es denkt «leise».

Der aktive Wortschatz, also die Zahl der gesprochenen Wörter, liegt bei 2500 Wörtern, und der passive Wortschatz, Wörter, die Ihr Kind im Gehirn entschlüsseln kann (mit Sinn und Inhalt füllen), aber nicht ausspricht, ist noch viel größer.

Die Sätze werden immer länger, und das Satzgefüge erweitert sich.

Das Kind kann schon «kompliziert» sprachlich denken und dieses teilweise auch aussprechen.

Abstrakte Dinge kann das Kind noch nicht verstehen. Es kann zwar vom «Tod» reden, aber das damit Gemeinte im Sinn der Erwachsenen nicht erfassen. Wenn der Opa stirbt, kann der Enkel sagen: «Daß Opa tot ist und unter der Erde liegt, weiß ich ja. Aber warum besucht er uns nicht mehr?»

Bei Erregungszuständen kommt es manchmal «ins Schleudern», aber normalerweise ist seine Sprache korrekt; das Sprechen ist auch für Fremde verständlich. Dabei weiß es manchmal nicht, was es eigentlich für «schlimme» Worte benutzt: Wörter wie «Arschloch» und «dumme Kuh» sind noch sehr gegenständliche Dinge, aber viele

Wörter aus dem Sexualbereich sind Wörter ohne Sinn und Bedeutung. Sie sollten sich das immer wieder vor Augen halten, wenn Ihr Kind Sie «unflätig» beschimpft.

Motorik

Ihr Kind lernt immer besser seinen Körper kennen, zu benennen und willentlich einzusetzen.

Es ist den ganzen Tag in Bewegung: Es hüpft und springt und läuft und klettert und schaukelt und fährt auf fahrbaren Gegenständen.

Die Handmotorik ist so weit entwickelt, daß es selbständig Brote schmiert, und es kann die Schere so gut handhaben, daß es an einer vorgezeichneten Linie entlangschneiden kann.

Das Treppenhinabsteigen gelingt ohne Festhalten am Geländer und so, daß das linke und rechte Bein jeweils eine Stufe betreten.

Schaffen Sie Ihrem Kind genügend Bewegungsraum, falls die Wohnung zu klein ist.

Sowieso ist das Bewegen draußen von einer besonderen Qualität. Es bietet neue Reize.

Berücksichtigen Sie die psychomotorischen Bedürfnisse besonders bei der Planung Ihres Urlaubs.

Das sechste Jahr

Psychomotorik und Schulreife

Schulreife wird bestimmt als intellektuelle Leistungsfähigkeit wie analytische Wahrnehmungsfähigkeit, sprachliche Ausdrucksfähigkeit, erstes Zählen – bzw. Mengenverständnis, Zeit- und Raumgefühl, als soziales und emotional altersgemäßes Verhalten und psychomotorischer Entwicklungsstand, der es dem Kind erlaubt, einige Zeit stillzusitzen und sich zu konzentrieren.

Diese psychomotorische Reife haben viele Kinder mit sechs Jahren noch nicht ausreichend entwickelt und werden dann in der Schule zurückgestuft oder durch Druck zur Anpassung an die Unterrichtsbedingungen gezwungen.

Es ist sehr fraglich, ob ein Einschulungsalter von sechs Jahren – ganz zu schweigen von den sogenannten Kann-Kindern, die schon mit fünf Jahren eingeschult werden – den meisten Kindern guttut. Entweder sollte das Einschulungsalter generell hochgesetzt werden, flexiblere Einzelentscheidungen ohne diskriminierenden Charakter möglich sein oder der Unterricht in den ersten Grundschuljahren dem psychomotorischen Entwicklungsstand der meisten Kinder angepaßt sein.

Motorik
Die Handmotorik ist so weit ausdifferenziert, daß Ihr Kind einen dikken Faden in eine Nadel mit großem Öhr fädeln kann.

Die «Malkünste» Ihres Kindes sind jetzt so weit fortgeschritten, daß eine Sonne als Sonne und ein Baum als Baum zu erkennen sind.

Die Lust am selbständigen Anziehen wächst, weil es allmählich schon so gut klappt. Sogar der Reißverschluß wird geschlossen.

Ihr Kind lernt jetzt aus der Rückenlage zum Sitzen und dann zum Stehen zu kommen.

Spielen Sie mit Ihrem Kind Sackhüpfen. Es kann mit geschlossenen Füßen fünf- bis zehnmal vorwärtshüpfen.

Kapitel 3

Spiele zur Entwicklung der Sinne

Der Geruchssinn

Gerüche entstehen durch winzige Teilchen, die ein Mensch mit den Augen nicht erkennen kann. Wenn wir etwa an einer Blume riechen, dringen diese Teilchen in die Nase.

In dem Hohlraum hinter der Nase, der Nasenhöhle, befinden sich sehr empfindliche Nerven, die wie winzige Haare aussehen. Sie geben die Riech-Nachricht zum Gehirn weiter.

Der Geschmackssinn

Auf der Oberfläche der Zunge befinden sich etwa 3000 winzige Zapfen, die sogenannten Geschmacksknospen. Sie sind in vier Gruppen angeordnet, und jede Geschmacksknospengruppe ist für eine Geschmacksrichtung zuständig, die dann erst im Gehirn «erkannt» wird.

So wissen wir, ob es sich um einen salzigen, süßen, sauren oder bitteren Geschmack handelt.

Der volle Geschmack entsteht aber erst dadurch, daß wir nicht nur schmecken, sondern gleichzeitig auch riechen. Probieren Sie doch einmal aus, ob Sie mit geschlossenen Augen und zugehaltener Nase noch zwischen einem Apfel und einer ungekochten Kartoffel unterscheiden können.

Das Sehen

Seine Augen kann der Mensch nur im Spiegel sehen. Sie sind kugelförmig, und diese Kugeln, die sogenannten Augäpfel, passen genau in die knöchernen Augenhöhlen.

Der dunkle Fleck in der Mitte der Augen heißt Pupille, und der farbige Ring rund um die Pupille wird Iris genannt.

Der Mensch sieht immer dann etwas, wenn Licht in seine Augen fällt und im Gehirn in eine Bildnachricht umgewandelt wird. Das

Licht dringt durch eine durchsichtige Schicht in die Augen: die Hornhaut.

Danach fällt das Licht durch die Pupille, wird in einer Linse gebündelt und trifft auf die Netzhaut: Allerdings verkehrt herum, so daß dort alles «auf dem Kopf» steht.

In der Netzhaut sind viele Nervenzellen, die die Nachricht über den Sehnerv zum Gehirn weiterleiten, wo das Bild wieder gewendet wird und einen «Sinn» bekommt, indem es mit schon gespeicherten optischen Eindrücken verglichen wird.

Irgendwann in der Entwicklung des Kindes werden dann diese Seheindrücke mit Wörtern kombiniert: Das runde Ding wird dann als Ball gesehen und als Ball benannt.

Das Sehen (die optische / visuelle Wahrnehmung als psychomotorische Fähigkeit bis zum 6. Lebensjahr)

Die Augen fixieren einen Gegenstand, d. h., das Kind muß lernen, den Blick so auf ein Ding oder eine Person zu richten, daß das Bild auf den zentralen Netzhautanteil fällt. Die Augen fixieren nicht alles, sondern Interesse und Motivation entscheiden über die Fixation.

Danach können die Augen durch Anpassung (Akkommodation) die Krümmung der Linse ändern und den Blick auf verschiedene Entfernungen einstellen.

Das beidäugige (binokuläre) Sehen ist das Verschmelzen der Seheindrücke beider Augen zu einem Bild.

Die Entwicklung des Sehens sieht in groben Zügen so aus: Das Neugeborene kann seine Augen in alle Richtungen bewegen, da die äußeren Augenmuskeln bereits recht gut entwickelt sind. Das geschieht allerdings, auch aufgrund des unausgereiften Gehirns, unkoordiniert und ruckartig. Die Bewegungen der Augen und des Kopfes verlaufen ungleichzeitig. Wenn Sie den Kopf Ihres Kindes drehen, folgen die Augen dieser Bewegung erst nach einiger Zeit. Dieses «Puppenaugenphänomen» verschwindet aber schnell, meistens in der zweiten Lebenswoche.

Die Augen des Babys haben aber bereits den Pupillenreflex, d. h., die Pupillen ziehen sich zusammen, wenn Lichtwellen auf sie fallen. Der Blinzelreflex, Schließen der Augen bei grellem Licht, ist auch vorhanden.

Mit vier bis acht Wochen kann Ihr Kind für kurze Zeit fixieren, mit drei Monaten können die Augen die Mittellinie kreuzen und Bewegungen über 180 Grad beobachten.

Mit sechs bis sieben Monaten hat sich das beidäugige Sehen wesentlich weiterentwickelt, ist aber noch nicht ausgereift; die Anpassung entwickelt sich noch etwas zögernd.

Mit zwei Jahren ist die Akkommodation, die Anpassung auf Entfernungen, noch unsicher, und auch mit dem beidäugigen Sehen hapert es noch in manchen Situationen.

Mit drei Jahren sind Fixations- und Akkommodationsreflexe voll entwickelt, aber noch «störanfällig», z. B. wenn die Augen nicht genug Reize angeboten bekommen.

Mit vier Jahren kann das binokuläre (beidäugige) Sehen nicht mehr total zerstört werden.

Und mit fünf Jahren sind Fixation, Akkommodation und binokuläres Sehen voll entwickelt.

Das Kind muß also sehen lernen, genauso wie ein 20jähriger Blindgeborener, dem durch Fortschritte in der Medizin das Sehen ermöglicht wird. Dieser 20jährige wird sich allerdings dabei sehr schwer tun, während es für Ihr Kind wahrscheinlich kein Problem ist.

Dies sind die einzelnen Bereiche, die Ihr Kind dabei lernen muß:

Wahrnehmung der eigenen Person und der Umwelt
Richtungs- und Raumwahrnehmung
Formwahrnehmung
Figur-Grund-Unterscheidung
Gesichtsfeldwahrnehmung
Auge-Hand-Koordination
Speicherung des Gesehenen (Gedächtnis)
Geschwindigkeit der Wahrnehmungsvorgänge.

Bei Sehvorgängen sind viele andere Sinne beteiligt, z. B. beim Sehen des Frotteehandtuches fühlt das Kind die Oberflächenstruktur, es sieht und hört die Autos hupen, es sieht und riecht und schmeckt die Banane, es sieht den Ball und spürt seine Muskeln, Sehnen und Gelenke, wenn es den Ball dem Vater zuwirft, und freut sich an dieser Bewegung, und schon wird die Ganzheit des psychomotorischen Geschehens deutlich.

Die Formwahrnehmung entwickelt sich schon früh. Die Anfänge scheinen im zweiten Lebensmonat zu liegen.

Mit einem Jahr kann Ihr Kind den Teddy aus verschiedenen Entfernungen und Blickwinkeln als seinen geliebten Teddy identifizieren, auch wenn er einmal auf dem Regal steht und ein anderes Mal im Kinderwagen liegt.

Zwischen dem ersten und zweiten Lebensjahr beginnt Ihr Kind, sich innere Bilder von im Moment nicht gegenwärtigen Dingen zu machen.

Mit zwei Jahren wird Ihr Kind das große, gelbe Rechteck in die dafür vorgesehene Stelle des Steckspiels legen.

Bis zur Erfassung der Ganzheit eines Gegenstandes, der Dreidimensionalität (Höhe, Tiefe, Breite), dauert es noch längere Zeit. Wenn das Kind die Form des Spielzeuges nicht erfassen und speichern kann, wird ihm seine Umwelt fremd erscheinen und auch Unruhe und Angst auslösen.

Die Farbwahrnehmung muß auch gelernt werden, da beim neugeborenen Baby die Netzhaut und das Gehirn noch nicht so weit entwikkelt sind, daß Farbensehen möglich ist.

Im ersten Lebensjahr ziehen viele Kinder Rot und Gelb anderen Farben vor, und sie können diese Farben oft auch als erste sprachlich benennen. Grün und Blau zu unterscheiden ist viel komplizierter und kann noch bis zum sechsten Lebensjahr verwechselt werden.

Die Auge-Hand-Koordination entwickelt sich schon im ersten Lebensjahr.

Mit einem Jahr wird Ihr Kind Freude daran haben, einen kleinen Turm aus zwei bis drei Holzklötzen zu bauen: Das setzt bereits eine komplizierte Koordination von Augen und Hand voraus.

Wenn Ihr Kind anfängt zu malen oder, besser gesagt, zu kritzeln, werden Sie beobachten, wie schwer es dem Kind fällt, auch wirklich in die gewünschte Richtung mit Hand und Stift zu gleiten. Erst ist das Sehen da, dann kommt das Zusammenspiel mit der Hand dazu. Wenn Sie einen Brief schreiben, gleitet Ihre Hand mit dem Stift über das Papier, und die Augen haben nur noch Kontrollfunktionen.

Für die psychomotorische Entwicklung Ihres Kindes ist die Entwicklung des Sehens von großer Bedeutung. Kinder, die mit drei Jahren noch nicht »Gelb» benennen und wiedererkennen können, gelten schnell als «dumm», und dieses Urteil geht als Selbstdefinition in das Selbstbild des Kindes über: «Ich bin dumm.» Kinder, die mit drei Jahren den Ball im Bilderbuch erkennen können, aber auf den realen Ball nicht übertragen können, werden auch nicht für voll genommen und oft voreilig abqualifiziert.

101 Nasenketten Die Kinder sitzen im Kreis. Das erste steckt sich die Hülse einer Streichholzschachtel auf die Nase. Sein Nachbar muß sie ihm ohne Hilfe der Hände mit der Nase abnehmen. So wandert die Streichholzschachtel im Kreis herum.

102 Stecknadel Kleine Magnete mit einem Zwirnsfaden an das Ende eines Stockes binden. Die Kinder sitzen auf dem Boden und bilden einen Kreis, in dessen Mitte Stecknadeln mit Metall- und bunten Kunststoffköpfen verstreut liegen. Nun sollen nur die Stecknadeln mit den bunten Kunststoffköpfen geangelt werden.

103 Luftballon Die Kinder berühren den Luftballon mit bestimmten Körperteilen (z. B. Daumen, Ellenbogen, Knie).

Oder: Das gleiche, jedoch als Gruppenwettkämpfe. Jedes Kind bekommt einen Luftballon, der auf keinen Fall den Boden berühren darf.

104 Was fällt denn da? Aus einem undurchsichtigen Gefäß einige große Perlen in ein anderes undurchsichtiges Gefäß schütten.

Die Kinder versuchen, die Anzahl der Gegenstände während des Falles zu erkennen.

Wer der Zahl am nächsten kommt, ist beim nächsten Durchgang Spielführer.

105 Reifen-Drehen Einen Reifen, der an einer Stelle mit farbigem Tesaband umklebt worden ist, durch den Raum rollen. Die Kinder zählen die Umdrehungen.

Variation: Ein Kind rollt den Reifen, das andere zählt, und umgekehrt...

106 Büchsen-Spiel Die Büchsen zu einer Pyramide übereinanderstellen. Die Kinder sollen versuchen, die Pyramide mit den Bällen umzuwerfen.

Variation: Die Anzahl der Würfe kann begrenzt werden. Die Kinder versuchen, sowohl mit der rechten als auch der linken Hand zu werfen.

Die Pyramide kann auch umgerollt (wie beim Kegeln) werden.

107 Korken-Spiel Von einer aufgestellten Flasche schubsen die Kinder mit ausgestrecktem Arm einen lose aufgesteckten Korken weg.

108 Wer hat das Gegenteil? Jedes Kind erhält einen Gegenstand, von denen Sie das Gegenstück haben; dicker – dünner Bauklotz, kleiner – großer Ball, eckiger Lego-Stein – runder Lego-Stein.

Sie halten nun einen der Gegenstände hoch. Wer von den Kindern zuerst den dazugehörigen mit der gegenteiligen Eigenschaft hochgezeigt hat, bekommt ihn.

109 Richtungsänderung Die Kinder bewegen sich frei im Raum, ohne zusammenzustoßen. Sie gehen mit kleinen, schnellen Schritten aufeinander zu und ändern kurz vor dem Zusammenstoß ihre Richtung. Sie laufen und ändern dabei häufig ihre Richtungen.

Sie hüpfen und tanzen durch den Raum. Die Kinder erfinden Bewegungsfolgen, indem sie abwechselnd gehen, laufen und hüpfen.

110 Eierlaufen Die Kinder legen einen Ball auf den Löffel und transportieren ihn durch den Raum zu einem Ziel. Dabei sind Hindernisse zu überwinden.

Variation: Es wird in jeder Hand ein Schläger gehalten, so daß zwei Bälle gleichzeitig transportiert werden können. Das Spiel läßt sich auch als Mannschaftsspiel abhalten, wobei ein Kind nach einer Laufrunde den Löffel an das nächste Kind abgibt.

111 Fang die Maus Ein Kind schlenkert ein Seil in unregelmäßigem Zickzack auf dem Fußboden herum. Ein zweites muß versuchen, die Maus, das Seilende, mit dem Fuß zu fangen.

112 Kreise suchen Ein Kind nennt eine Form, z. B. einen Kreis. In einer bestimmten Zeit müssen alle Kinder einen Gegenstand gefunden haben, der die genannte Form zeigt. Dabei soll darauf geachtet werden, daß jeweils ein ganzer Satz gesagt wird, z. B.: «Der Teller ist rund wie ein Kreis.»

113 Kreis – Quadrat Legen oder zeichnen Sie kleine Kreise, Quadrate oder andere Figuren auf den Fußboden, in die die Kinder hineinhüpfen können. Die Kinder stehen außerhalb der Figur und springen mit einem kleinen Anlauf in die Figur, stehen kurz still und treten mit einem großen Schritt wieder heraus.

114 Kinder verstecken Ein Kind geht (eventuell mit einem Erwachsenen) vor die Tür, während im Zimmer ein Kind versteckt wird, oder die Kinder sitzen im Kreis und halten sich (gegenseitig) die Augen zu. Sie verstecken ein Kind hinter dem Vorhang oder unter dem Tisch oder auf der Hochebene.

115 Seil-Spiel Je zwei Kinder erhalten ein Seil. Das eine Kind faßt das Seil am Ende und dreht sich gebeugt um die eigene Achse, so daß es das Seil im Kreis flach über den Boden bewegt. Das andere Kind springt, immer wenn das Seil auf es zukommt, darüber. Nach einer Weile die Rollen tauschen.

116 Flugzeug Die Kinder sollen sich vorstellen, sie seien Flugzeuge. Sie halten die Hände nach vorn und steuern so durch den Raum. Dabei müssen sie darauf achten, daß sie nicht mit anderen Flugzeugen zusammenstoßen. Auf ein Zeichen des Spielleiters müssen alle Flugzeuge anhalten.

Variationen: Die Kinder können Autos, Schiffe, Vögel u. ä. spielen. Das Spiel kann im Gehen, im Laufen, im Rückwärtslaufen durchgeführt werden.

117 Kugel-Spiel Die Kinder werden in drei Gruppen eingeteilt. Sie schütten eine große Menge farbiger Kugeln in den Raum. Diejenige Gruppe, die zuerst alle Kugeln ihrer Farbe wiedergefunden hat, ist Sieger.

118 Luft-Figuren Ein Kind malt mit dem Finger eine einfache Figur großflächig auf den Fußboden, z. B. ein Quadrat oder ein Dreieck. Die anderen Kinder, die im Halbkreis drum herumsitzen, sollen die «gemalte» Figur erkennen und benennen. Der Rater malt dann die nächste Figur, jedoch wird die zu ratende Figur in die Luft gemalt.

119 Schuhe vertauschen Die Kinder sitzen im Kreis, und alle Schuhe liegen in der Mitte. Jedes Kind kommt der Reihe nach in die Mitte und ordnet ein Paar Schuhe dem Kind zu, an dem es sie vorher an den Füßen bemerkt hat.

120 Mit dem Hund ausgehen Jedes Kind hat einen Stab und führt mit ihm einen Ball durch den Raum. Dabei ist darauf zu achten, daß der «Hund» sich nicht von der «Leine» losreißt, d. h. der Ball muß ständig vom Stab berührt werden.

Variationen: Hindernisse aufbauen und den Ball um die Hindernisse herumführen. Oder: Die Kinder sollen versuchen, den Ball mit geschlossenen Augen zu führen.

121 Flaggen-Spiel Fünf Kinder halten fünf Tücher als «Flaggen» in den Farben Gelb, Rot, Blau, Grün, Orange in der Hand. Gelb heißt kriechen, Rot laufen, Blau hüpfen, Grün springen, Orange robben. Je nachdem, welche Flagge «gehißt» ist, müssen sich die Kinder entsprechend bewegen.

122 Klatsch Die Kinder sitzen im Kreis auf dem Boden. Jedes Kind hat einen Ball, wirft ihn hoch, klatscht in die Hände und fängt ihn wieder auf.

Variation: Es soll versucht werden, zwei-, drei- oder mehrmals zu klatschen.

123 Parkplatzsuche Die Reifen im Raum verteilen. Jeder Reifen ist ein Parkplatz. Die Kinder stellen Autos dar und laufen durch den Raum, wobei sie nicht miteinander zusammenstoßen dürfen. Auf ein Zeichen müssen sie so schnell wie möglich einen Parkplatz aufsuchen und dort parken, bis das Signal zur Weiterfahrt gegeben wird.

124 Bein-Kopf-Ball Die Kinder stehen in einer Reihe hintereinander und geben einen großen Ball von Kind zu Kind. Oder: Sie stehen mit gegrätschten Beinen und geben den Ball durch die Beine nach hinten weiter. Oder: Sie stehen mit geschlossenen Beinen und geben den Ball über den Kopf nach hinten weiter.

125 Sandsack Zwei Kinder setzen sich gegenüber. Einer wirft ein Sandsäckchen hoch, der andere fängt es mit der Hand (rechts oder links) oder nur mit dem Finger.

Variation: Das Sandsäckchen mit den Füßen fangen.

126 Handgeschick Die Kinder schütten Wasser, Zucker, Sand von einem Gefäß ins andere. Sehr vorsichtig sind sie dabei, so daß sie (fast nichts) verschütten.

127 Olympiade Die Reifen in Form der olympischen Ringe auf den Boden legen. Jeder Ring bekommt eine Farbe, z. B. rot, grün, blau, gelb, schwarz. Die Kinder stellen sich auf die Laufdosen und durchlaufen die Ringe nach Anweisungen. Die Anweisungen können lauten: «Geh' von Rot nach Grün, ohne über Blau zu kommen!» Dabei ist darauf zu achten, daß die Reifen nicht berührt werden.

128 Kurven Die Kinder bewegen sich in Zickzack- und Schlangenlinien von einer Wand zur gegenüberliegenden, ohne dabei die Richtung ihres Körpers zu verändern: Das Gesicht und der Oberkörper bleiben dabei auf die andere Wand ausgerichtet. Für den Anfang zeichnen oder legen Sie mit Seilen diese Figuren auf den Fußboden. Nach einigen Erfahrungen erfinden die Kinder solche Figuren.

Die Kinder laufen, hüpfen, springen vorwärts. Die Kinder gehen seitwärts. Die Kinder gehen rückwärts.

129 So viele Bonbons! In einem durchsichtigen Behälter sind verschiedene Bonbons. Sie werden nacheinander in einen auf dem Boden stehenden Kasten geschüttet. Immer, wenn ein bestimmter Bonbon (z. B. blau) herunterfällt, versuchen die Kinder, ihn im Fallen mit Bechern aufzufangen.

130 Wo ist mein Platz? Jedes Kind bekommt ein Band und bindet es sich um das Handgelenk. Ein Kind spielt einen Platzanweiser und hat die Aufgabe, die anderen Kinder nach Anweisung des Spielleiters auf die Plätze zu bringen. Die Anweisungen können lauten: «Bring' das Kind mit dem roten Band auf den ersten Platz. Bring' nun das Kind mit dem gelben Band auf den Platz links neben das erste Kind. Bring dann das Kind mit dem grünen Band auf den Platz hinter dem Kind mit dem roten Band.»

Alle Kinder werden der Reihe nach zu ihren Plätzen gebracht, wobei die Begriffe «links, rechts, neben, vor, hinter» etc. geübt werden.

131 Stab – Ring Ein Kind nimmt einen Stab und versucht, damit die ihm zugeworfenen Ringe aufzufangen.

132 Umfall Zwei Kinder stehen einander gegenüber. Auf Zuruf stellen sie ihren Stab auf und rennen los, um den Stab des Partners vor dem Umfallen zu bewahren.

133 Holzkugeln Die Kinder rollen eine Holzkugel entlang der Innenkante eines Reifens. Die Kugel soll sich dabei ständig bewegen.

Die Kinder sitzen außerhalb des Reifens und halten eine Kugel, dann zwei Kugeln in Bewegung.

Die Kinder sitzen innerhalb des Reifens und halten eine Kugel in Bewegung.

Die Kinder sitzen zu zweit außerhalb eines Kreises und halten drei Kugeln in Bewegung.

134 Zeigefinger Die Kinder sollen einen Stock auf dem Zeigefinger balancieren. Das ist jedoch nur dann möglich, wenn das Ende des Stockes ständig mit den Augen kontrolliert wird und jede Schwankung an der Spitze sofort durch entsprechende Gegenbewegungen des tragenden Fingers ausgeglichen wird.

Variation: Das linke oder das rechte Auge wird verbunden.

135 Toilettenpapierrollen In der Kreismitte sitzt ein Kind und hält einen Stab möglichst weit am unteren Ende senkrecht hoch. Die übrigen Kinder laufen im Kreis herum und stecken leere Toilettenpapierrollen im Laufen auf den Stab.

136 Was lag denn da? Gegenstände werden nebeneinander gelegt. Die Kinder sollen sich die Gegenstände und die gelegte Reihenfolge einprägen. Dann bekommen sie die Augen verbunden. Der Spielleiter nimmt nun einen oder zwei Gegenstände weg. Die Kinder müssen nun die verbliebenen Gegenstände betrachten und herausfinden, welcher davon fehlt.

137 Spring-Spiel Ein Kind bekommt ein Springseil, faßt es an einem Ende an und dreht sich damit um die eigene Achse. Die anderen Kinder versuchen über das gedrehte Seil zu springen, ohne berührt zu werden. Wer die meisten Sprünge schafft, ist Sieger.

Variationen: Die Kinder springen auf einem Bein über das Seil. Oder die Kinder versuchen, rückwärts über das Seil zu springen.

138 Schlangenkönig Ein Kind ist der Schlangenkönig und zieht das Seil in Schlangenlinien hinter sich her. Die anderen Kinder laufen hinter dem Seil her und versuchen daraufzutreten. Wer es schafft, darf Schlangenkönig sein.

139 Reifen-Spiel Die Kinder stehen in gleichmäßigen Abständen um einen Reifen, erfassen diesen mit der rechten Hand und bewegen sich zusammen im Kreis. Sie laufen, hüpfen und springen. Sie laufen auf Zehenspitzen oder in der Hocke, dabei ändern sie die Richtungen. Sie springen während des Laufens auf ein Zeichen hin hoch und laufen danach gleich weiter.

140 Tischfußball Jeweils zwei oder drei Kinder bilden eine Mannschaft. Die Mannschaften sitzen sich am Tisch gegenüber und versuchen, durch geschicktes Pusten den Ball, einen Tischtennisball oder auch nur Watte, über die gegenüberliegende Tischkante zu befördern.

141 Alles erlaubt Kennzeichnen Sie einen Punkt im Raum als Start und einen weiteren als Ziel. Die Kinder sollen Bewegungen erfinden, wie sie von diesem Start zum Ziel gelangen können.

Die Kinder bewegen sich auf dem kürzesten Weg vom Start zum Ziel und wählen eine Bewegungsart wie Laufen, Hüpfen, Galoppieren, Kriechen.

Die Kinder wechseln während eines Durchganges die Bewegungsart. Hierbei können sie auch neue Bewegungen, wie In-die-Hocke-Gehen, Sichhinsetzen, Stehenbleiben, Hochspringen, Sich-um-die-eigene-Achse-Drehen einbauen.

Die Kinder erfinden Umwege.

Die von den Kindern gewählten Wegstrecken können auf dem Boden oder auf der Wandtafel nachgezeichnet werden, um später wiederholt werden zu können.

142 Luftballonfangen Viele aufgeblasene Luftballons in den Farben Rot, Gelb, Blau und Grün ins Zimmer werfen und immer wieder hochschlagen. Die Kinder sollen zuerst die roten, dann die gelben, dann die grünen und dann die blauen Luftballons fangen.

143 Taschenlampen-Spiel Der Strahl einer Taschenlampe wird im abgedunkelten Raum auf den Fußboden, an die Wand geworfen. Die Kinder versuchen, den Lichtfleck zu fangen.

144 Zickzack-Bahn Alte Holzkisten an der Tür oder am Schrank befestigen.

Die Kinder lassen Kugeln, Perlen, Bälle hinunterrollen.

145 Hindernislauf Die Kinder umgehen Hindernisse, z. B. Flaschen, Kissen, Reifen, Kisten, die im Raum aufgestellt werden. Sie sollen dabei versuchen, daß sie keines der Hindernisse berühren oder gar umstoßen. Die Kinder laufen oder hüpfen von einem Start zu einem Ziel.

Als Variationen bieten sich an: Die Hindernisse stehen eng beieinander. Die Kinder trippeln oder kriechen, gehen seitwärts, rückwärts, in der Hocke an den Hindernissen vorbei. Oder mit einer Uhr die Zeit stoppen.

146 Wollfäden Sie halten ein Bündel dicker und dünner Wollfäden in der Hand und lassen sie herunterhängen. Die Kinder sollen nun nacheinander nur die dicken Fäden herausziehen.

Die Wollfäden sind verschieden lang. Es soll der kürzeste Faden herausgezogen werden. Zur Kontrolle ist dieser am oberen Ende, an dem er festgehalten wird, mit einem Knoten gekennzeichnet.

147 Tesaband Vor einer Bank werden in etwa 20 cm Entfernung viele kleine Punkte auf den Fußboden geklebt. Die Kinder sollen nun so von der Bank herunterspringen, daß sie genau auf zwei bezeichneten Punkten (z. B. Rot und Gelb) mit den Füßen ankommen.

148 Sonnenblumen Einer ist die Sonne, er hält einen großen Ball hoch über den Kopf. Der andere ist die Sonnenblume, diese steht im Garten und verfolgt die Bahn der «Sonne», indem sie ihr immer das Gesicht zuwendet.

149 Schattenlaufen Einer ist des anderen «Schatten» und vollzieht alle Bewegungen nach. Die Gruppe kopiert die Bewegungen eines Anführers.

Variation: Einer wird hinausgeschickt, die anderen verabreden, wenn er wieder hereingerufen worden ist, alle seine Bewegungen völlig lautlos nachzuahmen, bis er darauf kommt, was sie tun.

Hören & Klatschen

Geräusche erzeugen Wellen in der Luft, den Schall, wie ein Stein, der ins Wasser geworfen wurde (siehe Abb. nächste Seite).

Diese Schallwellen dringen an die Ohren. Sie bestehen aus dem äußeren, dem Mittel- und dem Innenohr.

Das äußere Ohr besteht aus der Ohrmuschel, dem äußeren Gehörgang und dem Trommelfell. Die Schallwellen versetzen das Trommelfell in Schwingungen.

Im Mittelohr liegen drei winzige Knochen: Hammer, Amboß und Steigbügel. Sie nehmen die Schwingungen vom Trommelfell auf, verstärken sie und leiten sie zum Innenohr weiter.

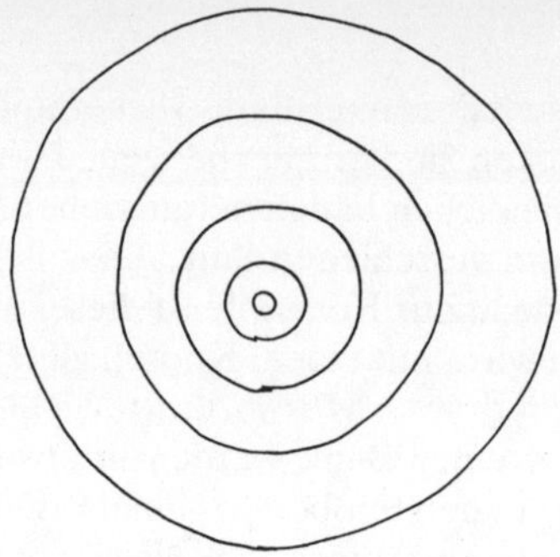

Im Innenohr befindet sich die knöcherne Schnecke. Sie verwandelt die Schwingungen in Nachrichten und sendet sie über den Hörnerv zum Gehirn, wo die Nachricht entschlüsselt wird und «Sinn» bekommt: «Aha, bei diesem Geräusch handelt es sich um das Ziepen eines Vogels.»

Beim Neugeborenen können die Ohren Schallreize aufnehmen, und das Kind reagiert reflexartig darauf. Mit einigen Monaten reagiert das Kind, da Ohren und Gehirn gereift sind, auch auf schwächere Schallreize wie z. B. die Stimme eines Elters.

Mit etwa vier Monaten kann das Baby einem Geräusch lauschen und mit einer Kopfdrehung die Schallquelle mit den Augen suchen. Der reine Reflex auf einen Schall ist einer bewußten und motivierten Reaktion gewichen.

Es entwickelt ein Hör-Gedächtnis. Es erkennt z. B. den Zusammenhang zwischen einem Wecker und dessen Ticken wieder.

Im ersten Lebensjahr hat das Kind bei der Suche nach dem Geräusch zuerst den Kopf zur Seite gedreht und dann oben und unten «gesucht». Im zweiten Lebensjahr beginnt das Kind damit, den Kopf gezielt in eine Richtung zu bewegen.

Im zweiten Lebensjahr versteht das Kind kleine Aufforderungen: Es hat einen Wortschatz gespeichert.

Das Hören ist eng kombiniert mit dem Sehen, aber auch mit dem Tastsinn und dem Sinn für die Tiefenempfindung im Körper.

Hören ist eng an Sprache gekoppelt. Sprechen und Hören und Hören und Sprechen gehen ineinander über. Um Geräusche, Klänge, Laute verstehen zu können, ist es notwendig, Wörter dafür zur Verfügung zu haben.

Eine traurige Stimme klingt anders als eine fröhliche. Klatschen, trampeln oder schlagen die Kinder gerade? Ist der Ton laut oder leise, hoch oder tief? Spricht der Vater voller Ungeduld, oder ist er ausgeglichen und gut gelaunt?

Das Richtungs- und Entfernungshören muß ebenfalls gelernt werden, und dieses kann durch Übungen unterstützt werden. Geräusche zu lokalisieren ist eine Sache der Übung und der Erfahrung. Dabei ist das Zusammenspiel, die Koordination beider Ohren wichtig.

Die Lokalisierung von Geräuschen ist reduziert, wenn ein Kind auf einem Ohr schlechter hört. Ein hörgestörtes Kind braucht in jedem Stadium der Entwicklung des Hörens mehr Zeit, mehr geduldiges Verstehen, mehr Übungsmöglichkeiten auch für Wiederholungen. Es muß auf Geräusche ständig aufmerksam gemacht werden.

Wenn die für das Hören zuständigen Organe nicht richtig funktionieren, muß ein Arzt die genaue Diagnose erstellen und ein Heilpädagoge, eine Sonderpädagogin oder Logopädin mit dem Kind arbeiten.

Hörgestörte Kinder bewegen sich oft tolpatschig. Eine Ursache dafür ist, daß sie kein Echo auf ihre Bewegungen erhalten. Kinder, bei denen ein Sinn fehlt oder fehlerhaft arbeitet, müssen andere Sinne zum Ausgleich besonders trainieren.

Nicht oder schlecht hören können wirkt sich auf die Motorik und auch auf die Psyche aus. Denken Sie daran, wie irritiert Sie wären, wenn andere Leute peinlich berührt auf Sie reagieren, wenn Sie etwas falsch verstanden haben und in der Situation nicht angemessen reagieren.

150 Gegensatz Wichtig für die rhythmische Entwicklung ist das Erkennen von Gegensätzen. Lassen Sie deshalb die Kinder z. B. große, dann kleine Sprünge machen.

Lassen Sie die Kinder zuerst gleichmäßig mit beiden Füßen stampfen, dann sollen die Kinder jeweils nur mit dem rechten Fuß, dann nur mit dem linken Fuß stampfen. Die Kinder stampfen wie ein Elefant und schleichen wie eine Katze. Lassen Sie die Kinder sich wie ein Flugzeug mit ausgebreiteten Armen und großen Schritten durch den Raum bewegen, dann wie ein kleiner Vogel mit schwingenden Armen und kleinen Schritten.

151 Wecker-Spiel Die Kinder stehen mit verbundenen Augen in einer Ecke des Raumes. Wenn von der Raummitte her der «Wecker klingelt», laufen, gehen oder kriechen die Kinder so schnell wie möglich dorthin und stellen den Wecker ab.

Variation: Das ganze Spiel erschweren durch Hindernisse, z. B. Bälle, Luftballons, Hocker, die zu überwinden sind.

152 Ba-Klatschen Die Kinder spreizen die Beine, strecken die Arme aus, schließen die Beine und klatschen die Hände über dem Kopf zusammen, spreizen die Beine, legen die Arme an den Körper.

Das Zusammenklatschen der Hände sowie das Klatschen der Hände an den Körper durch die Silbe «ba» unterstützen.

153 Finger zählen Die Kinder zählen in bestimmter Reihenfolge mit den Fingern bis fünf. Kleiner Finger, Mittelfinger, Daumen, Zeigefinger, Ringfinger nacheinander strecken. Geübt wird zunächst mit einer Hand, dann mit beiden Händen gleichzeitig.

154 Rhythmus raten Sie sind am Anfang die Spielführerin. Die Kinder sitzen im Kreis. Ein Kind verläßt den Raum. Sie klatschen in wechselndem Rhythmus in die Hände, die Kinder klatschen im gleichen Rhythmus mit. Dann übernimmt ein Kind die «Leitung». Das wieder hereingerufene Kind muß erraten, wer der Spielführer ist.

155 Noch ein «Ba»-Spiel Die Kinder sollen jede Körperbewegung mit «ba» begleiten. Anfangs machen Sie jeweils nur eine Bewegung, begleitet von «ba», wenn dies den Kindern keine Schwierigkeiten mehr bereitet, ganze Serien von Bewegungen aufbauen. Diese jeweils von «ba» begleiten.

156 «Lang – vorwärts», «kurz – rückwärts» Die Kinder gehen mit verbundenen Augen nach kurzen, langen, lauten, leisen, hohen und tiefen Tönen auf eine Hindernisbahn. Dabei bedeutet jeder Ton einen Schritt, z. B. lang – vorwärts, kurz – rückwärts, laut – rechts, leise – links.

157 Tierlaute Die Kinder machen typische Bewegungen und Laute von Tieren nach: «Hüpfe wie ein Frosch – quake wie ein Frosch.» – «Stapfe wie ein Bär – brumme wie ein Bär.» – «Stapfe wie ein Elefant – trompete wie ein Elefant.» – «Watschle wie eine Ente – schnattere wie eine Ente.» – «Stolziere wie ein Storch – klappere wie ein Storch.»

158 Das Glas-Konzert Die Kinder sollen die Erfahrung machen, daß Gläser und Flaschen, die unterschiedlich hoch mit Wasser gefüllt sind, beim Anschlagen unterschiedlich hohe und tiefe Töne ergeben.

159 Einschenken Die Kinder gießen aus einem Behälter mit verbundenen Augen Becher, Flaschen, Gläser voll, entweder mit Wasser oder Erbsen, Sand etc. Am Klang ist zu hören, wann das jeweilige Behältnis gefüllt ist.

160 Ton verschwinde! Ein Triangel anschlagen, einen Ball an die Wand werfen. Die Kinder sollen lauschen, wie lange sie einen Ton hören, und dies durch ein Zeichen, z. B. Handheben, mitteilen.

161 Klatschen – stampfen Die Kinder sitzen im Kreis auf dem Fußboden. Die Namen der einzelnen Kinder werden gerufen, und jede Silbe wird rhythmisch geklatscht oder gestampft, z. B.

I	re	na	oder	In	go	oder	Sas	ki	a
I	V	V		V	V		V	V	I

162 Hund sein Die Kinder überlegen und beobachten gemeinsam, wie kleine Hunde und große Hunde bellen. Kleine Dackel z. B. bellen ganz hoch und hell «wau-wau», große Hunde bellen ganz tief «wau-wau». Die Kinder probieren beides aus. Die Hunde laufen durch den Raum und bellen, kleine Hunde auf den Knien, große Hunde im Vierfüßlergang.

163 Klopf-Geist Einer gibt, versteckt hinter einem Gegenstand, Klopfzeichen. Die anderen Kinder zählen mit. Das Mitzählen kann erschwert werden, wenn in wechselnden Rhythmen geklopft wird.

164 «Ba-ba»-Ball Die Kinder werfen den Ball hoch, klatschen in die Hände und sagen «ba» dabei und fangen den Ball. Sie werfen ihn wieder hoch, klatschen zweimal in die Hände und sagen «ba-ba».

165 Geräusche raten Einen Gegenstand nacheinander mit verschiedenen Materialien wie Steinen, Sand, Nadeln, Erbsen füllen. Das beim Schütteln der Dose entstehende Geräusch zunächst besprechen, später sollen es die Kinder aus anderen Geräuschen herausfinden.

166 Richtung raten Sie geben aus ständig wechselnder Richtung Signale, z. B. mit dem Topfdeckel, der Flöte, der Pfeife, während die Kinder auf einer Bank an der Wand sitzen. Sie sollen jeweils in die Richtung zeigen, aus der sie den Ton zu hören glauben.

167 Im ¾-Takt Sie wählen ein Musikstück im ¾-Takt, das besonders in den tiefen Frequenzen ausdrucksvoll ist. Lassen Sie die Kinder auf diesen Rhythmus achten. Klatschen Sie ihn gemeinsam nach, und zeigen Sie den Kindern, wie man ihn laufen kann oder sich dazu im Takt drehen kann.

168 Korken-Stein-Nuß Den Kindern zeigen, einzeln in eine Dose stecken und verschließen. Die gleich aussehenden Dosen vertauschen, und die Kinder sollen durch das beim Schütteln der Dose entstehende Geräusch auf den Inhalt schließen.

169 Berufe raten Sie erklären den Kindern, daß sie Berufstätigkeiten darstellen sollen, z. B. einen Gärtner, der ein Beet umgräbt und die Erde wegwirft, oder einen Zahnarzt, der zu bohren anfängt, oder einen Pianisten, der Klavier spielt. Lassen Sie die Kinder selbst Tätigkeiten ausdenken und vorführen, die dann jeweils andere Kinder erraten und nachahmen. Dabei erzeugen die Kinder für diese Tätigkeit typische Geräusche.

170 Die Zauberschnur Hohe und tiefe Töne erzeugen mit einem Instrument oder Gegenstand. Die Kinder fassen mit beiden Händen eine zum Kreis geknotete Zauberschnur an. Bei hohen Tönen die Zauberschnur in die Luft heben, bei tiefen auf die Erde legen. Die Kinder können sich auch mit der Schnur im Kreis bewegen.

171 Das Tamburin Sie erklären den Kindern das «Blinde-Kuh-Spiel». Sagen Sie ihnen, daß sie dieses Mal nicht ein Kind, sondern das Tamburin fangen sollen. Dabei «sagt» ihnen das Tamburin, ob sie schleichen, gehen oder hüpfen sollen. Die Richtung, in die sie gehen sollen, müssen die Kinder jedoch selbst herausfinden, d. h., sie müssen immer genau hinhören, aus welcher Richtung das Tamburin kommt, und sich dann in der von ihm angebenen Weise auf das Tamburin zubewegen.

172 Das Rotkehlchen Die Kinder stellen durch unterschiedliche Instrumente drei Vögel dar: Triangel – Rotkehlchen, Rassel – Drossel, Klangstäbe – Kuckuck. Dann suchen sie ein Versteck auf, während der jeweils dazugehörende Partner sie mit der Frage, z. B. «Rotkehlchen, wo bist du?», suchen muß. Das Rotkehlchen beantwortet die Frage mit seinem Geräusch, an dem sich der Partner orientieren muß.

173 Noch ein Rhythmus-Spiel Die Kinder sitzen im Kreis. Ein Kind gibt durch Klatschen einen Rhythmus vor und hält diesen so lange, bis alle Kinder diesen Rhythmus mitklatschen.

174 Laut-Rhythmus Die Kinder machen den vorgegebenen Rhythmus durch Laute nach (z. B. «da-sa-sa», «te-tete-te»).

175 Plumpsack Die Kinder sitzen im Kreis. Ein Kind bekommt das Sandsäckchen und geht damit außen um den Kreis herum. Während es geht, versucht es, möglichst unauffällig das Sandsäckchen hinter einem der sitzenden Kinder abzulegen. Merkt dieses Kind, was passiert, springt es auf, nimmt das Sandsäckchen mit und versucht, den «Plumpsackleger» abzuschlagen. Erreicht dieser vorher den frei gewordenen Platz, so ist er «frei». Wird er vorher abgeschlagen, muß er eine weitere Runde den Plumpsack ablegen.

176 «Stille Post» Ein einfaches rhythmisches Motiv wird, für die übrigen Mitspieler möglichst unsichtbar, in die Hand des Nachbarn gegeben, wobei fast nichts zu hören sein darf.

177 Peter und der Wolf Sie erzählen den Kindern die Geschichte von «Peter und dem Wolf». Lassen Sie sie anschließend mehrmals die musikalische Fassung davon hören. Sagen Sie den Kindern anfangs, welches Instrument sie gerade hören können. Lassen Sie mit zunehmender Kenntnis die Kinder selbst sagen, wer jetzt gerade zu hören ist oder wer gleich zu hören sein wird. Verteilen Sie dann die Rollen des Stückes an die Kinder, die jeweils zu ihrer Musik ihre Rolle darstellen sollen.

178 Das Schlüsselbund Geht hinter dem Rücken der Kinder herum, die dicht nebeneinander mit dem Rücken zur Kreismitte stehen. Ein Kind befindet sich außerhalb des Kreises und muß versuchen, den Namen des Kindes mit dem Schlüsselbund in der Hand zu nennen.

179 Flüstern und schreien Sie fragen die Kinder reihum im Flüsterton: «Wie heißt du?» Die Kinder antworten flüsternd. Sie flüstern einen Namen oder Begriff und fragen dann: «Habt ihr etwas verstanden? Ruft es mal ganz laut!» oder «Flüstert es!»

Variation: Sie rufen den Namen eines Kindes ganz laut oder ganz leise und fragen das gerufene Kind: «Habe ich laut, leise oder mittel gerufen?»

Variation: Ein Kind sitzt vor der Gruppe und klatscht unterschiedlich laut, und die Gruppe muß entsprechend mitklatschen, mitstampfen oder mitklopfen. «Regenwetter», langsam und leise anfangen (Regentropfen), immer schneller und lauter klopfen (starker Regen), steigern zum Höhepunkt (Donner), dann wieder langsamer und leiser werden (Abklingen des Unwetters), aufhören, wenn fast kein Geräusch mehr wahrzunehmen ist.

180 **Das Tonband** Auf Tonband oder Kassette Geräusche aufnehmen, zum Beispiel Hundegebell, Vogelgezwitscher, Autohupen, Weckerklingeln, Geräusche aus der Tagesstätte, Babygeschrei, Geschirrklappern. Stimmen von Kindern oder Eltern aufnehmen und abhören. Die Kinder sollen die Geräusche bzw. die Personen erraten.

181 **Ostereier suchen** Klingende Gegenstände oder Instrumente im Raum verstecken (Wecker, Metronom, Spieluhr). Ein Kind muß diese in bestimmter Reihenfolge suchen, mit Augenbinde.

182 **Geräusche machen** Verschiedenartige Geräuschquellen wie Trommel, Triangel, Schellenband, Glocken, Klangstäbe, Xylophon, aber auch Schlüsselbund, Wecker, Hupe, Blechbüchsen und Deckel, Quietschtiere in die Kindergruppe geben, für jedes Kind mindestens ein «Instrument». Die Kinder sollen ausprobieren, welche Geräusche man damit machen kann. Anschließend die Instrumente weitergeben, so daß jeder verschiedene Gegenstände hatte. Auf ein Zeichen beginnen alle Kinder gemeinsam mit dem Konzert. Sprechreime oder kleine Lieder mit den Instrumenten begleiten.

Variation: Ein Kind steht mit dem Gesicht zur Wand und muß erraten, mit welchen Gegenständen die anderen Kinder hinter seinem Rücken Geräusche produzieren. Sie können z. B. mit den Fingern schnippen, einen Bleistift anspitzen, Tassen auf Teller stellen, ein Buch umblättern, Zeitungspapier zerreißen etc. Nach einer bestimmten Zeit werden die Rollen getauscht.

183 **Die Spinne** Ein Kind spielt die Spinne und sitzt mit verbundenen Augen auf dem Boden. Die übrigen Kinder lassen in der Nähe der «Spinne» die Bierdeckel fallen. Die «Spinne» muß durch genaues Horchen herausfinden, wo die «Beute» in ihr «Netz» gefallen ist. Sie versucht nun, durch Tasten die «Beute» zu finden und an sich zu nehmen.

184 Haltet den Dieb! Ein Kind mit Augenbinde sitzt in der Mitte und «bewacht» einen Gegenstand unter seinem Stuhl. Ein Kind aus dem Kreis versucht, den Gegenstand zu stehlen, ohne daß der «Bewacher» es hört. Nimmt er aber doch etwas wahr, zeigt er in die entsprechende Richtung. Stimmt sie, muß der Dieb an seinen Platz zurück, stimmt sie nicht, darf er sich weiter heranschleichen. Gelingt der «Diebstahl», wird der «Dieb» zum neuen «Bewacher».

185 Stimmen erkennen Ein Kind steht geräuscharm von seinem Platz auf und geht auf Sie zu. Sie stehen etwas abseits. Dort sagt es ein Wort mit verstellter Stimme, imitiert ein Tier usw. Die Kinder erraten, um welches Kind es sich handelt.

186 Katze und Maus Die Kinder, mit verbundenen Augen, stehen im Kreis und fassen sich an den Händen. Ein Kind ist die «Maus» mit einem Glöckchen um den Hals, ein anderes die «Katze» mit einer Rassel, an der man es erkennt. Die Kinder im Kreis müssen nun bei dem «Katze und Maus»-Spiel an den verschiedenen Geräuschen erkennen, ob sie die «Katze» oder die «Maus» durchlassen oder festhalten müssen.

187 Schneeflocken Sie lassen die Kinder im Winter beobachten, wie die Schneeflocken in veränderter Geschwindigkeit herabfallen. Lassen Sie die Kinder dann selbst Schneeflocken darstellen. Wählen Sie dazu ein Musikstück, das sein Tempo immer wieder ändert, und lassen Sie die Kinder zuerst mehrmals das Musikstück anhören. Dann dürfen sich die Kinder wie Schneeflocken zur Musik bewegen. Dabei sollen sie immer darauf achten, daß die Geschwindigkeit, mit der sie sich bewegen, auch mit der Musik übereinstimmt.

Besonders interessant wird diese Übung mit den entsprechenden Kostümen, weiße Hütchen, weiße Röckchen, die gemeinsam gebastelt werden können.

188 Wecken Alle Kinder stellen sich schlafend. Sie bewegen sich zwischen den Kindern und schlagen dabei ein Tamburin. Ein Kind nach dem anderen soll dadurch geweckt werden, daß Sie in seiner unmittelbaren Nähe stehenbleiben, noch kurzzeitig auf dem Tamburin weiterschlagen und dann aufhören. Dies ist für das Kind das Signal zum Augenöffnen.

189 Der Hut Die Kinder sitzen im Kreis. In der Mitte des Kreises liegen entsprechend der Anzahl der Kinder Hüte. Sobald die Musik einsetzt, nimmt sich jedes der Kinder einen Hut, setzt ihn sich auf und bewegt sich zur Musik. Sobald die Musik aufhört, sollen die Kinder in der Bewegung aufhören, sich auf ihren Platz im Kreis zurückbewegen und den Hut wieder in die Kreismitte legen.

190 Der Verstärker Die Kinder stehen ganz in der Nähe einer Verstärkeranlage. Sie schalten die Anlage mit voller Lautstärke ein und drehen sie dann zurück. Achten Sie immer darauf, daß die Kinder die Musik auch noch ganz leise hören können. Machen Sie dann ein Spiel daraus: Die Kinder stampfen ganz laut oder schleichen ganz leise durch den Raum, dem jeweiligen Höreindruck entsprechend.

191 Das letzte «Ba»-Spiel Die Kinder stehen. Sie klatschen in die Hände und sagen «ba». Die Kinder setzen sich in den Schneidersitz.

Sie klatschen in die Hände und sagen «ba». Die Kinder strecken die Beine aus.

Sie klatschen in die Hände und sagen «ba». Die Kinder heben das linke Bein, klatschen unter dem linken Bein die Hände, «ba».

Sie heben das rechte Bein und klatschen unter dem rechten Bein die Hände, «ba». Regen Sie die Kinder an, sich andere Reihenfolgen auszudenken.

Haut und Finger

Der Tastsinn beginnt in den Nervenzellen der Haut. Dort liegen viele verschiedene Nervenzellen, die unterschiedliche Nachrichten an das Gehirn weiterleiten, z. B. «Was ich gerade berühre, ist hart». Einige Nervenzellen empfinden Hitze, andere Kälte, andere Schmerz.
Die Fingerspitzen sind besonders empfindlich, weil es dort besonders viele Nervenzellen gibt.

Die Haut bedeckt den ganzen Körper. Sie hat viele Aufgaben zu bewältigen. Sie hält Wasser ab, sie schützt vor Krankheiten, und sie hilft dem Körper, die richtige Temperatur zu halten. Die Nerven der Haut sind so sensibel, daß sie sogar Luftzug wahrnehmen können.

Und die Haut ist ein wichtiges Organ für den Kontakt zu anderen

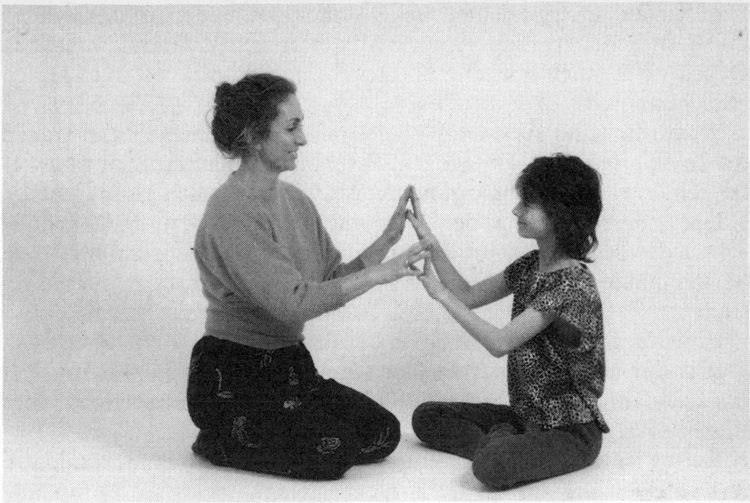

Menschen. Wir brauchen Streicheleinheiten, sonst können wir uns nicht entwickeln bzw. gehen psychisch zugrunde. Manche Kinder lieben tiefgehende taktile Reize. Sie möchten nicht nur «oberflächlich» gestreichelt werden, sondern der Hautkontakt sollte mit leichtem Druck verbunden sein und in die Tiefe gehen.

Auf Hautreize reagiert ein Kind oft reflektorisch, z. B. durch Anziehen eines Gliedmaßes. Der Saug- und Schluckreflex wird durch Haut- bzw. Schleimhautberührung ausgelöst. Später orientiert sich das Baby immer mehr über den Mund. Es betastet und erkundet alle Dinge, indem es sie in den Mund steckt.

Diese Fixierung an der Mundschleimhaut wird durch die Entwicklung des Zentralnervensystems, durch das Fühlen mit den Händen und dort besonders mit den Fingerspitzen, an denen die Rezeptoren für Empfindungen besonders dicht aneinanderliegen, abgelöst.

Das Kind hat Hautempfindungen, wenn es berührt wird und wenn es selbst einen Gegenstand oder eine Person berührt.

Körperbewußtsein, Ichbewußtsein, Selbstbewußtsein, Selbstwertbewußtsein, alles hängt eng mit dem Erleben von liebevoller Hautempfindung zusammen.

Der französische Arzt Frédéric Leboyer hat eine Methode der Säuglingsmassage entwickelt, die allen Kindern guttut und die psychomotorische Entwicklung äußerst positiv beeinflußt.

Manche Kinder möchten «oberflächlich», leicht, sanft mit den

Händen oder einem leichten Gegenstand (z. B. Feder, Wolle) berührt und gestreichelt werden. Andere Kinder brauchen tieferen, kräftigen Druck (z. B. auch mit einem «Igel», einem Plastikball mit kleinen «Stacheln»).

Wenn Ihr Kind Angst vor oberflächlichem Streicheln hat, fragen Sie einen erfahrenen Pädagogen, Psychologen oder Arzt, ob eine tiefer gehende Berührung angebracht ist, falls Sie unsicher sind.

Der Schmerzsinn und der Temperatursinn sind sozusagen «Untersinne» des Berührungs- und Empfindungssinnes. Die Haut und viele Schleimhäute sind mit Schmerz- und Temperaturrezeptoren ausgestattet.

Etwa vom 18. bis 20. Monat an berührt Ihr Kind eine schmerzende Stelle oder auch nur allgemein den schmerzenden Körperteil, und erst mit vier Jahren wird Ihr Kind durch Zeigen und Benennen auf Ihre Frage: «Wo tut es denn weh?» reagieren können.

Es ist wichtig, Schmerz zu empfinden, da uns dieser Sinn veranlaßt, uns von der Schmerzquelle zurückzuziehen, sei es die brennende Kerze, die stechende Hornisse, die kratzende Katze, das eiskalte Wasser, die ätzende Flüssigkeit.

Intensität ist kein objektives, sondern sehr subjektives Phänomen. Wenn ein Kind keinen Schmerz zu empfinden scheint, ist das unter Umständen ein recht deutliches Zeichen für eine seelische Schädigung. Auch der «Waschlappen», der bei jedem kleinen Kratzer mit einem stundenlangen «Heulkonzert» reagiert, ist nicht unbedingt in bester psychischer Verfassung. Für alle Kinder ist ein liebevoller Hautkontakt vom ersten Tag bis «immer» unabdingbar für eine gute psychische Entwicklung.

Lehnt Ihr Kind Hautkontakt strikt und lang andauernd ab, scheuen Sie nicht den Gang zu einem Experten.

192 Das Fühlen Den Kindern Gegenstände mit unterschiedlicher Temperatur auf die unbekleideten Beine, Arme, den Rücken, Bauch legen, z. B. nasser, kalter Lappen, warme Wärmflasche, kalter kleiner Stein, kalter Löffel, warmer Teller.

Variation: Mit geschlossenen Augen Temperatur benennen und Gegenstände raten.

193 Heiß, kalt, warm und lau Bei verschiedenen Gelegenheiten auf den Unterschied von kalt und warm hinweisen: kalte und warme Heizung anfassen. Becher mit warmem Tee und kaltem Kakao austrinken.

Variation: Zwei Schüsseln mit warmem und kaltem Wasser. Kinder sollen sagen, welches das kalte und das warme Wasser ist, eventuell mit geschlossenen Augen.

194 Spitz und rund Die Kinder gehen umher und suchen spitze Sachen, zum Beispiel Nadeln, Schere, spitze Steine, runde Steine, spitze Schuhspitzen, runde Schuhspitzen, Blumen mit Stacheln, runde Blumenblätter.

195 Weich – hart, schwer – leicht Unterschiedliche Materialien und Eigenschaften kennenlernen:

Weich – hart: Weiche Dinge sind Decke, Wollknäuel, Haare, Teddy, Kissen, Pullover. Harte Dinge sind Tischkante, Fußboden, Baustein, Topf, Gabel.

Schwer – leicht: zum Beispiel Metallkugel – Styroporkugel. Gut geeignet ist eine Einkaufstasche, die zuerst leicht und, nachdem einige Dinge hineingetan werden, schwer ist.

Weiche und harte Sachen an der Kleidung der Kinder herausfinden. Auch der Körper hat weiche und harte Stellen...

196 Grabbelsack In einen Sack unterschiedliche Gegenstände legen, und das Kind holt mit geschlossenen Augen die Dinge heraus, benennt sie und ihre Eigenschaften, z. B.: «Das ist ein Blatt, es ist zackig, weich und weder heiß noch kalt.»

197 Kitzeln Die Kinder haben verschiedene Dinge zur Verfügung, mit denen das gegenseitige Kitzeln Spaß macht und Verletzungen ausgeschlossen sind, z. B. Federn (kleine und große, härtere und weiche), Blätter, Watte, Wolle, Teddy.

198 Teppich und Boden Die Kinder gehen barfuß über den Fußboden und dann auf dem Teppichboden. Um den Unterschied zwischen weichem Teppich und hartem, eventuell kaltem Fußboden zu fühlen, sollen die Kinder einen Moment mit einem Fuß auf dem Teppich und mit einem Fuß auf dem Fußboden stehen.

Variation: Sie führen ein Kind mit geschlossenen oder verbundenen Augen durchs Zimmer und erzählen eine Geschichte dazu. Das Kind ist am Ziel, wenn es den Teppich unter den Füßen spürt. Es muß dann durch Händedruck Bescheid geben.

199 Fußball Die Kinder sitzen auf dem Boden und bilden einen Kreis. Nun einen Medizinball nur mit den Füßen von einem zum anderen rollen.

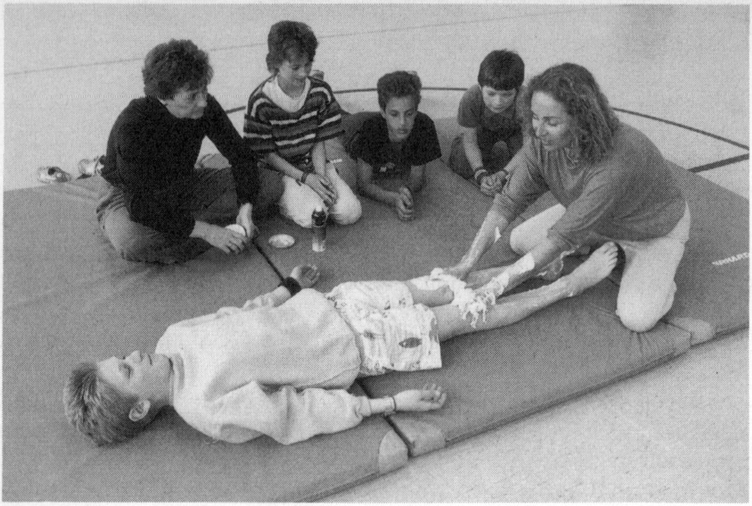

Rasierschaum auf der Haut verändert das Empfinden und Tasten.

Variation: Den Ball um den Körper herumführen. Die Kinder sitzen auf dem Boden. Jedes hat einen Medizinball, den es in verschiedenen Sitzhaltungen in möglichst weitem Abstand um sich herumführen soll.

200 Fußgreifen Die Kinder sitzen barfuß auf dem Fußboden und versuchen, mit den Zehen Dinge zu greifen, z. B. einen Strumpf, ein T-Shirt, einen Becher.

201 Fingerspiele Es wurde schon mehrfach auf die Bedeutung der Fingerspiele hingewiesen. Für das verstärkte taktile Empfinden gibt es ebenfalls zahlreiche Fingerspiele. Zum Beispiel das Spiel von den «Zehn kleinen Zappelmännern», «Das ist der Daumen» oder «Das Kläuschen trifft das Mäuschen».

202 Füße ertasten Die Kinder ziehen Schuhe und Socken aus, ein Kind reibt dem anderen erst den einen, dann den anderen Fuß mit Rasierschaum ein.

Variation: Zum Farbenbenennen den Rasierschaum vorher mit Lebensmittelfarbe einfärben.

203 Gegenstände zuordnen In der Mitte des Kreises liegen verschiedene Dinge, die das Kind mit geschlossenen oder verbundenen Augen einander zuordnen soll, z. B. alle Gesteine auf die eine und alle Stifte auf die andere Seite.

204 Händeturm Die Hand liegt zur Faust geballt auf dem Tisch, der Daumen ist senkrecht abgespreizt. Das nächste Kind ergreift den Daumen, spreizt den eigenen Daumen ebenfalls senkrecht ab usw., bis ein Händeturm erbaut ist. Zum Vers: «Händchen baue, Händchen schaue, eine Hand muß weg, o Schreck, aber sie ist nicht weg», auf den Tisch stampfen, die untere Hand wegziehen und wieder oben auf den Turm setzen.

205 Sandpapier Pappkarten zuschneiden, einige davon sollen auf der Vorder- und Rückseite mit Sandpapier beklebt sein. Mit geschlossenen Augen soll ein Kind von zwei Karten die mit Sandpapier beklebte, rauhe Karte herausfinden. Danach die Zahl der glatten, unbeklebten Karten erhöhen.

Variation: Die Karten in den Grabbelsack legen und dort die rauhe Karte erfühlen lassen.

206 Knete Aus Knetgummistückchen «blind» Kugeln formen, indem das Knetgummi zwischen den Handflächen gerieben wird.

Variation: Einfache, vorgegebene Formen nachkneten: Rolle, Kugel, Kugel mit Loch usw. Einfache, vorgegebene Formen «blind» ertasten und «blind» nachkneten.

207 Autobahnrallye Jedes Kind bekommt eine Rolle breite Luftschlangen und eine Schere. Die Schere wird Auto und fährt (schneidet) die Luftschlange in der Mitte durch.

208 Bierdeckel Die Kinder bilden Paare, und ein Kind legt sich fast nackt in einem warmen Raum auf eine Decke. Das andere Kind deckt es langsam mit Bierdeckeln zu, dazu erklingt leise, langsame Musik. Den ganzen Körper, auch das Gesicht, mit Bierdeckeln bedecken. Dann werden die Bierdeckel langsam wieder abgenommen.

209 Schnur-Figur Aus einer Schnur, einem Seil oder Band eine Figur legen, und die Kinder ertasten diese und legen sie dann nach.

210 **So tun, als ob** Die Kinder tun so, als ob sie blind seien, und nehmen einen «Blindenstock» in die Hand, mit dem sie sich an den im Raum plazierten Hindernissen vorbeibewegen.

211 **Fön-Spiel** Ein «blindes» Kind pustet ein anderes Kind an (Kopf, Arm, Bein, Füße). Das Kind soll die Richtung benennen, aus der der Windzug kommt.

212 **Holztiere ertasten** Verschiedene Tiere aus Holz, z. B. Elefant, Pferd, Katze, Hund, vor dem Kind aufstellen und «blind» ertasten.

Der Gleichgewichtssinn

Der Gleichgewichtssinn liegt im Innenohr in den sogenannten Bogengängen. Die drei Bogengänge sind teilweise mit Flüssigkeit gefüllt, und wenn Ihr Kind sich bewegt, entstehen in dieser Flüssigkeit kleine Wellen. Die Nerven in den Bogengängen leiten diese Nachricht an das Gehirn weiter, und das Gehirn gibt Meldung darüber, wie Ihr Kind sich bewegen muß, um sein Gleichgewicht zu halten.

Diese Prozesse laufen alle «unbewußt» ab, sie sind uns nicht klar, funktionieren sozusagen «automatisch».

Wenn Sie sich zu lange oder zu schnell drehen, werden die Nerven in den Bogengängen in die Irre geführt – Übelkeit kann die Folge sein.

Ebenso gerät das komplizierte System durcheinander, wenn Ihr Kind keinen besonders funktionstüchtigen Gleichgewichtssinn hat oder ihn als Kind nicht ausreichend trainiert hat. Es kann dann sein, daß die Signale aus dem Gehirn zu stark, zu schwach oder unkoordiniert sind – Gleichgewichtsschwierigkeiten sind die Folge, die oft nur der Fachfrau oder dem Fachmann (Krankengymnasten, Neurologen etc.) auffallen. Die anderen Menschen denken vielleicht nur: «Mein Gott, ist dieser Stefan ungeschickt», oder: «Anna läuft die Treppen hoch, als hätte sie einen kleinen Schwips.»

Das Pedalo eignet sich vorzüglich zu Balanceübungen.

213 Linien gehen Eine Linie zeichnen. Die Kinder laufen vorwärts, rückwärts, mit offenen, dann mit geschlossenen Augen auf diesen Linien.

Variation: Die Linien werden nur gedacht.

214 Pedalo fahren Das Pedalo eignet sich vorzüglich zu Balanceübungen. Geben Sie dem Kind beim Aufsteigen und Fahren Hilfestellung. Allmählich wird es sicherer und sich pedalofahrend den Raum erobern.

215 Hindernislauf Alle auftreibbaren Hindernisse plazieren, z. B. Bälle, Schnüre, Reifen, Dosen, Bänke, Becher. Sie sind gehend oder auch hüpfend zu überwinden.

216 Rollbrett fahren im Stehen Das Kind stellt sich auf das Rollbrett mit einem Fußabstand von 15 bis 20 cm und versucht, sich und das Rollbrett durch Drehbewegungen aus der Hüfte in «Fahrt» zu bringen.

Das Rollbrett, ein beliebtes Sportgerät bei Jugendlichen, schult den Gleichgewichtssinn.

217 **Kreiseln** Der Kreisel ist aus Holz mit einer Kugel aus Metall. Das Kind stellt sich auf den Sportkreisel, Kugel nach unten, und balanciert mit beiden Beinen, mit einem Bein, sitzend, hockend.

Der Kreisel ist ein Holzbrett mit einer Metallkugel in der Mitte.

218 **Sandsäckchenlauf** Die Kinder gehen mit Sandsäckchen auf dem Kopf durch den Raum.

Variation: Hindernisse aufbauen, Hindernislauf veranstalten.

Hochseilakrobatik geht auch ohne Netz und doppelten Boden.

219 **Orangen-Tanz** Die Kinder tanzen paarweise zu langsamer Musik und balancieren eine Orange zwischen ihren Stirnen.

220 **Finger- und Nasenspitzen-Balanceakt** Das Kind balanciert einen leichten Ball oder Luftballon auf der Fingerspitze, Nasenspitze, dem Knie, Arm, Fuß.

221 **Hochseilakrobatik** Die Kinder stellen sich vor, im Zirkus Roncalli als Hochseilartist aufzutreten. Sie tun so, «als ob» das auf dem Boden liegende Seil unter die Zirkuskuppel gespannt sei, natürlich ohne Netz und doppelten Boden.

222 **Storchenhaltung** Die Kinder stehen auf dem rechten Bein mit offenen Augen. Dann Augen schließen und weiterbalancieren. Anschließend ist das linke Bein an der Reihe.

223 Dicker Bauch auf dickem Ball Die Kinder legen sich mit dem Bauch auf einen dicken Medizinball und machen sich gerade und steif wie ein Brett.

224 Schwebesitz Die Kinder sitzen auf dem Boden, Arme auf den Boden legen und versuchen, die Beine anzuheben.

Variation: Auch noch die Hände vom Untergrund lösen, oder die Arme stützen ab, die Beine sind angehockt, nun versuchen, auf dem Po wie ein Karussell herumzudrehen. Die Arme geben Schwung.

225 Sprossenleiter Eine Sprossenleiter kann leicht aus zwei Vierkanthölzern und Rundhölzern, abgesägten Besenstielteilen, hergestellt werden. Eine Leiter auf zwei Kästen legen. Die Kinder steigen über die Sprossen.

Variation: Variiert werden kann hier mit der Höhe der Leiter.

226 Brückenbau Kinder machen eine kleine Brücke, Rücken zum Boden, und heben abwechselnd das rechte und linke Bein.

Das gleiche auch in der großen Brücke, Gesicht nach unten. Die große Brücke so hoch machen, daß ein Ball oder ähnliches durchgerollt werden kann. Hierbei können sich mehrere Kinder nebeneinander «aufbauen».

227 Die Luftmatratzenschaukel Eine Luftmatratze nicht zu stramm aufpumpen. Das Kind liegt auf dem langen Stück, und ein Erwachsener versetzt die Luftmatratze durch leichtes Drücken mit den Händen auf das Kopfteil in leichte Schwingungen.

228 Schaukelstuhl Das Kind auf den Schoß nehmen oder, wenn es alt genug ist, alleine in den Schaukelstuhl setzen und den Schaukelstuhl leicht bewegen.

Variation: Das Kind schließt die Augen und lauscht einer ruhigen, beruhigenden Musik.

229 Trampolin Falls ein Trampolin, mini oder maxi, vorhanden ist, kann es sehr gut für basale Gleichgewichtsstimulation verwendet werden. In Bauch- oder Rückenlage sich neben das Kind legen und zu schöner, sanfter Musik das Trampolin in Auf-und-ab-Bewegungen versetzen.

Variation: Die Übung im Sitzen machen. Zuerst Rücken an Rükken, dann freisitzend.

Schaukeln für den Gleichgewichtssinn

230 Die Hängematte Falls kein Trampolin vorhanden ist, leistet auch eine Hängematte gute Dienste, um das Gleichgewichtsorgan zu stimulieren. Zur Ergänzung des Trampolins (Bewegungsablauf von oben nach unten) ist die Hängematte (Bewegung von einer Seite zur anderen) eine gute Ergänzung.

231 Die Rollbrettfahrt Das Rollbrett besteht aus einem Holzbrett, an dem vier Räder so angebracht sind, daß das Brett frei rollen und sich in jede Richtung drehen kann. Das Kind legt den mittleren Teil seines Körpers auf das Rollbrett, während der Kopf, der obere Teil der Brust und die Arme aufgerichtet sind. Das Kind kann sich durch die Beine abstoßen oder stoppen. Während der Fahrt auf dem Fußboden oder die Rampe hinunter die beiden Körperenden anheben.

232 Die Schwebeschaukel Die Schwebeschaukel ist eine Polsterrolle mit einem festen inneren Kern und einem Bezug aus Stoff oder (Kunst-)Leder. Sie ist 1,5 m lang und hat einen Durchmesser von 30 cm.

Die Schwebeschaukel ist an festen Seilen mit Haken in der Decke verankert. Das Kind liegt oder sitzt im Reitersitz auf der Schwebeschaukel. Beim Liegen hängen die Arme und Beine herunter. Es kann im Sitzen selbst an den Seilen ziehen und die Schwebeschaukel dadurch bewegen, oder aber ein Erwachsener setzt die Schwebeschaukel in Bewegung.

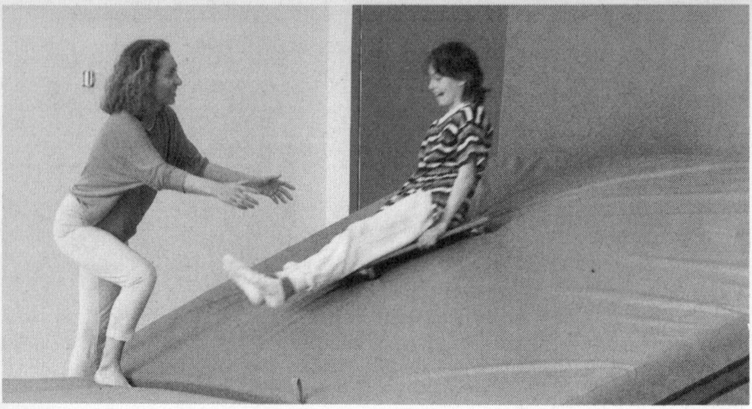

Rollbrettfahren von einer Rampe herunter erfordert Hilfestellung.

Die Eigenwahrnehmung oder «Tiefensensibilität»

Wir haben noch einen Sinn, der kaum bekannt ist, da er weitgehend unbewußt ist: die Wahrnehmung für Empfindungen, die sich in den Muskeln und Gelenken ereignen und von dort, wie bei allen anderen Sinnen auch, an das Gehirn weitergeleitet werden.

Die Eigenwahrnehmung vermittelt dem Gehirn, wann und in welchem Umfang sich Muskeln und Gelenke zusammenziehen oder strecken.

Die Tiefenwahrnehmung für diese Prozesse ermöglicht dem Menschen, in jedem Augenblick zu erkennen, wo jeder Körperteil sich befindet und wie er sich bewegt.

Über diese Rückmeldung verändern bzw. verbessern wir ständig unsere Bewegungen, ohne daß uns dieser komplizierte Ablauf bewußt würde.

Für die gesamte Entwicklung der Motorik ist dieser Sinn von großer Bedeutung, auch für die Erlernung des Körperschemas.

Sinneszellen im Körper Ihres Kindes nehmen ständig Stellung und Bewegung des Körpers wahr und leiten diese Impulse an die Großhirnrinde weiter. Auch aus der Tiefe des Körpers kommen Impulse von Sehnen, Muskeln und Gelenken.

Den Grad der Muskelspannung, ob angespannt oder entspannt, nehmen diese Sinneszellen wahr und informieren das Gehirn ständig darüber, ohne daß uns diese körperinterne Kommunikation bewußt würde. Nur wenn etwas falsch gelaufen ist, z. B. wenn wir gestolpert sind, meldet sich das Bewußtsein für diese Prozesse.

Körperwahrnehmung ist sehr wichtig für Ihr Kind, da es seine Identität mit aufbaut und ausdrückt. Herunterhängende Schultern und ein runder Rücken und ein Hohlkreuz sagen viel über den psychischen Zustand eines Menschen aus.

Körperwahrnehmung ist kein Sinn für sich, sondern das Ergebnis aller Sinneserfahrungen und Sinnesverarbeitungen.

Wenn ein Kind gehört, gesehen, gefühlt, gespürt, also e r l e b t hat, daß es ein «Nichts» ist, so wird es sich im Körper, in dessen Motorik und in der Psyche widerspiegeln, und alle Aspekte sind dann zu einer Einheit zusammengeflossen, zu der Gesamtheit: «Ich bin ein N i c h t s !»

Ein geliebtes und geachtetes Kind hört, sieht, spürt und fühlt die Liebe, und seine Psychomotorik strahlt Energie, Freude, Selbstbejahung, Selbstbewußtsein aus.

233 **Körperteile** Die Kinder berühren ihre Ohren, erst das linke, dann das rechte, abwechselnd mit der linken und mit der rechten Hand. Dann berühren sie ihre Augen, ihre Schultern, ihren Bauch, ihre Oberschenkel, ihre Waden und ihre Füße auf die gleiche Weise.

234 **Kreuzweise** Die Kinder berühren ihre Ohren, und zwar gleichzeitig das linke mit der rechten und das rechte mit der linken Hand. Dann die Ohren mit der seitengleichen Hand berühren. Danach sind Schultern, Bauch, Oberschenkel, Waden und Füße an der Reihe.

235 **Berühren und klatschen** Sie machen die Übung vor, die Kinder ahmen sie nach. Linkes Knie mit der rechten Hand berühren und in die Hände klatschen. Das rechte Knie mit der linken Hand berühren und in die Hände klatschen. Dazu wird jeweils gesagt: «Das ist mein linkes Knie, klatsch, das ist mein rechtes Knie, klatsch.»

236 **Arm und Bein** Alle Kinder sitzen im Kreis. Die Arme kreuzen. Dann die Beine zum Schneidersitz ineinanderschieben. Alle Kinder schließen die Augen. Wer hält es am längsten aus? Wie fühlen sich Arme und Beine hinterher an?

237 **Bein-Schwung** Die Kinder stellen sich in einer Reihe nebeneinander auf und schwingen, während sie auf einem Bein stehen, das andere Bein. Nach kurzem Üben wechseln sie das Bein.

Die Kinder schwingen das Bein vor und zurück. Die Kinder schwingen das Bein zur Seite und wieder zurück in die Grundstellung. Die Kinder beschreiben mit dem Bein einen Kreis. Die Kinder schwingen aus der Grundstellung das Bein weit nach vorn und machen anschließend einen großen Schritt nach vorn. Jetzt machen sie das gleiche mit dem anderen Bein.

238 **Zwerg – Riese** Die Kinder machen sich groß wie ein Riese und klein wie ein Zwerg.

Die Kinder stellen sich auf die Zehenspitzen, strecken die Arme hoch über den Kopf und verharren kurz in dieser Stellung. Dabei sollen die Kinder ihre Fersen möglichst hoch vom Boden abheben. Die Kinder gehen tief in die Hocke und halten ihre Arme locker am Körper. Die Kinder gehen abwechselnd hoch in den Zehenstand und tief in die Hocke. Die Kinder bewegen sich frei im Raum und machen sich dabei groß wie ein Riese und klein wie ein Zwerg.

239 **Rüssel-Rassel** Die Kinder bewegen sich wie Tiere.

Die Kinder gehen wie eine Ente. Sie gehen in die Hocke, nehmen die Hände als Schwanz nach hinten und watscheln frei durch den Raum.

Die Kinder bewegen sich wie eine Raupe. Sie begeben sich in den Liegestütz. Dann «gehen» sie, während die Hände auf dem Boden bleiben, in kleinen Schritten nach vorn und wieder zurück. Die Beine bleiben dabei gestreckt.

Die Kinder bewegen sich wie ein Elefant. Sie falten ihre Hände, beugen den Oberkörper nach vorn und lassen ihre Arme als Rüssel locker herabhängen. Jetzt machen sie mit dem rechten Bein einen «schweren» Schritt nach vorn. Dabei pendeln die Arme nach rechts seitwärts. Das gleiche dann links, wieder rechts und so weiter.

240 **Radfahren** Die Kinder liegen auf dem Rücken und bilden eine Kerze. Sie stützen sich in dieser Stellung mit den Händen in der Taille ab. Die Kinder machen mit den Beinen die Bewegung des Radfahrens. Sie bewegen die gestreckten Beine vorwärts und rückwärts. Sie bilden mit den gestreckten Beinen eine Grätsche und gehen wieder zurück in die geschlossene Stellung zur Kerze.

241 **Das Paar-Spiel** Die Kinder sitzen auf dem Boden und versuchen, ohne Hilfe der Hände aufzustehen.

Die Kinder sitzen sich paarweise gegenüber, halten sich an den Händen und ziehen sich miteinander hoch zum Stand.

Die Kinder sitzen paarweise Rücken an Rücken, haken ihre Arme unter und schieben sich miteinander hoch zum Stand.

Jedes Kind sitzt im Schneidersitz, beugt seinen Oberkörper weit nach vorn und steht auf.

Jedes Kind sitzt mit angebeugten Knien, umschlingt die Knic mit den Armen, zieht sich nach vorn und steht auf.

242 Über die Beine steigen Die Kinder falten ihre Hände und steigen einander über die Hände.

Die Kinder steigen nur mit einem Bein darüber und lösen dann ihre Hände.

Die Kinder steigen mit einem Bein darüber und wieder zurück.

Die Kinder steigen mit beiden Beinen darüber und wieder zurück.

243 Schlange Die Kinder laufen in Schlangenlinien, ohne zusammenzustoßen, durch den Raum. Auf ein Zeichen, Schlag auf das Tamburin, Pauke, «Halt», bleiben sie stehen und warten, bis die Aufforderung zu einer Drehung gegeben wird, z. B. «kehrt», «rechts herum», «links herum». Die Kinder springen aus dem Stand in die neue Richtung, bleiben in dieser kurz stehen und laufen auf ein Zeichen weiter.

244 Links – rechts Die Kinder sitzen mit leicht angewinkelten Knien im Halbkreis auf dem Boden. Sie fordern die Kinder auf, mit der rechten oder linken Hand Körperteile der entgegengesetzten Körperseite zu berühren, beispielsweise «rechte Hand an das linke Ohr» oder «linke Hand an das rechte Knie».

245 Der Frosch Jedes Kind erhält mehrere «Frösche» (mit Reis, Sand gefüllte Säckchen), die es vor sich legt. Vor ihm liegen außerdem zwei Reifen, einer rechts, der andere links. Auf die Aufforderung «rechts» ergreift das Kind mit der rechten Hand einen Frosch und wirft ihn in den rechten Reifen. Nach der Aufforderung «links» wird ein Frosch mit der linken Hand in den linken Reifen geworfen. Eine Hilfe sind für den Anfang Symbole, mit denen rechte und linke Reifen gekennzeichnet werden, z. B. Farben oder Figuren. Kinder, die auffällige Schwierigkeiten haben, rechts und links zu unterscheiden, können sich ein Band um das Handgelenk der dominierenden Hand binden.

246 Der Fahrradschlauch Jedes Kind versucht, durch einen Schlauch hindurchzusteigen. Dabei befindet sich der mit beiden Händen gehaltene Schlauch zuerst vor dem Bauch. Danach über den Rükken wieder nach vorn bringen.

247 Keulen Die Kinder stehen vor stehenden Keulen und berühren diese mit der Nasenspitze, dem Kinn, dem Bauch, dem Knie, dem großen Zeh.

248 Die Feder Die Kinder streicheln sich gegenseitig die unbekleideten Körperteile mit einer Feder. Diese Übung ist auch sinnvoll mit verbundenen Augen.

249 Rasierschaum Alle Kinder sind sowenig wie möglich bekleidet und reiben sich gegenseitig mit weißem oder mit Lebensmittelfarbe gefärbtem Rasierschaum ein.

250 Bewegung Die Kinder auffordern, jeden Körperteil in eine bestimmte Bewegung zu versetzen: Kopf wackeln; Arme schlenkern; Bauch auf und ab bewegen; Popo rechts nach links und vorn nach hinten wackeln; Beine ausschütteln; Füße reiben.

251 Der Magnet Alle Kinder laufen im Raum durcheinander herum. Sie rufen einen Körperteil (z. B. Kopf, Ferse, Stirn, Schädel, Popo, Brust, Ellenbogen, Knie) auf, und die Kinder gehen mit diesem Körperteil auf den Boden und bilden sich ein, dieser wäre magnetisiert. Sie kleben fest und versuchen verzweifelt, sich zu befreien.

252 Gewichtheben Die Kinder basteln sich Hanteln, z. B. aus einem Stock und Dosen, und hanteln damit wie ein Zirkusakrobat: «Mein Gott, sind die Hanteln schwer. Sie wollen sich kaum vom Boden abheben lassen.»

253 Verkehrte Welt Sie sagen: «Das ist mein Kopf» und zeigen auf ihre Beine. Die Kinder zeigen ihre Beine.

254 Vorn und hinten, oben und unten Sie sagen: «Hier ist vorn» und zeigen auf Ihre Nase. Die Kinder machen alles nach.
Sie sagen: «Hier ist hinten» und zeigen auf Ihren Popo.
Sie sagen: «Hier ist oben» und klettern auf den Stuhl.
Sie sagen: «Hier ist unten» und springen vom Stuhl.

255 Der Daumen Sie sagen: «Rechts ist da, wo der Daumen links ist.» Alle Kinder strecken ihre Hände aus und suchen die rechte Seite mit dem linken Daumen an der Hand. Und natürlich umgekehrt. «Links ist da, wo der Daumen rechts ist.»

256 Linie vorwärts – rückwärts Die Kinder gehen auf einer gezeichneten Linie oder einem Seil erst vorwärts, dann rückwärts.

257 Sandsäckchen Die Kinder laufen mit einem Sandsäckchen auf dem Kopf durch den Raum. Dann werden Hindernisse damit überwunden.

Geschickte Kinder versuchen es mit dem Balancieren im Genick.

258 Die Zauberschnur Die Zauberschnur liegt auf der Erde, und die Kinder versuchen, im Sprung hinüber zu gelangen. Später den Sprung erschweren, indem die Schnur doppelt mit kleinem Zwischenraum gelegt wird.

Oder die Zauberschnur doppelt halten oder seitlich an einen festen Gegenstand anbinden. Beide Seilstränge sind gleich hoch: Erst springen die Kinder über die Schnur, dann wird die Zauberschnur sehr niedrig, 10 cm, und die Kinder steigen hinüber.

Beide Seilstränge liegen dicht beieinander auf dem Boden, die Kinder versuchen, über beide hinwegzusteigen, einen großen Schritt zu machen.

Die Seilstränge sind unterschiedlich hoch gespannt: Über den vorderen niedrigeren hinwegklettern und dabei am hinteren höheren festhalten.

259 Pantomime Die Kinder gehen im Zimmer oder draußen spazieren, sie treffen eine Nachbarin, der sie pantomimisch die Hand schütteln. Sie waten durch große Pfützen, balancieren über eine schmale Brücke, rennen hinter einem Hund her, verkriechen sich unterm Tisch, weil es zu regnen beginnt, rufen laut nach Mama, weil sie sich verlaufen haben.

260 Stehen und gehen Wie kann ein Mensch stehen? Beidbeinig, auf einem Bein, mit geschlossenen Augen, auf Zehenspitzen, in der Hocke, mit erhobenen Armen, in Partnerfassung, ein Partner auf einem Bein, Beine weit auseinander...

Wie kann ein Mensch gehen? Rennen, rückwärts gehen und rennen, zu zweit oder mehreren gehen und rennen, krabbeln, kriechen, robben, sich kugeln.

261 Das Mal-Spiel Die Kinder malen ihre Umrisse gegenseitig ab. Die Hand der Kinder wird auf Papier gelegt und von einem anderen Kind ummalt. Das Abbild vergleichen mit der eigenen Hand, mit der Hand des Nachbarn, mit der des Erwachsenen. Die Finger benennen. Rechte und linke Hand malen.

Den Fuß (ohne Schuh und Strumpf) auf das Papier stellen und abmalen.

Ein Kind liegt auf Packpapier oder ähnlichem und wird ganz ummalt. Das Abbild aller Kinder an die Wand hängen, Körperteile, Unterschiede in Größe und Körperhaltung aufzeigen.

262 Figuren laufen Schwierigere Figuren erst malen und dann gehen.

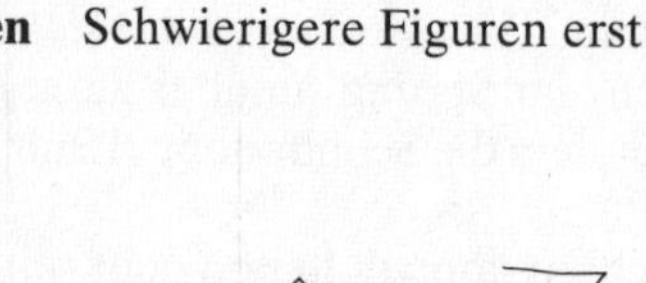

Möglichst auch im Freien Umrisse malen lassen, z. B. im Sand oder mit Kreide auf Steinen.

263 Figuren Auf ein Blatt oder an der Tafel einfache Figuren zeichnen, die die Kinder dann mit ihrem Körper nachbilden.

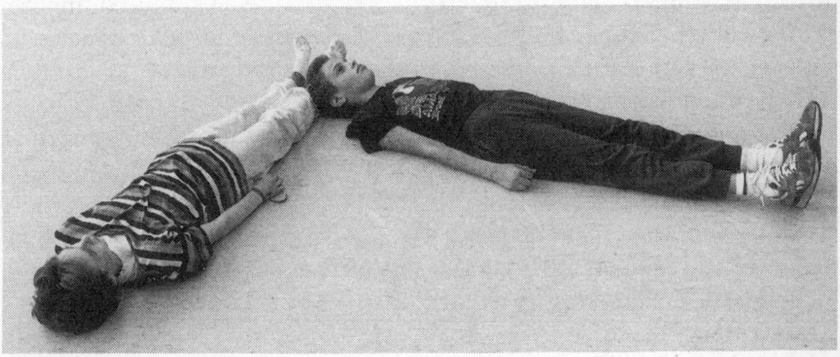

264 1-2-3 Schritt Die Kinder zeichnen zusammen auf einem Stück Papier mit Rechenkästchen eine Figur.

Anschließend laufen sie dieses Muster, nämlich so: einen Schritt geradeaus, einen Schritt nach links, einen Schritt geradeaus, einen

Schritt nach rechts, einen Schritt geradeaus, fünf Schritte nach rechts usw.

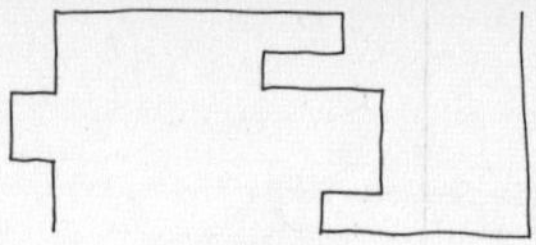

Die Raum-Lage-Empfindung

Einen speziellen Sinn für das Empfinden des eigenen Körpers im Raum gibt es nicht. Wir nehmen wahr, ob wir stehen, liegen, gehen, ob wir uns in der freien Natur oder in einem kleinen Zimmer aufhalten, über mehrere Sinne:

Den eigenen Körper erfahren wir durch Sehen, Hören, Gleichgewicht und die Tiefenwahrnehmung. Den Raum um uns erleben wir vor allem optisch, aber auch akustisch und fühlend. Alle diese Informationen fließen im Gehirn zusammen und vermitteln uns die sogenannte Raum-Lage-Orientierung.

265 **Oben-unten-hoch-tief** Spielerisch erfahren die Kinder, was hoch und tief bedeuten. Wir nehmen die Arme ganz hoch bis an die Decke, auch auf Zehenspitzen, jetzt machen wir uns winzig klein. Oben in die Hände klatschen – unten auf den Boden schlagen. Ganz hoch springen – ganz tief zusammenhocken oder hinlegen.

266 **Tischfinger** Kinder sitzen um den Tisch. Alle Hände sind unter dem Tisch, die Fäuste klopfen auf den Tisch, die Fäuste klopfen unter dem Tisch. Die Hände sind auf dem Tisch, die Finger klopfen auf dem Tisch, die Finger trommeln unter dem Tisch.
Variation: Die Füße übernehmen die Rolle der Hände, oder die ganze Person wird einbezogen.

267 **Reifenfahrt** Die Kinder stellen sich in einen liegenden Gymnastikreifen und heben ihn hoch. Sie fahren durch den Raum und suchen sich auf ein Zeichen hin eine Parklücke.

268 **Fahrzeuge – Flugzeuge** Die Kinder imitieren Autos oder Flugzeuge und laufen, fliegen oder fahren durch den Raum. Keiner darf ein anderes Fahrzeug anstoßen. Die Fahrzeuge geben deshalb Geräusche von sich. Die Aktion mit Trommel, Tamburin begleiten, und bei lautem Trommelschlag müssen alle Kinder abstoppen, anschließend geht es weiter.

269 Haus suchen Das Kind sitzt oder steht in seinem «Haus» (Reifen, Fahrradschlauch, rundgelegtes Seil oder gemalter Kreis). Zu Trommel- oder Musikbegleitung laufen alle Kinder aus ihren «Häusern» und im Raum umher. Auf ein Zeichen oder nach Abbruch der Musik suchen die Kinder schnell ihr Haus auf und setzen oder stellen sich hinein.

Zur Erleichterung des Wiederfindens kann man zu Beginn einen persönlichen Gegenstand ins eigene Haus legen.

270 Besuch Es ist nur für jeweils zwei Kinder ein Haus vorhanden.

271 Figuren gehen Figuren an die Tafel malen und im Raum von den Kindern «ergehen» lassen.

272 Räumliche Beziehungen Wo ist oben – unten, hoch – tief, rechts – links?

Hoch – die Sprossenwand hochklettern, tief – wieder herunter, oben – dem anderen Kind auf den Kopf fassen, unten – dem anderen Kind auf die Füße tippen, rechts – links: Die Kinder haben Tücher um die Augen gebunden und stehen in einer Reihe.

Auf Anweisung gehen sie durch den Raum: zwei Schritte vor, zwei nach rechts, einen zurück, vier nach links usw.

273 Büchsen werfen Wie auf dem Rummel alte Büchsen pyramidenförmig aufbauen, und die Kinder werfen sie mit einem Ball um. So lernen sie die Entfernungen besser kennen und trimmen gleichzeitig ihre Auge-Hand-Koordination.

274 Ball hier – Kegel dort Ein Ball legt das Kind auf Anweisung vor (hinter), auf (unter), unter (auf), hinter (vor) den Stuhl und dann den Kegel jeweils in die Gegenposition (wie es in den Klammern steht).

275 **Raum erobern** Die Kinder hüpfen, laufen, gehen, schreiten, hopsen nach Musik durch den ganzen Raum. Das Tamburin zeigt an: einmal: umdrehen und weiterbewegen, zweimal: umdrehen und andere Fortbewegungsart wählen.

276 **Vertrauensübung** Ein Kind führt ein anderes, dem die Augen verbunden wurden, vorwärts, dann rückwärts durch den Raum.
Variation: Hindernisse einbauen. Oder das führende Kind geht eine ganz bestimmte Figur, z. B. Kreis, und das geführte Kind muß die Figur erraten.

277 **Regenwurm** Die Kinder fassen sich an den Schultern und bilden eine Art Regenwurm. Das erste Kind ist der Kopf, das Kind am Ende ist der Schwanz. Der «Kopf» versucht, sich selbst in den Schwanz zu beißen, die Mitte versucht, es zu verhindern. Der «Kopf» erwischt ab und an ein «Stück». Das «gebissene» Kind scheidet aus.

Kapitel 4

So laden wir unsere «Energiebatterie»

Was ist Energie, und was hat Energie mit Psychomotorik zu tun?

Der Körper jedes Menschen ist Energie und hat Energie. Wenn wir uns bewegen, verbrauchen wir Energie, und wenn wir uns entspannen, laden wir unsere «Energiebatterie» wieder auf.

Energien wirken bei allen Lebensprozessen mit, egal, ob wir denken, fühlen oder uns bewegen. Insofern hat Energie sehr viel mit Psychomotorik zu tun. In der Alltagssprache sagen wir ja auch «Ich bin voller Energie» oder «Ich bin so schlaff, ich habe keine Energie mehr.» Energie ist also ein ganz wesentlicher Aspekt der Persönlichkeit eines menschlichen Wesens.

Das Schulkind verbraucht viel Energie in der Schule. Da heißt es, von morgens bis in den Nachmittag aktiv, konzentriert und energiegeladen zu sein. Ist das Kind müde und abgespannt, also energieentladen, so wird es nicht alles mitbekommen, und die Leistungen fallen ab.

Leider ist das, was ein normaler Schulalltag von einem Kind verlangt, völlig unmöglich: Das Kind kann nicht ständig voll konzentriert der Stimme des Lehrers lauschen, unentwegt mitdenken, auf Kommando aktiv werden und wieder in die angespannte Konzentration übergleiten.

Das Energiereservoir der meisten Kinder reicht für diese Höchstleistung nicht aus. Daher gehen immer mehr Pädagogen dazu über, psychomotorische Energieübungen in den Schulalltag zu integrieren. Letztlich erweisen sie sich selbst damit einen großen Dienst.

15 Minuten an einem achtstündigen Unterrichtstag abzuschalten kann eine Wohltat sein.

Entspannung der Körpermuskulatur ist die Voraussetzung für eine weiter reichende vegetative und psychische Entspannung.

Anspannung drückt sich im Körper durch eine starre und verkrampfte Muskulatur aus. Je häufiger und länger wir die äußere Fassade aufrechterhalten, desto gewaltiger sind die nervlichen Belastungen und körperlichen Verkrampfungen.

Wenn wir uns freuen, springen wir vielleicht in die Luft und zeigen durch Mimik und Gestik, was mit uns los ist.

Gleichzeitig reagiert unser vegetatives Nervensystem: Das Herz schlägt schneller, und der Blutdruck steigt, was sich an dem geröteten Gesicht zeigt. Zudem sind wir uns des Gefühls der Freude bewußt (Ebene des Bewußtseins).

Leider besteht in unserer Kultur die Tendenz, Gefühle zu verbergen: «Reiß' dich zusammen!», «Beherrsche dich!», «Laß dir nichts anmerken!»

Wenn unser Körper vor Schmerz und Trauer zusammenfallen möchte, halten wir uns krampfhaft aufrecht. Durch Anspannung aller Muskelkraft halten wir uns «im Zaum».

Dauert ein solcher Zustand über längere Zeit an, kommt es zu Verkrampfungen und Verspannungen der Muskulatur. Wenn wir lange genug «geübt» haben, Gefühle durch die Kontrolle unseres Verhaltens zu verbergen, verlieren wir bald die Fähigkeit, sie zu erkennen und wahrzunehmen. Unser Kontrollsystem hat sich automatisiert und verselbständigt.

Wir unterscheiden zwischen einem zentralen Nervensystem und dem sogenannten autonomen Nervensystem. Damit hat es folgende Bewandtnis: Während wir viele Körperprozesse direkt mit unserem Willen beeinflussen können, z. B. Bewegung, wie schnell wir atmen, können wir einige Körperabläufe nur begrenzt und nach längerer Übung mit dem Willen steuern, z. B. Herzschlag, Blutdruck, Ausschüttung von Magensäure. Diese Prozesse kontrolliert das sogenannte autonome (vegetative) Nervensystem. Auch wenn es uns nicht möglich ist, willentlich Veränderungen zu erzwingen, können wir doch indirekte Wege lernen, diese Prozesse zu beeinflussen: Ein derartiger Weg ist das Entspannungstraining.

Nun muß man wissen, daß das autonome Nervensystem in zwei Untersysteme zerfällt, das sympathische und das parasympathische Nervensystem. Vereinfacht kann man sagen, daß das sympathische Nervensystem Aktivierung, Anspannung und Alarmbereitschaft, also Streßreaktionen steuert, das parasympathische (vagale) dagegen die andere Seite, nämlich Entspannung und Wohlbefinden.

Während im einen Fall das Herz schneller schlägt, Schweißsekretion und Magensäureausstoß zunehmen, führt eine Aktivierung des Parasympathikus zu Beruhigung der Atmung, des Herzschlages, zu Gefäßerweiterung, Abnahme der Muskelspannung, Normalisierung der Hirnstromaktivitäten und verringertem Sauerstoffverbrauch.

Wie man leicht versteht, führt die Aktivierung des einen Systems zur Hemmung des anderen, d. h. Entspannung und Angst, Streß vertragen sich nicht.

Hinzu kommt oft noch ein Teufelskreis: Jemand hat Angst, ist erregt, verspannt und spürt seine eigene Streßsituation, das macht ihm noch mehr angst.

Hier sollen die Entspannungstrainings ansetzen: Sic aktivieren den Parasympathikus, führen damit zu einer Abnahme der Erregung.

So geht die körperliche Entspannung einher mit einer seelisch-geistigen Beruhigung und Ausgeglichenheit. Dies wiederum führt häufig zu einer positiven Kettenreaktion: Man geht mit mehr Ruhe an die Lösung von Problemen. Und man fühlt sich frischer, energievoller, kann besser schlafen.

Das Ziel der Entspannung ist also: Durch die Beeinflussung des vegetativen Nervensystems zu körperlicher und seelischer Ausgeglichenheit und Belastbarkeit zu kommen.

278 **Die Schaukel** Die Kinder sitzen mit angezogenen Knien auf dem Boden und fassen mit den Händen unter die Knie. Die Stirn auf die Knie legen.

Jetzt lassen wir uns langsam nach hinten rollen und wieder nach vorn und wieder nach hinten. Das wiederholen wir etwa achtmal.

Wir sind ganz konzentriert und spüren, wie der Atem bis tief in den Bauch (Bauchnabelgegend) geht.

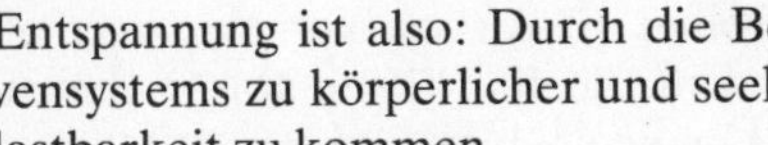

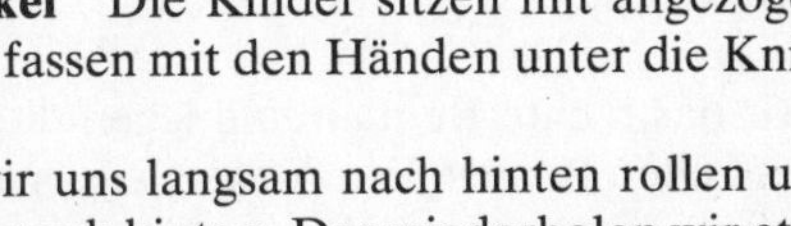

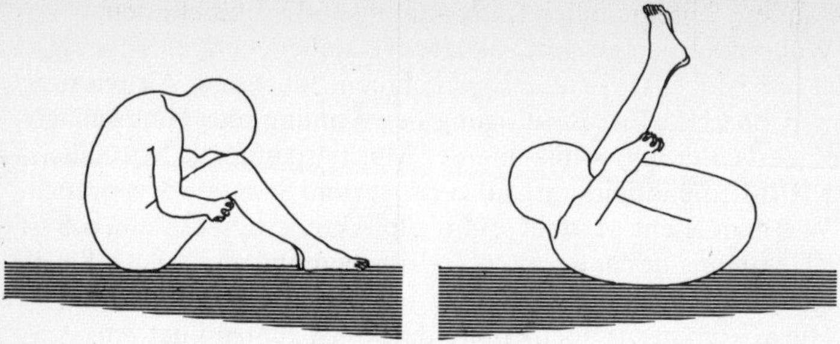

279 Der Überschlag Wir liegen auf dem Rücken, und die Beine liegen geschlossen nebeneinander.

Unsere Arme liegen seitlich neben dem Körper. Die Kinder heben **langsam** und ganz bewußt beide Beine an und legen die Füße hinter dem Kopf auf der Unterlage ab.

Wir atmen durch die Nase ein und aus und konzentrieren uns auf den Atemstrom, der bis tief in den Bauch fließt.

Und langsam rollen wir zurück, kommen wieder in die Ausgangslage, entspannen uns mit fünf tiefen Nasen-Bauch-Atemzügen und wiederholen die Übung noch etwa viermal.

280 Der Baum Wir stehen gerade mit ausgebreiteten Armen im Raum.

Jetzt heben wir das rechte Bein an und legen die Fußsohle gegen den Schenkel des linken Beines. Die Arme bleiben ausgebreitet, und wir suchen uns einen Fixpunkt mit den Augen, damit wir nicht allzusehr ins Wackeln kommen.

Der Baum wird immer schöner, langsam schließt sich seine Krone: Wir nehmen **langsam, konzentriert und ganz bewußt** die Arme über den Kopf und legen die Handinnenflächen zusammen.

Wir atmen durch die Nase tief in den Bauch.

Wir kommen in die Ausgangsposition zurück und legen dann den linken Fuß an den rechten seitlichen Oberschenkel.

281 Die Blume Wir sitzen im Schneidersitz in der Runde, und unsere Hände bilden eine Faust. Wir halten die Fäuste vor der Brust gegeneinander, der Daumen ist nicht in den Fingern eingeklemmt.

Es wird warm nach einer kühlen Sommernacht – die ersten Sonnenstrahlen fallen auf die Blume. Die Blume öffnet sich **langsam,** um sich der Sonne entgegenzustrecken.

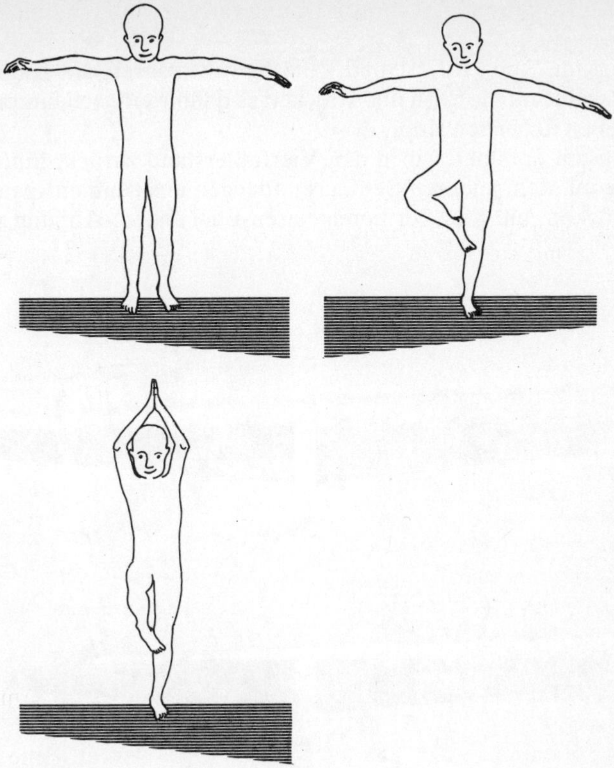

Ganz langsam und konzentriert öffnet sich der Blumenkelch. Die Blume ist voll erblüht, die Finger sind weit auseinandergespreizt, und erfreut sich an der wärmenden, lebensspendenden Sonnenenergie.

Der Tag vergeht, der Abend kommt und mit ihm die Kälte. Langsam schließen sich unsere Blumenfinger wieder. Die Blume ist geschlossen und damit geschützt.

282 Die Katze Wir sind Katzen und bewegen uns wie Katzen, langsam und geschmeidig.

Die Kinder knien im Vierfüßlerstand und heben den Kopf an. Langsam senken sie den Kopf und legen den Hals auf den Boden, kommen wieder in die Ausgangsstellung und machen einen Katzenbuckel, bei dem der Kopf gesenkt wird.

Die Luft während der ganzen Übung ganz bewußt bis zum Bauchnabel schicken.

Langsam, konzentriert und ganz bewußt führen die Kinder ihr rechtes Knie an die Stirn und strecken es dann weit nach hinten hoch und heben dabei den Kopf.

Langsam kommen wir in den Vierfüßlerstand zurück, führen die Übung mit dem anderen Bein aus und legen uns dann entspannt auf den Rücken, um ganz der tiefen Nasen-Bauchnabel-Atmung zu lauschen.

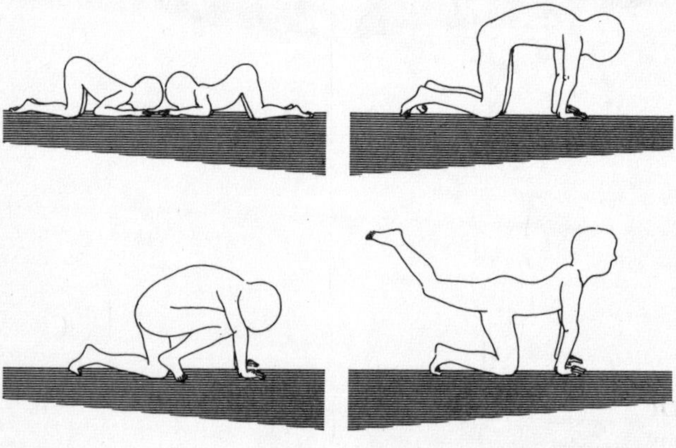

283 Die Schlange Ka Wer kennt sie nicht, die Schlange Ka aus dem Dschungelbuch, und wer sie noch nicht kennt, sollte sie unbedingt kennenlernen.

Wir legen uns auf den Bauch, die Beine sind geschlossen und die Arme angewinkelt, die Hände liegen in Schulterhöhe auf der Unterlage, die Stirn berührt den Boden. Langsam, bewußt und konzentriert heben wir den Kopf, um zu schauen, was rund um uns los ist. Langsam, konzentriert und bewußt heben wir die Schultern, bis die Arme gestreckt sind.

Oberkörper und Kopf jetzt nach hinten legen, dabei sind die Schultern nicht hochgezogen.

Langsam gehen wir Schritt für Schritt in unsere Ausgangsposition zurück, da nichts Gefährliches zu erspähen war.

Wir liegen entspannt auf dem Bauch und achten auf unsere Nasen-Bauchnabel-Atmung.

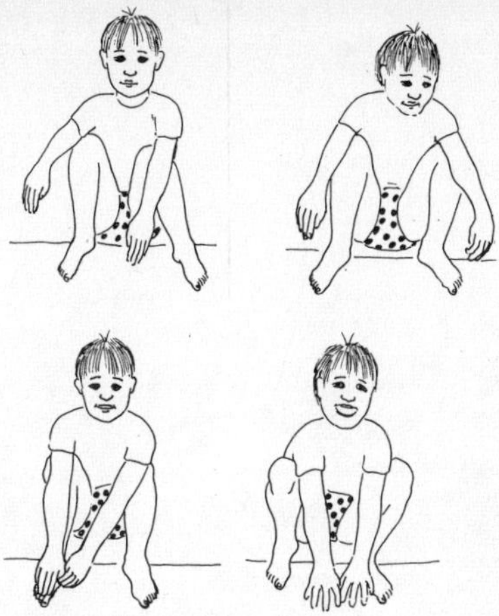

284 Der fröhliche Frosch Huchhei, die Frösche im See haben eingeladen zur großen Froschparty. Schnell spricht es sich unter den Fröschen herum, und alle machen sich auf den Weg.

Die Kinder gehen mit gespreizten Beinen in die Hocke. Die Oberarme liegen auf den Knien, und die Hände fallen locker herunter.

Die Kinder strecken sich bis auf die Zehenspitzen und rufen zur Begrüßung: «Quak, quak.»

Langsam kommen wir wieder mit der Fußsohle auf den Boden.

Wir legen uns auf den Rücken und atmen tief in den Bauch. Dann machen wir die Übung noch einmal und hopsen einige Male durch den Raum.

285 Der Hund Habt ihr schon einmal gesehen, wenn zwei Hunde aufeinandertreffen und der eine sich dem anderen «unterwirft» und seine Kehle hinhält?

Wir legen uns auf den Rücken und atmen durch die Nase langsam und bewußt in den Unterbauch. Die Arme liegen ausgestreckt in Schulterhöhe auf der Unterlage.

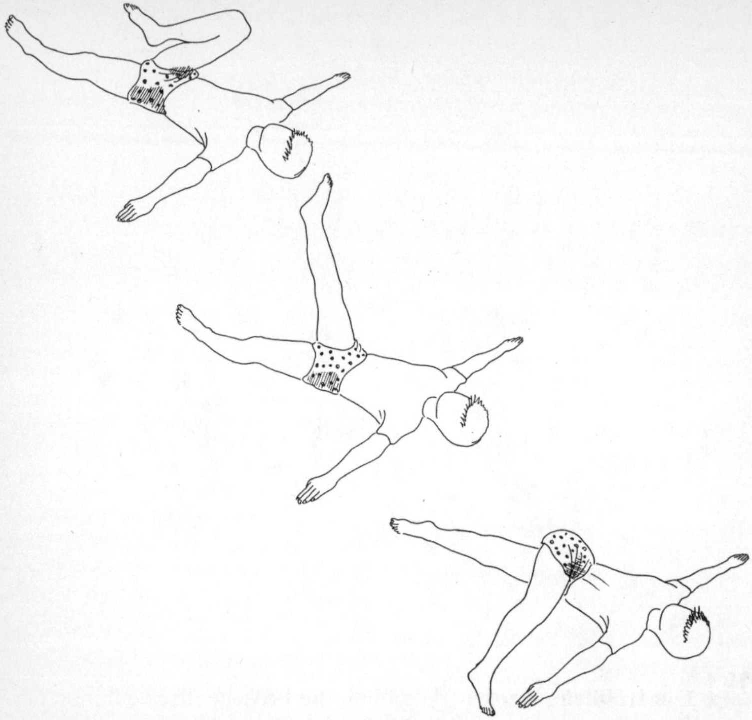

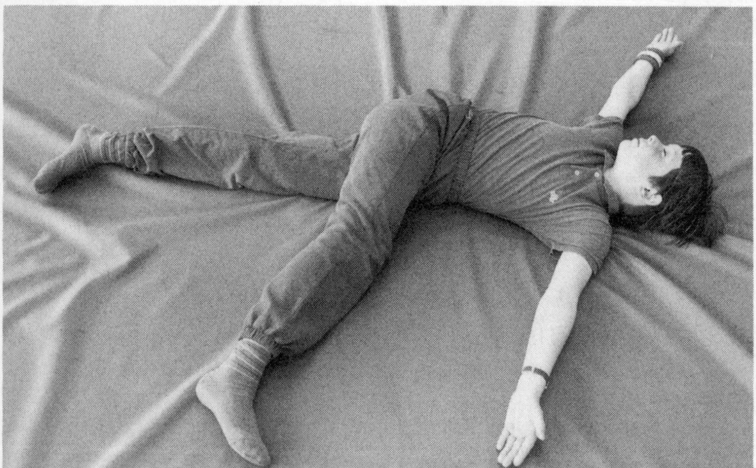

Dann winkeln wir das rechte Knie und strecken es hoch. Wir legen nun das rechte Bein ganz langsam über das linke Bein auf die linke Seite und drehen den Kopf zur rechten Seite.

So bleiben wir liegen und achten auf unsere Nasen-Bauchnabel-Atmung.

286 Der Drehsitz Wir wollen unserem Rückgrat etwas Gutes tun und es «drehen».

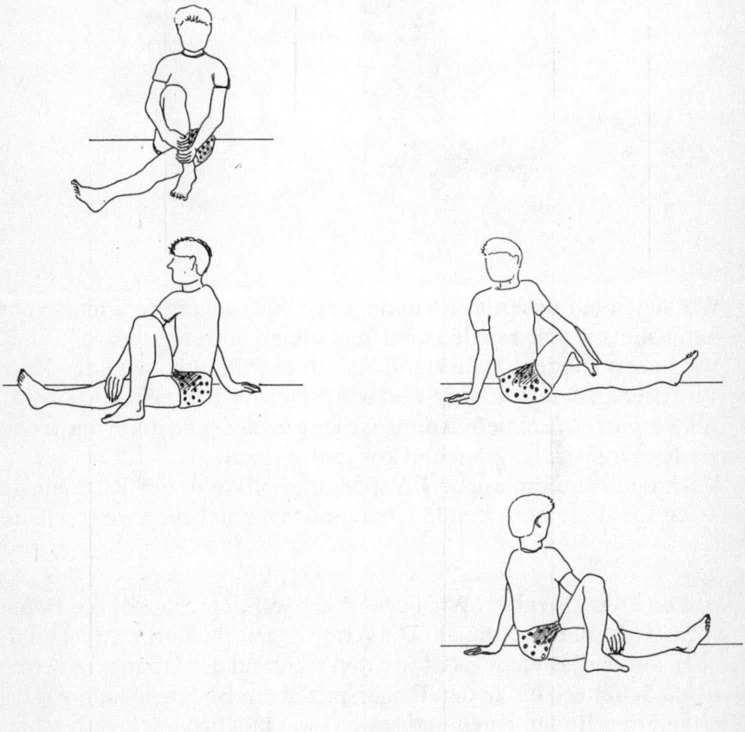

Wir sitzen auf unserem Po und stellen den rechten Fuß links vom linken Knie auf. Die rechte Hand liegt hinten und stützt uns ab.

Wir fassen mit der linken Hand über das rechte Bein das linke Knie an und drehen den Rumpf so weit wie möglich nach rechts.

Wir verharren fünf tiefe Atemzüge lang in dieser Position und lösen dann den Drehsitz langsam und konzentriert auf.

Nach einer dreiminütigen Entspannungsphase in der Rückenlage machen wir diese entlastende Übung noch einmal zur anderen Seite hin.

287 Die Heuschrecke Wir liegen flach auf dem Bauch, die Beine sind gestreckt und zusammen. Die Arme liegen am Körper, die Handflächen auf dem Boden. Es ist wichtig, während der Übung die Arme von den Schultern bis zu den Fingerspitzen am Boden zu halten. Das Kinn auf den Boden legen und so weit wie möglich nach vorn schieben.

Es geht nun darum, abwechselnd ein Bein nach dem anderen so hoch wie möglich zu heben.

Die Kinder heben langsam das linke gestreckte Bein und dann das rechte gestreckte Bein.

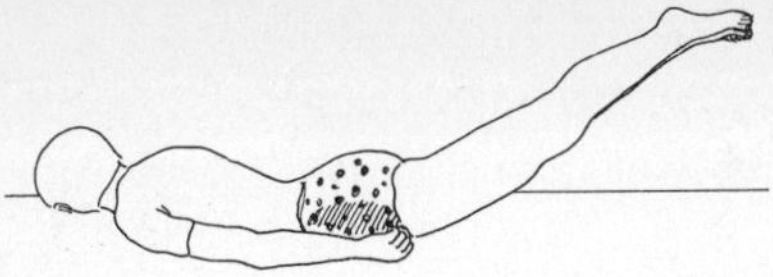

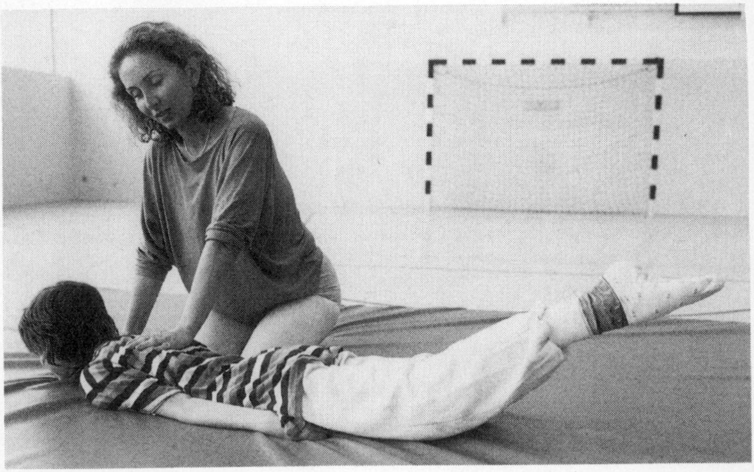

Dann kann unter Umständen noch die vollständige Heuschrecke ausgeführt werden: Beide gestreckten Beine gleichzeitig anheben, und die Finger werden zu einer lockeren Faust geschlossen.

Nach dieser Übung lange in Bauch- oder Rückenlage entspannen und nur auf die tiefe Bauchnabelatmung achten.

288 Die Energie-Kerze Wir liegen auf dem Rücken mit gestreckten Beinen und am Körper liegenden Armen. Die Beine langsam und bewußt hochnehmen und zum Himmel schauen. Wir atmen durch die Nase ein, und unser Atem fließt bis tief in den Bauch. Wir atmen aus und heben den Po langsam von der Unterlage ab.

Die Füße über das Gesicht führen, eventuell helft ihr ein bißchen mit den Händen nach.

Die Füße langsam und bewußt immer höher nehmen, und die Atmung fließt trotzdem locker und leicht weiter in den Bauch. Der Nakken ist gestreckt und liegt auf der Unterlage. Das Brustbein und das Kinn berühren sich.

Wir sind eine energiegeladene Kerze: Die Beine sind ganz gestreckt. Die Füße sind nicht gestreckt wie bei der «normalen» Kerze.

Wir verharren in dieser Position, die uns so gut tut! Langsam, bewußt und konzentriert die Beine beugen und langsam Wirbel für Wirbel das Rückgrat abrollen lassen.

289 **Der Pflug** Kennt ihr noch den Pflug – ein Werkzeug, das von den Bauern benutzt wird?

Laßt euch erklären, was es mit dem Pflug auf sich hat und wie er aussieht. Wir wollen jetzt mit einer Übung, die «Pflug» genannt wird, unseren Körper durchpflügen und damit aktivieren.

Wir liegen auf dem Rücken, die Arme liegen längs des Körpers, die Handflächen liegen flach auf dem Boden.

Der Nacken liegt flach auf der Unterlage, das Kinn zeigt in Richtung Brust und nicht gen Himmel.

Die gestreckten Beine langsam anheben, die Fußspitzen sind nicht gestreckt. Der Rücken schmiegt sich ganz an den Boden, die gestreckten Beine kommen langsam zur Vertikalen.

Die Knie jetzt gen Stirn ziehen, einen kurzen Moment auf die Stirn legen (die Arme bleiben langgestreckt am Körper) und dann anheben und die Fußspitzen auf die Unterlage setzen.

Wir verharren mindestens fünf tiefe, konzentrierte Nasen-Bauchnabel-Atemzüge in dieser Position. Dann gehen wir langsam den Weg zurück in die Rückenlage und spüren nach.

Kapitel 5

Selbst-Entspannung für Kinder

Übe im Liegen. Oder:
Übe in der Droschkenkutscherhaltung:

Der Begründer dieser Entspannungsmethode, der Berliner Arzt J. H. Schultz, hat diese Haltung den Pferdekutschern abgeschaut, von denen es zu seinen Lebzeiten (1884 bis 1970) noch zahlreiche gab. Immer wenn die Droschkenkutscher müde waren, haben sie sich auf dem Kutschbock breitbeinig sitzend leicht nach vorn gebeugt und die Unterarme schräg auf die Oberschenkel gelegt. Die Hände ließen sie entspannt zwischen den Knien herunterhängen. Es entsteht dadurch eine S-förmige Haltung.

Übe im japanischen Meditationssitz:

Knie dich hin. Dein Körper lagert auf den nach hinten gestreckten Beinen.

Schließe deine Augen!

290 **Die Ruheübung** Nimm eine der beschriebenen Stellungen ein.

Spreize die Finger und lege sie so auf deinen Bauch, daß die Daumen sich in Höhe des Bauchnabels befinden. Die anderen gespreizten Finger bedecken den Unterbauch.

Atme tief und ruhig durch die Nase ein, bis dahin, wo deine Finger liegen.

Atme ruhig und bewußt durch die Nase aus.

Der Bauch wird dick wie ein Ballon beim Einatmen und flach wie eine Flunder beim Ausatmen.

Du fühlst dich beim Einatmen wie eine weiße, leichte Wolke am blauen Sommerhimmel und wie ein dicker, alter Baum, der mit seinen

Wurzeln tief in den Boden reicht, beim Ausatmen. Und du sagst dir immer wieder: «Ich bin ganz ruhig.»

Denke dir diesen Satz immer und immer wieder: «Ich bin ganz ruhig. Mein Bauch wird dick und rund beim Einatmen und dünn und flach beim Ausatmen. Ich bin ganz ruhig.»

291 **Die Schwereübung** Du kennst das Gefühl, schwere Glieder zu haben. Du hast deine Atemübung gemacht und bist ganz ruhig.

Du bist ganz ruhig, und dein rechter Arm wird ganz schwer. Er wird schwer wie Blei. Du kannst ihn kaum noch anheben. Der rechte Arm ist schwer, ganz schwer.
«Mein rechter Arm ist schwer, ganz schwer.»
«Mein rechter Arm ist schwer, ganz schwer.»
«Mein rechter Arm ist schwer, ganz schwer.»
«Mein rechter Arm ist schwer, ganz schwer.»
«Mein rechter Arm ist schwer, ganz schwer.»
«Mein rechter Arm ist schwer, ganz schwer.»

Langsam geht dein Bewußtsein zum linken Arm herüber.
«Mein linker Arm ist schwer, ganz schwer.»
«Mein linker Arm ist schwer, ganz schwer.»
«Mein linker Arm ist schwer, ganz schwer.»
«Mein linker Arm ist schwer, ganz schwer.»
«Mein linker Arm ist schwer, ganz schwer.»
«Mein linker Arm ist schwer, ganz schwer.»
«Beide Arme sind ganz schwer.»
«Beide Arme sind ganz schwer.»
«Beide Arme sind ganz schwer.»
«Beide Arme sind ganz schwer.»
«Beide Arme sind ganz schwer.»
«Beide Arme sind ganz schwer.»

Dann ballst du beide Hände und beugst und streckst die Arme ein paarmal mit energischem Ruck.
«Ich beuge und strecke meine Arme.»
«Ich beuge und strecke meine Arme.»
«Ich beuge und strecke meine Arme.»

Du atmest tief ein und aus und öffnest langsam die Augen.
«Ich bin ruhig und entspannt. Es hat mir gutgetan.»

292 **Die Wärmeübung** Wenn es warm ist, fühlst du dich wohl. Wenn die Sonne scheint, freuen wir uns alle.

Lassen wir die Sonne scheinen und es warm werden, wann immer wir wollen. Stell dir vor, du liegst an einem Strand mit weißem Sand,

und die Sonne scheint angenehm warm vom Himmel auf deinen Körper. Ein Gefühl der Wärme durchflutet deinen ganzen Körper.
«Ich bin ganz ruhig. Mein Atem fließt tief in den Bauch.»
«Mein rechter Arm ist warm.»
«Mein rechter Arm ist warm.»
«Mein rechter Arm ist warm.»
«Mein rechter Arm ist warm.»
«Mein rechter Arm ist warm.»
«Mein rechter Arm ist warm.»
«Mein linker Arm ist warm.»
«Mein linker Arm ist warm.»
«Mein linker Arm ist warm.»
«Mein linker Arm ist warm.»
«Mein linker Arm ist warm.»
«Mein linker Arm ist warm.»

Der ganze Körper ist warm.
«Mein ganzer Körper ist warm, ganz warm.»
«Mein ganzer Körper ist warm, ganz warm.»
«Mein ganzer Körper ist warm, ganz warm.»
«Mein ganzer Körper ist warm, ganz warm.»
«Mein ganzer Körper ist warm, ganz warm.»
«Mein ganzer Körper ist warm, ganz warm.»

Ich bin ganz ruhig.
Umschalten
Hände ballen
Arme beugen
Arme strecken
tief atmen
Augen auf.

293 **Die Herzübung** Unser Herz ist unser Zentrum. Damit lieben wir, dadurch leben wir. Die Energie soll durch unser Herz fließen, damit wir leben und lieben können.

Horche auf dein Herz! – Bum – bum, poch – poch macht es! – Der Rhythmus deines Herzschlages ist angenehm. Poch – poch, poch – poch, poch – poch . . .
«Ich bin ganz ruhig.»
«Ich bin ganz ruhig.»
«Ich bin ganz ruhig.»
«Mein ganzer Körper ist schwer.»
«Mein ganzer Körper ist schwer.»
«Mein ganzer Körper ist schwer.»

«Mein ganzer Körper ist warm.»
«Mein ganzer Körper ist warm.»
«Mein ganzer Körper ist warm.»
Mein Herz schlägt rhythmisch.
Mein Herz schlägt ruhig und kräftig.
Mein Atem ist ruhig und gleichmäßig.
«Mein Herz schlägt ruhig. – Ich bin ruhig.»
«Mein Herz schlägt ruhig. – Ich bin ruhig.»
«Mein Herz schlägt ruhig. – Ich bin ruhig.»
«Mein Herz schlägt ruhig. – Ich bin ruhig.»
«Mein Herz schlägt ruhig. – Ich bin ruhig.»
«Mein Herz schlägt ruhig. – Ich bin ruhig.»
Umschalten
Hände ballen
Arme beugen
Arme strecken
Augen auf.

294 Die Bauchübung Der Bauch ist ebenfalls ganz wichtig! In ihm passiert viel. Dort sitzen viele wichtige Organe und Nerven. Ein ganz besonders wichtiges Nervenzentrum – das Sonnengeflecht – liegt hier.

Lege deine gespreizten Finger so unter die Brust, daß die Daumen an der Stelle liegen, wo sich die Rippen teilen.
«Ich bin ganz ruhig. Mein ganzer Körper ist schwer.»
«Ich bin ganz ruhig. Mein ganzer Körper ist schwer.»
«Ich bin ganz ruhig. Mein ganzer Körper ist schwer.»
«Mein ganzer Körper ist warm.»
«Mein ganzer Körper ist warm.»
«Mein ganzer Körper ist warm.»
Mein Herz schlägt ruhig und kräftig. Mein Herz schlägt ruhig und gleichmäßig.
Mein Bauch ist warm.
Mein Sonnengeflecht ist strömend warm.
Umschalten, Fäuste ballen
Arme beugen
Arme strecken
Augen auf.

295 Die Kopfübung Bisher war alles warm und schwer und ruhig und gleichmäßig. Jetzt wollen wir hochgehen mit unserer ganzen Konzentration zum Kopf, und dort wird es anders: kühl. Einen kühlen Kopf bewahren – so heißt es oft.

Du willst auch einen kühlen Kopf haben, der zusammen mit dem warmen, schweren, weichen Bauch eine Einheit bildet. Beides gehört unbedingt zusammen. Ein kühler Kopf, der denkt, und ein warmer Bauch, der fühlt, und zusammen bilden sie eine Einheit.

Schau dir dieses Bild an. Da ist beides enthalten: der denkende, schwere Bauch, der Gefühle hat, liebt und haßt, und der kühle, helle Kopf, der denkt und zusammen mit dem Bauch entscheidet.

«Ich bin ganz ruhig. Mein ganzer Körper ist schwer.»
«Ich bin ganz ruhig. Mein ganzer Körper ist schwer.»
«Ich bin ganz ruhig. Mein ganzer Körper ist schwer.»

Mein ganzer Körper ist warm. Mein Herz schlägt ruhig und kräftig und gleichmäßig.

Mein Bauch ist warm.

Mein Sonnengeflecht ist strömend warm.

«Meine Stirn ist kühl und frisch.»
«Meine Stirn ist kühl und frisch.»
«Meine Stirn ist kühl und frisch.»
«Meine Stirn ist kühl und frisch.»
«Meine Stirn ist kühl und frisch.»
«Meine Stirn ist kühl und frisch.»

Ich bin ganz ruhig.

Umschalten
Hände ballen
Arme beugen
Arme strecken
Augen auf.

Du bist nun so weit, daß du alle Übungen in Kurzform zusammenfassen kannst. Wenn es Ärger zu Hause oder in der Schule gibt, ist es besonders wichtig für dich, dieses Selbst-Entspannungs-Programm durchzuführen.

«Ich bin ganz ruhig.»
«Ich bin ganz ruhig.»
«Ich bin ganz ruhig.»

(Gespreizte Hände auf den Unterbauch legen. Daumen in Nabelhöhe.)

«Mein ganzer Körper ist schwer.»
«Mein ganzer Körper ist schwer.»
«Mein ganzer Körper ist schwer.»
«Mein ganzer Körper ist warm.»
«Mein ganzer Körper ist warm.»
«Mein ganzer Körper ist warm.»

Mein Herz schlägt ruhig und kräftig und gleichmäßig. (Die ge-

spreizten Finger auf den Bereich unterhalb der Brust legen. Die Daumen liegen in der Höhe, wo sich die Rippen teilen.)
«Mein Sonnengeflecht ist strömend warm.»
«Mein Sonnengeflecht ist strömend warm.»
«Mein Sonnengeflecht ist strömend warm.»
«Meine Stirn ist kühl und frisch.»
«Meine Stirn ist kühl und frisch.»
«Meine Stirn ist kühl und frisch.»
«Ich bin ganz ruhig.»
«Ich bin ganz ruhig.»
«Ich bin ganz ruhig.»
Umschalten
Hände ballen
Arme beugen
Arme strecken
Augen auf.

Übrigens ist es auch möglich, daß zuerst eure Lehrer, Erzieher oder Eltern mit euch diese Entspannungsübungen machen und ihr sie so langsam erlernt.

Spezielles Selbst-Entspannungs-Programm bei Angst

Die Erziehung schränkt häufig die Bedürfnisse der Kinder übermäßig ein und versucht, die Kinder mit Hilfe von Angst zu formen. Das beginnt schon im Baby- und Kleinkindalter: Spätere Folgen sind Ängste, Schuldgefühle, Hemmungen der Denk- und Konzentrationsfähigkeit, widerstandsloses Unterordnen unter Autoritäts- und Machtverhältnisse und neurotische Persönlichkeitsveränderungen.

Die eigentlichen Wünsche, Triebe, Bedürfnisse werden von den Kindern gar nicht mehr wahrgenommen, da sie in Konflikt mit den Forderungen der Eltern und der Gesellschaft geraten sind und verdrängt werden müssen.

Furcht wird die Angst vor realen, wirklichen Gefahren genannt, z. B. dem heranbrausenden Auto.

Psychische Ängste sind dagegen unbestimmte, nicht unmittelbare Bedrohungen, sind irreal (ir-real), von anderen Menschen oft gar nicht begreifbar, da dem Verstand nicht erklärlich. Irreale Ängste können einen entscheidenden Einfluß auf die gesamte Entwicklung des Kindes haben.

Wie Ihr Kind sich später verhält und wie sich seine Intelligenz, seine sozialen Beziehungen, seine Leistungsfähigkeit entwickeln, hängt weitgehend davon ab, wie stark Ängste in Ihrem Kind erzeugt und gefördert wurden. So kann z. B. große Angst zu scheinbarer Dummheit führen, wenn sie ein Kind daran hindert, Vertrauen und Neugierde zu entwickeln und selbständig zu werden.

Die Angst vor der Schule und den ausgesprochenen oder auch unausgesprochenen Leistungsanforderungen der Eltern wirkt sich bei Kindern entscheidend auf die Leistungsfähigkeit aus. Diese Angst ist eine Mischung aus Realängsten, die aber auch oft deutlich irreale Ausmaße annehmen.

Viele Kinder leiden an Nachtangst und Angstträumen. Stöhnen, Aufschreien oder heftiges Weinen des Kindes beunruhigen alle Beteiligten. Es handelt sich dabei um Vorstellungen und Erlebnisse, die das Kind bis in den Schlaf hinein verfolgen.

Oft werden Kinder mit Nachtängsten und Angstträumen von ihren Eltern zu Gehorsam, Folgsamkeit und Unterwürfigkeit erzogen. Da hierdurch die Kinder in ihren natürlichen Wünschen erheblich eingeschränkt werden, entstehen feindselige Regungen gegen die Eltern. Die Kinder wagen nicht, offen zu protestieren, da sie Angst vor Liebesverlust haben. Diesen Konflikt zwischen Auflehnung gegen die geforderte Unterwerfung, der mit aggressiven Gefühlen verbunden ist, und der riesengroßen Angst vor dem Verlust der elterlichen Liebe und Zuwendung versuchen die Kinder im Schlaf zu lösen. Das tun sie nicht willentlich und bewußt, sondern unbewußt.

Welche Bedeutung haben Angstträume? Grundsätzlich ist der Traum als eine Wunscherfüllung anzusehen. Das Motiv, das zur Bildung eines Traumes führt, ist ein unerfüllter Wunsch, ein Impuls, ein Bedürfnis oder auch eine Befürchtung, und der Traum selber bringt die Erfüllung dieses Wunsches oder auch der Furcht. Dabei handelt es sich um weitgehend unbewußte Prozesse.

Träume sind positiv zu sehen. Etwas Verdrängtes und Unterdrücktes wird im Traum erlebt und ausgelebt, um wenigstens so erfüllt zu werden. So wird der Druck dieser unbewußten Impulse verringert.

Das Aufwachen bei einer Wunschtraum-Erfüllung passiert dann, wenn der unterdrückte Wunsch an den Punkt kommt, wo er dem träumenden Kind (und auch dem Erwachsenen) bewußt wird. Um das «Klarwerden» zu verhindern, wacht der Träumer auf.

In Kinderträumen wird der Trauminhalt kaum entstellt, wie bei den Erwachsenen, wo oft ein Fachmann oder eine Fachfrau her muß, um den Traum zu analysieren. Kinder träumen fast immer unverhüllt ihre Wunscherfüllung. Es ist zu vermuten, daß mit Angst erlebte unterdrückte Gefühle beim Kind viel leichter in den Traum und damit in den Bereich des Bewußtseins (Aufwachen) eindringen als bei Erwachsenen. Deshalb schrecken Kinder auch häufiger aus ihren Träumen hoch, Erwachsene haben schon «gelernt», ihre Träume so zu gestalten, daß der eigentliche Wunsch verzerrt bleibt, oder das Bewußtsein dringt weit in den Schlaf ein und sagt dem Träumer: «Ist doch alles nur ein Traum!»

Wenn du Angst hast, mache deine Selbst-Entspannungsübungen und sage dir nach jeder Übung die Sätze:
«Ich habe Angst, jeder Mensch hat Angst.
Ich bin frei und sicher, bin mutig und stark.
Ich habe Angst, aber die Angst hat nicht mich!»

296 **Geltungsbedürfnis** Spielst du dich gern auf, da du meinst, anders keine Anerkennung zu finden? Du bist der «Clown», der «Witzbold», die «Schönste», der «Mutigste» oder ein «Angeber»?!

Jeder Mensch hat ein gewisses Geltungsbedürfnis, er möchte von anderen Menschen geachtet und anerkannt werden. Der Wunsch nach Anerkennung ist Grundlage jeder Leistung, also nichts Negatives.

Bist du übertrieben geltungsbedürftig?

Finden deine Klassenkameraden/innen dein Verhalten aufdringlich und unangemessen? Bist du schadenfroh? Kannst du nicht verlieren? Leidest du darunter, daß du so bist, so übertrieben geltungsbedürftig?

Dann mache deine Selbst-Entspannungsübungen und sage dir nach jeder Übung:
«Ich bin ein wichtiger und wertvoller Mensch.
Alle Menschen sind wichtig und wertvoll.
Ich muß nicht immer der Mittelpunkt sein.»

297 **Bettnässen – Tagnässen – Einkoten** Machst du manchmal ins Bett? Oder passiert dir das Mißgeschick am Tage? Oder machst du dir tagsüber oder auch nachts die Hose voll – kotest du ein?

Es wäre gut, wenn du mit deinen Eltern die folgenden Informationen liest und dann die Sätze:
«Ich mache ins Bett (in die Hose).
Ich kann nichts dafür.
Ich bin ganz ruhig und entspannt, meine Blase und mein Darm sind ganz ruhig und entspannt.»
in dein Selbst-Entspannungs-Training nach jeder Übung einbaust.

Die Blase ist ein Muskel, der «automatisch» arbeitet. Ebensowenig wie wir unserer Lunge und unserem Herzen ständig sagen müssen, daß sie Luft zu holen und zu schlagen haben, müssen bzw. können wir den Blasenmuskel «kommandieren». Nur der Blasenschließmuskel reagiert auf unseren «Befehl»: Öffne dich!

Wenn wir aufgeregt sind, atmen wir schneller (oder vergessen zu atmen, halten die Luft an), unser Herz schlägt schneller, auch der Darm arbeitet schneller, und der Blasenmuskel spannt sich an, dadurch wird die Blase kleiner, und wir haben das Gefühl: «Ich muß mal.»

Normalerweise ist der Mensch im Schlaf entspannt und damit auch die Blasen- und Darmmuskulatur. Die Blase ist groß und kann viel Flüssigkeit aufnehmen. Du leidest als Bettnässer an einer großen inneren Spannung, und dadurch spannt sich der Blasenmuskel an, die Blase wird kleiner, und du hast kein Gefühl dafür, wann die Blase voll ist und entleert werden muß. So passiert dir nachts (oder auch tagsüber) immer wieder dieses «Mißgeschick».

Durch die Entspannungsübungen kannst du das Bettnässen «behandeln», aber genauso wichtig ist, daß Ihr Kind, liebe Eltern, die eigentliche Ursache «los wird»: die starke, nervöse, innere Anspannung.

Bettnässen und Einkoten sind seelische Hilferufe: «Ich brauche eure Liebe und Zuwendung ganz dringend! Liebt mich so, wie ich bin. Nehmt mich an!»

Ihr Kind findet nicht die Ruhe und Geborgenheit, die es braucht, um psychisch gesund aufzuwachsen. Wehren Sie sich nicht gegen diese Sichtweise: Nehmen Sie sie an!

Und bitte schicken Sie nicht Ihr Kind zum Psychologen, sondern gehen Sie zu einem guten Familien-Therapeuten, der Sie und Ihr Kind gemeinsam behandelt.

298 **Egoismus – Genußsucht (Lustprinzip)** Bist du der Mittelpunkt der Welt. Hat alles und jeder für dich und die Erfüllung deiner Bedürfnisse dazusein? Möchtest du das Leben in vollen Zügen genießen? Lebst du voll nach dem Lustprinzip? Alles hat dir Lust zu verschaffen; nur bitte keinen Streß und keine Anforderungen! Bist du sehr erpicht darauf, aus allem und jedem deinen persönlichen Vorteil zu ziehen?

Der Wille zur Befriedigung der eigenen Bedürfnisse ist so berechtigt und natürlich wie der Wunsch, anerkannt und gemocht zu werden. Erst wenn bei einem Kind zu beobachten ist, daß es nur noch seine Ansprüche sieht und diese rücksichtslos durchsetzt, ist es angemessen, von Egoismus zu reden.

Falls du dich nach gründlicher Überlegung und Beantwortung der gestellten Fragen zu einem Egoisten erklärst und daran etwas ändern möchtest, mache deine Selbst-Entspannungsübungen und sage dir nach jeder Übung folgende Sätze:

«Ich bin wichtig. Alle Menschen sind wichtig.
Ich bin nicht wichtiger als andere!»

299 **Faulheit – fehlende Anstrengungsbereitschaft** Ist Ihr Kind Ihrer Meinung nach faul? Ist Ihr Kind oft müde und abgespannt? Legt es sich tagsüber ab und zu hin, um sich auszuruhen?

Dann deutet einiges auf eine Krankheit hin. Gehen Sie mit Ihrem Kind zum Arzt.

Ist Ihr Kind allgemein (nicht nur in einzelnen Bereichen) träge und lustlos? Hat es nichts, wofür es Interesse aufbringen kann?

Überprüfen Sie Ihre Leistungsanforderungen, die Sie an Ihr Kind stellen.

Jedes körperlich und psychisch gesunde Kind entwickelt einen natürlichen Tatendrang. Es hat Interesse an seiner Umwelt, die nicht unbedingt den Vorstellungen der Eltern entsprechen muß. Wenn Sie Ihr Kind nicht loben und seine Versuche nicht anerkennen, Interesse und Aktivitäten zu entwickeln, dann kann es passieren, daß Ihr Kind die Lust an allem verliert und alles als nutzlose Anstrengung empfindet.

Das Kind lernt noch im großen Maße für die Eltern und andere ihm wichtige Bezugspersonen. Wenn ein Kind sich aber nun von diesen wichtigen Menschen nicht anerkannt und gelobt sieht, kann es in Apathie, «Faulheit», verfallen.

Ganz wesentlich ist Ihr Zutrauen in die Fähigkeiten Ihres Kindes. Sicher haben Sie schon von der «selbsterfüllenden Prophezeiung» gehört: Wenn Sie Ihrem Kind signalisieren, daß Sie nicht an es glauben, verliert Ihr Kind seine Fähigkeit, an sich selbst zu glauben.

Ständige Kontrollen, Über- oder Unterforderungen sind zu vermeiden, sie können Apathie, Faulheit, erzeugen.

Sagen Sie Ihrem Kind nie: «Du bist faul!», sondern überprüfen Sie Ihre Verhaltensweisen dahingehend, ob Sie die Leistungen Ihres Kindes anerkennen, dem Kind in ausreichendem Maße überlassen, was es tun und lassen möchte, Zutrauen an die Kreativität und Leistungsfähigkeit Ihres Kindes haben, die Eigeninitiative Ihres Kindes nicht unterdrücken, weil Sie seine Aktivität für «sinnlos» halten.

Sie haben Sinn für Ihr Kind. Überprüfen Sie Ihren Ehrgeiz, den Sie mit Ihrem Kind haben.

Machen Sie mit Ihrem Kind das Selbst-Entspannungs-Programm, und fügen Sie beide nach jeder Übung die Sätze ein:
«Ich weiß, was ich kann und will.
Meine Eltern/mein Kind weiß, was es kann und will.»

300 Gehemmtheit (Schüchternheit, Verlegenheit) Gehemmtheit kann sich auch durch Faulheit äußern oder durch Aggressivität, Ungehorsam, Sprechstörungen, Tagträumen usw.

Schaut Ihr Kind verlegen zur Seite, wenn es den Besuch begrüßen soll? Errötet es leicht? Bringt es bei direkter Ansprache kaum ein Wort heraus? Spricht Ihr Kind sehr leise und zögernd und vermeidet dabei den Blickkontakt? Beteiligt Ihr Kind sich kaum oder gar nicht am Unterricht? Hat Ihr Kind Schwierigkeiten beim ungezwungenen Spiel mit anderen Kindern?

Wenn ja, scheint Ihr Kind in zu starkem Maße gehemmt zu sein.

Wie bei jedem verhaltensgestörten Kind hilft «gutes Zureden», «Du brauchst doch keine Angst zu haben», «Nun lauf und spiel mit den anderen Kindern», gar nichts, im Gegenteil: Vorwürfe, Vorhaltungen, Ermahnungen, Aufmunterungen machen die Sache nur noch schlimmer.

Jedes Reden über die Gehemmtheit hemmt das Kind noch mehr. Machen Sie am Anfang mit Ihrem Kind das Selbst-Entspannungs-Training und fügen Sie nach jeder Übung die Sätze ein:

«Ich fühle mich frei und sicher.»

301 Lügen «Wer einmal lügt, dem glaubt man nicht, und wenn er auch die Wahrheit spricht.» Diese und ähnliche Sprüche bekommen Kinder zu hören, wenn sie beim Lügen ertappt wurden. Lügen gilt als ein derber Charakterfehler. Was soll aus einem Menschen werden, der schon als Kind so verdorben ist und lügt?!

Was sind die möglichen Ursachen dafür, daß Ihr Kind lügt? «Unrichtige» Äußerungen von kleineren Kindern werden meistens damit erklärt und entschuldigt, daß die Kleinen noch nicht zwischen Phantasie und Realität unterscheiden können.

Kleinere Kinder haben noch kein ausgebildetes Zeit-, Zahl- und Raumvorstellungsvermögen. Oft mischen sie in ihren Schilderungen Wünsche, Vorstellungen, Bilder, (Tag-)Träume mit realen Begebenheiten und objektiven (Sinnes-)Wahrnehmungen.

Noch im Schulalter geben Kinder ichbezogene Dinge von sich, die deshalb nicht ganz der «Wirklichkeit» entsprechen.

Das Kind muß erst lernen, Vorstellungen und objektive Realität zu unterscheiden.

«Unrichtige» Äußerungen, gemessen an der Realität der Erwachsenen, älterer Kinder sind manchmal Ausdruck einer allgemeinen Entwicklungsverzögerung. Das Kind ist in beiden Bereichen nicht altersgemäß entwickelt und tut sich schwer mit der Unterscheidung von wahr und wirklich und unwahr und unwirklich.

Zuweilen hat das «Lügen» etwas mit Geltungssucht zu tun: Aufschneiden macht Spaß und verschafft vermeintlich Anerkennung.

Wenn Sie einem Menschen vertrauen, sind Sie «offen», mißtraut Ihr Kind einem Menschen, so «lügt» es vielleicht, da es verunsichert ist. Lügen können eine tiefe Vertrauenslosigkeit der Umwelt gegenüber ausdrücken. Vielleicht lügt Ihr Kind aus Angst vor Strafe.

Vielleicht lügt es, weil die Kontrolle zu stark und die Anforderungen zu unangemessen sind.

Vielleicht lügt Ihr Kind, weil Sie es ständig mit Fragen «löchern»: «Wo warst du? Was hast du gemacht?» Ihr Kind entzieht sich durch eine Lüge. Eigentlich verständlich – oder?

Machen Sie mit Ihrem Kind das Selbst-Entspannungs-Programm und fügen Sie in die einzelnen Übungen ein:
«Ich vertraue mir. Ich vertraue dir.»

302 Schlafstörungen Die Voraussetzung für einen ruhigen, festen, tiefen Schlaf ist die innere Ausgeglichenheit und Entspanntheit Ihres Kindes. Ängste, Beunruhigungen und innere Erregungszustände hindern das Kind am Ein- und Durchschlafen.

Es kann sich um aktuelle Dinge des vorangegangenen Alltagsgeschehens handeln, die Ihr Kind nachts aufschrecken und wach werden lassen, es kann sich auch um einen seelischen Dauerkonflikt , um ein neurotisches Trauma handeln.

Nur ein Kind, das sich sicher, geliebt, geborgen fühlt, kann sich so entspannen, daß es in den Schlafzustand hinübergleitet.

Wenn Ihr Kind Schlafstörungen hat, machen Sie mit ihm/ihr das Selbst-Entspannungs-Programm und fügen nach jeder Sequenz die Sätze ein:
«Ich bin ganz ruhig und entspannt.
Meine Augen werden schwer, angenehm schwer.
Ich bin ganz ruhig und entspannt.»

303 Stehlen Der Diebstahl gehört neben dem Lügen zu den nach Meinung vieler Eltern besonders verachtenswürdigen und beunruhigenden Verhaltensauffälligkeiten.

Ein stehlendes Kind wird für besonders gefährdet in seiner Persönlichkeitsentwicklung gehalten.

«Wegnehmen» – «Stehlen»: Überlegen Sie, wie unterschiedlich schwerwiegend diese beiden Wörter sind.

Ein erstes Wissen über «mein» und «dein» entsteht schon im Kleinkindalter. Allgemeine Verhaltensrichtlinie ist: Das Eigentum des anderen hat mir «heilig» zu sein. Es darf nur nach Aufforderung berührt, darf nicht zerstört oder entwendet werden.

Kinder, die stehlen, haben diese grundlegende Verhaltensrichtlinie nur unzureichend verinnerlicht – oder müssen die Erwachsenen ihren rigiden Eigentumsbegriff überdenken?

Beim Stehlen kann es sich um einen noch nicht ins kindliche Gewissen übernommenen Eigentumsbegriff handeln, einen Mangel an elementaren (z. B. beim Stehlen von Lebensmitteln) oder konsumorientierten (z. B. beim Stehlen von Spielzeug oder Süßigkeiten) Gütern (Dingen) handeln, eine Verführung zum Diebstahl (Gruppendruck), um eine oppositionelle, aggressive Grundeinstellung bei starker Eifersucht, um Liebesersatz.

Wenn Ihr Kind stiehlt, machen Sie das Selbst-Entspannungsprogramm und fügen Sie die Sätze ein:
«Ich habe alles, was ich wirklich brauche.»

304 **Unruhe – Nervosität – Konzentrationsstörungen** Motorische Unruhe ist eine der häufigsten Verhaltensauffälligkeiten, allerdings darf mit einer solchen übertriebenen Unruhe und Nervosität auf keinen Fall der ganz natürliche Bewegungsdrang von Kindern verwechselt werden.

Wenn ein sechsjähriges Kind in der Schule nicht eine Stunde ruhig stillsitzen kann, ist das noch nicht unbedingt auffällig. Von unruhigen, nervösen, unkonzentrierten Kindern im Sinne einer Auffälligkeit sollte erst dann gesprochen werden, wenn das Kind sich ständig in hektischen Bewegungen befindet, zappelt, von einer Sache zur anderen springt, sich auf nichts ruhig und konzentriert einlassen kann, alles anfassen und in Bewegung versetzen muß.

Im Grunde lassen sich fast alle Formen von Nervosität auf eine Überforderung des Kindes als Ursache zurückführen. Wenn die Erzieher ebenfalls nervös sind, wie sollte das Kind sich in Ruhe entwickeln?

Reizüberflutung ist auch eine mögliche Ursache ebenso wie ständiges Eingreifen und Unterbrechen des kindlichen Spieles.

Wenn Ihr Kind unruhig, nervös und unkonzentriert ist, ist das Selbst-Entspannungs-Training von besonderer Wichtigkeit.

Bauen Sie es in den natürlichen Tagesablauf Ihres Kindes mit ein, am besten abends vor dem Einschlafen.

305 **Wut – Aggression – Zerstörungswut** Wütend, gereizt, aggressiv zu werden ist eine Sache, die jeder Mensch, ob Kind, Jugendlicher, Erwachsener jeder Altersstufe, kennt und die ganz «normal» ist.

Ein Kind kann seine Antriebe noch nicht so gut steuern wie ein Erwachsener.

Es wäre fatal, einem aggressiven Kind Böswilligkeit und einen schlechten Charakter zu unterstellen.

Ethnologisch-anthropologische Studien haben gezeigt, daß das Maß der Aggressivität in verschiedenen Kulturen sehr unterschiedlich ausgeprägt ist und ganz wesentlich mit den Erziehungsmethoden zusammenhängt.

Ein Mangel an liebevoller Zuwendung gegenüber dem Säugling und eine sehr auf Gehorsam und Ordnung (und dadurch Einschränkungen) bedachte Erziehung der älteren Kinder begünstigt Aggressivität. Kinder, die sich ausleben dürfen, regulieren ihre Wut, ihren Zorn auf Dauer sehr gut selbst. Denken Sie an die auf kleinstem Raum im Zoo eingesperrten Tiere: Sie legen auch «Tics» und Aggressionen an den Tag, eventuell auch als Selbstzerstörung.

Neigt Ihr Kind zu unkontrollierten Gewaltausbrüchen, überprüfen Sie bitte, ob Ihr Kind genug Freiheit hat.

Machen Sie das Selbst-Entspannungs-Training und fügen Sie nach jeder Übung die Sätze ein:
«Ich spüre manchmal Wut, diese Wut ist nicht Schlechtes. Sie kommt und geht.»

Kapitel 6

Psychomotorik in der Schule

Schulunterricht muß nicht immer im Sitzen stattfinden und die Bewegung dem Sportunterricht überlassen bleiben.

Vor allen Dingen im Grundschulalter verlangt die Motorik des Kindes danach, sich ausleben zu dürfen, und drei- bis achtstündiges Sitzen widerspricht total dem kindlichen Organismus.

Die herkömmliche Lernsituation berücksichtigt gar nicht oder kaum die Ganzheit des Kindes: Es besteht aus Körper und Seele – aus Denken (Verstand) und Fühlen (Emotion). Und diese beiden Bereiche lassen sich wechselseitig beeinflussen.

Ein Kind lernt besser, wenn sein Körper und auch seine Sinnlichkeit mit einbezogen werden, und es ist dadurch seelisch ausgeglichener.

Psychomotorik in der Schule sollte nicht dem Sportunterricht vorbehalten sein, sondern in alle Unterrichtsfächer einfließen.

Kluge Lehrer/innen wußten das intuitiv schon immer – ebenso wie die Mutter, die ihr Kind wiegt und dabei liebevoll mit ihm spricht.

Ich möchte hier exemplarisch einige psychomotorisch orientierte Unterrichtseinheiten für die Grundschule vorstellen.

Die Schwerpunkte liegen darauf, daß Wahrnehmung und Handlung durch Sprache begleitet werden, daß Sprache durch Bewegung begleitet wird, daß Kopf und Bauch, Verstand und Gefühl integriert werden und krankmachender Einseitigkeit entgegengewirkt wird.

306 **Die Körperreise** Nachdem die Kinder die Organe, wichtige Muskeln und Gelenke, die Arbeitsweise des Blutkreislaufes kennengelernt haben, spielen sie das Spiel Körperreise. Die Reise durch das Innere des Körpers.

Wie kommen wir in den Körper des Menschen? «Einstiegsmöglichkeiten» werden besprochen: durch die Nase, den Mund, die Blutbahn, das Ohr?

Wir entscheiden uns für den Mund und bauen ihn aus Materialien auf, z. B. aus zwei Seilen, die zu einem Mund geformt werden.

Die Kinder balancieren auf dem Seil und fallen in die tiefe, tiefe Mundhöhle.

Wir rutschen durch die Speiseröhre in den Magen. (Welche Möglichkeiten gäbe es sonst noch?)

Wir haben die Speiseröhre ebenfalls gebaut und rutschen auf der schräggestellten Bank oder auf dem Rollbrett immer tiefer, bis wir, «Plumps», im Magen landen.

Wir beobachten, was sich im Magen tut.

Wir müssen uns an die Magenwände klammern, die Kletterwand hinaufsteigen, damit wir nicht mitverdaut werden.

Wir rutschen in den Darm. Wir landen im Darm, der aus vielen, vielen Windungen besteht.

Wir bauen den Darm z. B. aus Stühlen, Seilen, Matten, Decken.

Wir kommen zum Po-Loch wieder heraus.

Wir haben aus einem Reifen ein rundes Loch gebaut und drücken uns heraus.

Wir warten, wie ein Kind nach dem anderen aus dem Popo purzelt, und singen dann gemeinsam ein selbstgedichtetes Körperlied.

307 Die Gespenster Zwei Gruppen bilden: die Gespenster und die Schloßkinder.

Die Kinder verkleiden und schminken sich, die Gespenster tragen Bettlaken.

Beide Gruppen denken sich einen Erkennungsvers aus. Etwa:

«Wir sind die weißen Schreckgespenster,
machen «Hu» und «Wu» und «Buh»!
Wir jagen große Schrecken ein
und bilden uns darauf was ein.»

Die Schloßkinder:

«Wir sind die Bande Unerschrocken
und fürchten weder Tod noch Stinkesocken.»

Beide Gruppen reden in ihren Verliesen über die andere Gruppe: Was sind Gespenster, fragen sich die Schloßkinder. Was sind Kinder, fragen sich die Gespenster.

Sie wollen sich unbedingt kennenlernen, um mehr voneinander zu erfahren. Ein Plan wird ausgeheckt.

Nachts, Punkt 12 Uhr zur Geisterstunde, wollen die Kinder sich den Gespenstern nähern, indem sie sich als Gespenster ausgeben (sich eine Plastikfolie mit Löchern überhängen) und anschleichen.

Dabei sind viele Hindernisse zu überwinden. Und die Gespenster denken sich noch Mutproben aus.

Woran kann man ein richtiges von einem verkleideten Gespenst unterscheiden? Falsche Gespenster sind im Spiegel durchsichtig.

Es wird ein Fest veranstaltet und ein Tänzchen gewagt.

Die Kinder treten paarweise vor den Spiegel und siehe da: Das falsche Gespenst ist durchsichtig, das Kind schimmert durch.

Aber das macht nichts, zum Schluß wird ein gemeinsames Lied gedichtet, gesungen und getanzt.

308 Die Kosmos-Reise Wir wollen eine Reise durch das Weltall antreten. Wir schauen uns den Sternenhimmel oder Karten davon an und besuchen ein Planetarium.

Wir phantasieren, ob es Lebewesen auf anderen Planeten gibt und wie diese aussehen könnten. Wir lesen vielleicht auch noch «Der kleine Prinz» von Saint-Exupéry.

Wir schminken und verkleiden uns so, wie wir uns die kleinen grünen Männchen vom Pluto, die Sirenen von der Venus oder den König vom Mars vorstellen.

Wir bauen die Planeten, setzen die grünen Männchen, die Sirenen, den König und seine Untertanen auf die jeweiligen Planeten (diese dichten ein Lied, das sie zur Begrüßung singen), und die restlichen Kinder bauen sich ein Raumschiff.

Der Countdown wird gezählt, und wir heben ab in die unendlichendlichen Weiten des Universums.

Wir haben ein gemeinsames Lied auf den Lippen:

«Das Universum ist so weit,
weiter als Sassenscheid.
Es hat so viel Raum und ist ohne Zeit,
weil wir uns bewegen mit Lichtgeschwindigkeit.»

Wir kommen zu den Planeten, stellen uns gegenseitig vor, staunen über diese andere Welt, berichten von unserem blauen Planeten.

«Unser Planet heißt Erde und ist blau.
So blau wie deine Augen, wenn ich in sie schau.
Unser Planet ist rund und bunt,
so rund wie ein Ball
und so bunt wie ein Hund.»

Ein kunterbunter Hund namens «Promenade» begleitet uns auf unserer Reise. Gottlob, denn merkwürdigerweise kann dieser Hund die Venus-, Pluto- und Marssprachen verstehen und ist unser Übersetzer.

Zum Schluß unserer Reise feiern wir eine interplanetarisch-galaktische Reise-Fete.

309 Die Spinnen Wie bewegen sich Spinnen? Wir ahmen ihre Bewegungen nach.

Was machen Spinnen? Sie bauen Spinnennetze. Warum? Damit sich die Fliegen darin verfangen!

Wir bilden zwei Gruppen: Spinnen und Fliegen.

Alle Spinnen zeichnen ein Spinnennetz auf eine Tapetenbahn.

«Spinne, Spinne ist ganz fleißig, wartet auf
ein Fliegenbein, wartet, wartet stundenlang,
bis der Mond am Himmel stand.»

Wir spinnen ein Netz aus Fäden oder Springseilen.

Jeweils zwei Kinder gehen mit einem straff gehaltenen Seil, treffen auf zwei andere Kinder, bilden Knoten, so lange, bis alle Seile versponnen sind.

Wir legen unser Spinnennetzkunstwerk auf den Boden und betrachten es.

Die Fliegen nahen. Sie kommen angesurrt.

Die Fliegenkinder ahmen pantomimisch den Flug, das Laufen von Fliegen nach.

«Surr, surr, surr. Fliege, surr nur zu.
Über Stock und über Steine.
Fliege, brich dir nicht die Beine.
Surr, surr, surr,
Fliege, surr nur zu.»

Gefangen! Schließlich verheddern sich die Fliegen in dem Spinnennetz. Sie strampeln ganz fürchterlich und zappeln ganz mächtig. Es hilft nichts: Sie sind Beute der Spinnen. Aber die Spinnen haben Erbarmen und befreien vorsichtig die Fliegen aus dem klebrigen Spinnennetz.

Wiederholung des Spiels mit vertauschten Rollen.

310 Das Globus-Spiel Wir schauen uns einen Globus an. Wir entschließen uns zu einer Weltreise.

«Rund ist die Welt.
Bunt ist die Welt.
Wir wollen alles sehen,
über viele Grenzen gehen.
Wir sind die großen Globetrotter
und erobern Kontinente leicht und locker.»

Wir überlegen uns Bewegungen zu unserem Reise-Lied. Ein Kind tippt mit geschlossenen Augen auf den sich drehenden Globus.

Unser erstes Reiseziel steht fest!

Was wissen wir über das «getippte» Land? Ist es im Norden oder Süden? Ist es heiß oder kalt? Sind die Menschen dort gelb, braun, rot oder schweinchenrosa (weiß)?

Wir schminken und verkleiden uns dementsprechend.

«Reisen wir rundherum um diese Erde,
es gibt vieles, was wir kennenlernen.
Es ist schön, so viel zu sehen.
Ob im Norden, Süden, Osten oder Westen,
immer ist es dann am allerbesten,
wenn wir viel erleben und verstehen.»

311 Autofahrt in die Ferien Die Kinder besorgen sich «Autos», z. B. Rollbretter. Wir sitzen in den Autos und überlegen, wohin die Reise gehen soll.

Nach Italien, beschließen die Kinder.

Aber da gibt es viele, viele Hindernisse zu überwinden: Geisterfahrer auf der Autobahn, Berge, Unfälle, Müdigkeit, Verkehrskontrollen, Übermut, Unwetter, Hitze, Tunnel.

Wir überlegen gemeinsam den Ablauf unserer Italien-Fahrt: Wir bauen Berge aus kleinen Rampen und Tunnel aus Röhren, Matten, Tüchern und dichten ein Reise-Lied.

«Bella Italia, wir kommen schon!
Wir können es gar nicht abwarten,
den ganzen Tag in der Sonne zu braten!»

Wir überlegen uns Bewegungen dazu.

Endlich angekommen, müssen wir uns nach der anstrengenden Fahrt unbedingt bei Gänse-Sekt (Sprudelwasser) erholen.

Ein großes Fest mit viel Bewegung und Gesang wird veranstaltet.

312 Indianer Wir sind Indianer und treffen uns zur Lagebesprechung, da wir unter «Pferdemangel» leiden.

Wir schminken und verkleiden uns.

Unsere erste Arbeit ist, einen Vers zu dichten, etwa so:

«Ho, hu, ha – wir sind alle da.
Ho, hu, ho – wir sitzen auf dem Po.
Ho, hu, ho – wir hören alle zu.»

Wir beschließen (vielleicht), daß wir uns auf den Weg in ein neues Lager machen.

Auf dem Weg ins neue Lager begeben sich die Indianer auf den gefahrvollen und beschwerlichen Weg durch das Dickicht mit Löwen, Schlangen, fleischfressenden Pflanzen.

Plötzlich taucht im Dickicht ein Fluß vor uns auf. Wie können wir ihn überqueren?

Wir probieren alle möglichen Ideen aus: einfach durchreiten, Floß bauen, schwimmen etc.

Nachdem die Indianer das Überqueren geschafft haben, müssen jetzt die neuen Pferde gefangen werden. Mit dem Lasso die zu Pferden erklärten Kinder der Gruppe einfangen.

«Ho, hu, ha – wir sind mit dem Lasso da.»

Die Pferde sind nicht an den Sattel gewöhnt.

Das wird ein langer Weg, bis die wilden Pferde gezähmt sind. Aber wir haben Geduld. Wir sind sehr vorsichtig und geduldig mit den Wildpferden, die sich wie wild aufbäumen. Aber gegen Abend ist es geschafft.

Wir feiern ein großes Freudenfest am Lagerfeuer. Wir dichten einen kleinen Vers.

Kapitel 7

Wenn Kinder sich anders bewegen

Über die psychomotorische Entwicklung eines gesunden Kindes haben Sie viele Informationen bekommen.

Was ist aber mit den Kindern, die aus «dem Rahmen fallen», deren psychomotorische Entwicklung «anders» verläuft? Ich möchte Ihnen nun Robin und Thea vorstellen.

Sie alle haben Schwierigkeiten mit ihren Körper-Bewegungen, jedes Kind hat eine andere «Auffälligkeit», und alle sind dadurch nicht nur in ihrer Motorik eingeschränkt, sondern auch, unterschiedlich ausgeprägt, in den anderen Bereichen, die zur Psychomotorik gehören.

Thea ist bewegungsbehindert

Thea kam zu früh zur Welt.

Carola, ihre Mutter, bekam in der 33. Schwangerschaftswoche plötzlich wehenartige Schmerzen, und die Ärzte rieten zu einem Kaiserschnitt, da die Untersuchungen ergaben, daß wohl «irgend etwas mit dem Baby nicht in Ordnung sei».

Carola machte sich zwar viele Gedanken, was passiert sein könnte, vertraute sich aber doch den behandelnden Ärzten an und gab ihre Einwilligung zu dem Eingriff. «Thea oder Sören werden bestimmt gut durchkommen.»

Schließlich lag sie in einem Unikrankenhaus, und Frühgeburten werden hier bestens versorgt. Thea kam zur Welt, offensichtlich ganz gesund, soweit das auf Anhieb festzustellen ist.

Doch Thea zieht sich im Kreißsaal eine Infektion zu, die zu einer Gehirnhautentzündung führt. Sie überlebt, aber ihr Leben wird nicht einfach sein. Die Diagnose der Ärzte lautet: spastische Lähmung.

Carola ist entsetzt, verzweifelt, voller Wut und voller banger Zukunftserwartungen für sich und ihre Tochter.

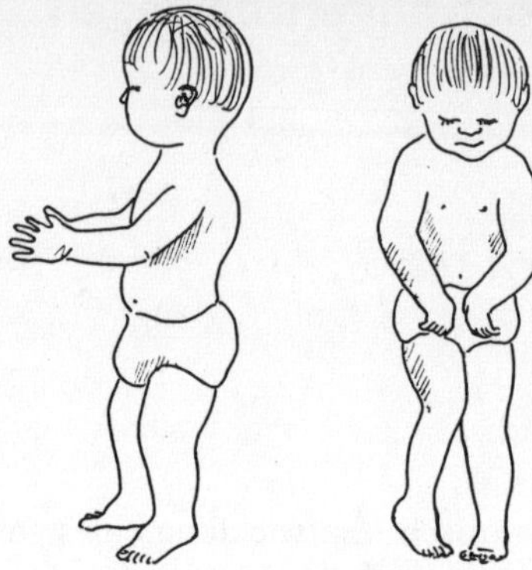

Sie wendet sich bald nach der Entlassung aus dem Krankenhaus an Monika, eine ehemalige Klassenkameradin und jetzige Krankengymnastin.

«Du mußt mir Thea schon bald bringen. Frühförderung ist das A und O bei diesen Zerebralparesen.»

«Was ist das, eine Zerebralparese?» fragt Carola vorsichtig und wütend zugleich.

«Na, all diese Lähmungen wie Spastik und Ataxie. Die meisten Menschen kennen nur die Spastik. Du ‹Spasti› oder ‹Spastiker› ist doch schon fast zu einem Schimpfwort für dumme Me...», sie hält inne.

Carola hat leise angefangen zu weinen, und Monika begreift, daß sie wohl nicht besonders einfühlsam war.

«Entschuldige Carola, ich bin so gestreßt. Ich komme am Freitagnachmittag zum Kaffee zu dir, und dann besprechen wir alles in Ruhe, ja?» und sie legt leicht den Arm um Carolas Schulter.

Am nächsten Freitag sitzen Carola und Monika bei Kaffee und Kuchen beisammen und unterhalten sich über alte Zeiten.

Thea liegt in ihrem Körbchen und schläft.

«Weißt du, Monika, ich bin ganz bewußt alleinstehende und damit auch alleinerziehende Mutter geworden. Theas Vater war nur ein Abenteuer für mich – aber ich wollte keine Abtreibung, ich wollte dieses Kind. Aber jetzt habe ich ein behindertes, ein spastisch gelähmtes Kind. Ich weiß einfach nicht, wie ich das alles bewältigen soll!

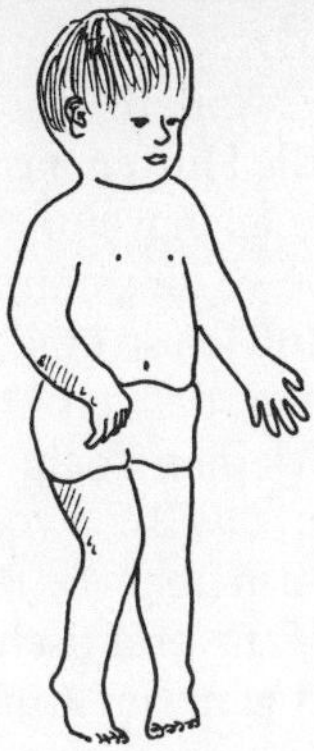

Job und Kind sind ja schon eine große Belastung und jetzt noch die Therapien. Und ich weiß gar nicht, ob ich wie geplant eine Tagesmutter für Thea finde. Sie wird ja viel mehr Arbeit machen als andere Kinder!»

«Das ist leider wahr, Carola. Ich an deiner Stelle würde mir eine andere Mutter mit einem behinderten Kind suchen und eine Wohngemeinschaft gründen. Da könnt ihr euch dann besser abwechseln und entlasten...»

«Ich bin heute sehr gefaßt und stark, glaube ich jedenfalls. Erzähle mir doch ganz offen, wie Theas Entwicklung aussehen wird!» bittet Carola Monika.

«Ja, auf jeden Fall wird Thea sich nicht so bewegen können wie andere Kinder.

Hier habe ich dir ein Buch mitgebracht. Die Abbildung A zeigt die normale Haltung eines stehenden Kindes von einem Jahr. Hier rechts, B und C, siehst du das Stehen eines spastischen Kleinkindes.

Das Gewicht kann bei einer so engbeinigen Haltung, das Kind steht ganz auf der Innenseite der Füße, offensichtlich nicht seitwärts oder nach vorn verlagert werden.

Wenn du das Kind unter den Armen hältst und es in einer Form des «Gehens» bewegst, kann es lediglich von einem Bein auf das andere vorwärts fallen. Das Gewicht verlagert sich mehr und mehr auf die Zehen, die Beine versteifen sich und kreuzen sich schließlich. Möglicherweise wirst du dich durch dieses «Gehen» ermutigt fühlen und denken, dann fängt Thea wenigstens auf diese Art und Weise an zu laufen. Leider ist das nicht so.

Das «falsche Bewegungsmuster», wie wir Krankengymnastinnen sagen, das diesem sogenannten Laufen zugrunde liegt, vergrößert lediglich die Schwierigkeiten des Kindes in seinem Bemühen, normal zu stehen und später zu laufen. Andere spastische Kinder stehen so steif auf beiden Beinen, daß sie die Hüften nicht beugen können, um einen Schritt vorwärts zu machen, auch wenn man sie nach vorn lehnt. Wir müssen sehen, wie Theas Bewegungsmuster sind.»

«Und was soll ich tun? Muß ich so eine Therapeutin werden? Kann ich auch so viel falsch machen, daß ich Thea schade?» Carola ist sehr besorgt um das Wohl ihrer kleinen Tochter.

«Ich würde dir empfehlen, das Buch von Monika Aly ‹Kopfkorrektur› zu lesen. Da steht viel drin über die Rolle der Eltern bei der Therapie. Ich werde dich dann ganz praktisch anleiten.»

«Was sollte ich denn jetzt ganz am Anfang schon beachten?» fragt Carola.

«Ja, was könntest du beachten», Monika denkt einen Augenblick nach. «Ja, ich hab's. Du solltest falsche Bewegungen unterbinden. Diese falschen Bewegungen schränken Theas Fähigkeit ein, komplizierte Bewegungen zu einem späteren Zeitpunkt zu erlernen, und führen im schlimmsten Fall zu Brüchen oder Mißbildungen.

Wenn Thea sich bewegt, ist das gut, aber bestimmte Bewegungen solltest du abbremsen, z. B. das ‹Häschen-Hüpfen›. Du mußt sorgfältig beobachten, wie sich Thea bewegt, am besten machst du dir Notizen und berichtest mir davon.»

«Muß ich die Krankengymnastik eigentlich selbst bezahlen?» fragt Carola Monika ängstlich.

«Nein, nein, du gehst zum Arzt und läßt dir Krankengymnastik für Thea verschreiben. Und wenn sie dann etwas älter ist, braucht sie auch Sprachtherapie, denn Sprechen hat ja schließlich viel mit Bewegung zu tun.»

Carola bedankt sich bei Monika.

Nachdem diese gegangen ist, tritt sie an Theas Bett und streichelt liebevoll über den Kopf ihres Kindes.

«Eine richtige Herausforderung für mich und mein Leben – aber ich werde es schaffen!»

Robin ist ungeschickt.

Robin geht in die dritte Grundschulklasse und macht auf seine Eltern und die Lehrer einen intelligenten, körperlich und psychisch gesunden Eindruck – bis auf eine gewisse motorische Ungeschicklichkeit.

«Er stößt mit dem Po um, was er mit den Händen gerade mühsam aufgebaut hat», pflegt seine Mutter Gerda etwas entnervt zu bemerken.

Ansonsten hat er pflichtgemäß seine Kinderkrankheiten absolviert, sonst hat er außer dem obligatorischen Schnupfen im Herbst und Winter keine Krankheiten. Psychisch macht er einen recht stabilen Eindruck, obwohl er auf Belastungen schon so manches Mal sehr frustriert reagiert hat.

«Er mag sich zeitweise nicht», beobachtete sein Vater Robert, der Programmierer.

Die Zeit bis zur Schule verlief recht unproblematisch, aber jetzt, in der dritten Klasse, mehren sich die Schwierigkeiten. Lesen, Schreiben und Rechnen fallen Robin sehr schwer.

Gerda sitzt Tag für Tag mit Robin bis zu drei Stunden bei den Hausaufgaben, und ihre Nerven sind völlig angespannt.

«Robin! Da steht nicht, Xam ist ein Suam, sondern Max ist eine Maus! Wieso, verdammt noch mal, mußt du manche Wörter von hinten nach vorn lesen? Ich kriege noch graue Haare! Das heißt, Max, von links nach rechts. Wann wirst du endlich lernen, wo links und rechts ist?!?» – «Links ist da, wo der Daumen rechts ist», meint Robin gestreßt.

Für ihn ist Schule schrecklich. Wäre er bloß schon erwachsen und könnte wie Papa mit Computern spielen statt Lesen, Rechnen und Schreiben zu lernen.

«Wo ist die Straße, links oder rechts?» fragt Gerda. Robin überlegt und überlegt, nimmt seine Hände zu Hilfe. «Rechts ist da, wo der Daumen links ist, aber soll ich die Hände so oder so halten?» fragt er schon etwas ängstlich seine Mutter und dreht die Handinnenflächen einmal nach oben und dann nach unten.

«Ich geb's auf», seufzt Gerda und knallt die Tür hinter sich zu.

Abends nach dem «Tatort» sucht sie das Gespräch mit ihrem Mann. «Mein Gott, Robert! Der Robin packt's einfach nicht in der Schule! Kannst du dir vorstellen, daß unser Sohn die Sonderschule für Lernbehinderte oder sogar für Geistigbehinderte besucht?!»

«Spinn nicht! Deine Dramatisierungen finde ich äußerst unpassend!» – «Aber Herr Sensing meint auch, Robin könnte wohl kaum in die vierte Klasse versetzt werden. Nun geh doch bitte mal mit zum nächsten Elternabend.»

«Wenn es denn sein muß», brummt Robert und schaltet die Sportschau ein.

Am Donnerstag ist Elternabend, und Herr Sensing bestätigt Herrn und Frau Kiechne, daß ihr Sohn die Versetzung nicht schaffen wird.

«Das glaube ich nicht, nein, ich kann es nicht fassen!» Robert ist aufgebracht. «Robin ist doch intelligent.»

«Dann müßte er ja lesen können», meint Herr Sensing etwas ironisch. Er wäre Robin gern los, da er so viel Mühe kostet.

«Ich schlage vor, wir schicken Robin zum Schulpsychologen. Dann haben wir ein wissenschaftlich fundiertes Urteil.»

«Auf jeden Fall muß ein Psychologe eingeschaltet werden», sagt Robert, «sonst wird unser Sohn noch zu Unrecht in die Sonderschule abkommandiert.»

Der Test bei Herrn Müller und ein langes Gespräch mit den Lehrern und den Eltern finden bald darauf statt. Das Ergebnis bestätigt nicht Herrn Sensings Meinung von Robin, sondern die seines Vaters.

«Ja, Robin hat einen Intelligenzquotienten von 114. Er liegt also mit guten 14 Punkten über dem Durchschnitt von 100.

Aber irgendetwas ist doch nicht ganz in Ordnung mit Ihrem Sohn», wirft Herr Müller ein. «Bei einem IQ vom 114 müßte er bessere Leistungen in Lesen, Rechnen und Schreiben zeigen. Meine Vermutung geht in Richtung einer sensorischen Integrationsschwäche, einer sogenannten entwicklungsbedingten Dyspraxie.»

«Was bitte ist eine Dyspraxie?» mischt sich Gerda in das Gespräch ein.

«Das ist eine Verarbeitungsstörung der durch Sinne aufgenommenen Reize.»

«Ist das was Schlimmes, und kann man dagegen etwas unternehmen?» fragt Gerda sorgenvoll.

«O ja! Es gibt sehr gute Förder- und Therapiemöglichkeiten. Ich gebe Ihnen die Adresse einer Heilpädagogin, die sich auf diese Behandlungsform spezialisiert hat.»

Schon acht Tage später sitzt Familie Kiechne komplett bei Frau Voigt, und alle sind gespannt und angespannt zugleich, was ihnen Frau Voigt über diese ominöse Dyspraxie zu erzählen weiß und, noch wichtiger, was dagegen zu unternehmen ist.

Frau Voigt stellt zuerst folgende Fragen und bittet Gerda und Robert, diese mit «Ja» oder «Nein» zu beantworten. «Robin scheint normal zu sein, ist gesund und von zumindest durchschnittlicher Intelligenz, hat aber Schwierigkeiten beim Lesen, Rechnen und Schreiben.»

«Stimmt genau», sagt Robert.

«Robin ist nicht sehr sportlich, besonders das Werfen und Auffangen eines Balles bereiten ihm gewisse Schwierigkeiten.»

«Stimmt, Robins ausholende Bewegungen erscheinen tolpatschig.»

«Er stolpert häufiger als andere Kinder seines Alters, und beim

Hinfallen vergißt er manchmal, die Hände auszustrecken, um den Sturz abzumildern.»

«Na ja, besonders aufgefallen ist uns das nicht. Aber er hat schon mächtig viele Schrammen, Verletzungen und auch schon zwei leichte Gehirnerschütterungen hinter sich», meint Gerda.

«Robin verwechselt oft links und rechts und kann sich beim Schreiben und Lesen nicht merken, ob es sich um ein ‹b›, also um einen Buchstaben mit ‹einem dicken Bauch› nach rechts, oder um ein ‹d›, mit einem dicken Bauch nach links handelt. Er liest manchmal Wörter von rechts nach links, also statt ‹Sonne›, ‹Ennos› oder ‹Neger› statt ‹Regen›».

«Genau das, was Sie gerade aufgezählt haben, ist bei unserem Robin sehr ausgeprägt. Das bringt mich noch zur Verzweiflung», seufzt Gerda.

«Da habe ich ja schon einige Anhaltspunkte. Ich würde mit Robin jetzt gern einige kleine Übungen machen. Kommen Sie, wir gehen alle zusammen in den Nebenraum.»

Sie gehen in eine Art Turnhalle in Kleinformat mit vielen Bällen und kleinen Geräten, die Kiechnes aus ihrem Sportunterricht nicht kennen. «Was ist denn das da?» fragt Robert und deutet auf ein merkwürdiges kleines «Gefährt».

«Das ist ein Pedalo. Damit üben wir das Gleichgewicht», antwortet Frau Voigt.

«So, Robin, leg' dich doch bitte mal auf die blaue Matte. Ja, so auf den Bauch und heb' gleichzeitig Kopf, Arme und Beine an.»

Robin müht sich, aber er kann nur entweder Arme oder Beine anheben. Als Robin wieder steht, dreht ihn Frau Voigt sanft um die eigene Achse in Richtung Fenster. Dabei fällt Robins Kopf leicht zur Seite.

Dann bittet Frau Voigt Robin, sich auf ein Rollbrett zu setzen, und dreht ihn rasch. Dann stoppt sie Robin und bittet ihn, ihr in die Augen zu schauen.

Anschließend darf Robin sich in der kleinen Turnhalle austoben, während Frau Voigt im Büro ihr Gespräch mit Herrn und Frau Kiechne fortsetzt.

«So, jetzt habe ich schon eine ganze Reihe nützlicher Informationen. Aber erzählen Sie mir doch bitte noch einmal ausführlich, was Ihnen im täglichen Umgang mit Robin auffällt. Wie ist es zum Beispiel mit seinem Durchhaltevermögen. Ermüdet Robin schnell?»

«Ja, sehr rasch. Oft ‹hängt› er nur so am Abendbrottisch, und ich habe den Eindruck, daß er nur mit letzter Kraft sich noch auf dem Stuhl hält. Sein Kopf scheint ihm viel zu schwer zu sein», sagt Gerda, und Robert wirft ein: «Komisch finde ich auch, daß er sich im Schwimmbad nicht traut, ins Wasser zu springen, obwohl er halbwegs gut schwimmen kann. Selbst wenn er die Stufen langsam runtergeht, hab ich manchmal den Eindruck, er hat kein Gefühl, wie tief oder hoch eine Stufe ist. Jedenfalls sieht er so unbeholfen und ängstlich aus. Aber sonst fällt mir nichts ein. Irgendwelche Macken hat doch jeder», meint Robert. «Ach, mir fällt da noch was ein. Robin hat die Angewohnheit, anderen Menschen zu nahe zu kommen. So, als spürte er nicht, daß jeder Mensch einen gewissen ‹Freiraum› um sich braucht. Mir geht's auf die Nerven, wenn mir jemand zu sehr auf die Pelle rückt.»

«Was er gern macht, unser Robin: Er schaukelt gerne. Wenn wir ihn nicht da rausreißen, würde er manchmal stundenlang dösend in seiner Hängematte liegen und darüber alles vergessen.»

«Sie haben Ihr Kind aber sehr gut beobachtet. Mein Eindruck verstärkt sich, daß es sich bei Robin um eine Störung der sensorischen Integration handelt. Das hört sich schwierig an, aber ich versuche, es Ihnen anschaulich zu erklären. Also, wir nehmen alles über unsere Sinne wahr, und jeder weiß, deren haben wir fünf: das Hören, Sehen, Riechen, Schmecken und Fühlen. Aber wir haben noch mindestens zwei wichtige Sinne mehr, nämlich den Gleichgewichtssinn und den Sinn für Muskel- und Gelenkbewegungen. Alle diese über Sinne aufgenommenen Eindrücke werden an das Gehirn geleitet. Unsere Sinne geben uns Informationen über den Zustand unseres Körpers und die Umwelt um unseren Körper herum. Eindrücke strömen ins Gehirn und werden dort, speziell im Stammhirn und in der Hirnrinde, verarbeitet.

Die Augen nehmen Strahlen auf, die Ohren Wellen, die Tiefenwahrnehmung die Bewegungen unserer Muskeln und Gelenke, die Haut Tastempfindungen. Und das Gleichgewichtsorgan im Innenohr nimmt die Eindrücke der Erdschwerkraft und unsere ‹Beziehung› zu diesem Magnetismus auf und leitet sie weiter. Das Gehirn ordnet alle diese Empfindungen, ohne daß uns alle diese Prozesse bewußt würden. Dann würden wir verrückt. Wie ein Polizist den Straßenverkehr ordnet, so ordnet unser Gehirn alle diese Sinneseindrücke, diese ‹Impulse›.

Das Gehirn formt daraus erst die Wahrnehmungen, die Empfindungen, die Gefühle und die daraus resultierenden Verhaltensweisen. Aber wenn der Fluß dieser Sinneseindrücke chaotisch erfolgt, werden das Bewußtsein, das Erleben, das Empfinden und die Verhaltensweisen auch chaotisch, wie es zum Beispiel unverständlich erscheint, daß das kluge Kerlchen Robin Schwierigkeiten mit bestimmten Dingen hat. Das Gehirn macht aus allen Sinneswahrnehmungen in der Regel ein geordnetes Ganzes.

Genau gesagt sind Wahrnehmungen Ströme elektrischer Impulse – Energien also. Bedeutung bekommen unsere Sinnesenergien in der Hirnrinde. Mit den Augen kann ich zwar sehen und mit den Ohren hören, aber einen Sinn bekommen alle diese Energien erst im entwicklungsgeschichtlich jüngeren Teil des Gehirns, der Hirnrinde. Eine schlechte sensorische Integration liegt bei vielen Menschen vor. ‹Nobody is perfect.›

Manche Menschen haben eine gute, andere eine mittlere, andere eine schlechte sensorische Verarbeitung.

Robin hat offensichtlich Schwierigkeiten im Bereich des Gleichgewichtssinnes und damit auch der Raumwahrnehmung. Ihre Erzählungen und meine kleinen ‹Tests› deuten jedenfalls darauf hin.

Diese Störung ist keine Krankheit im medizinischen Sinne. Die meisten Ärzte testen mit medizinischen Methoden und sagen den Eltern, daß sie nichts Pathologisches feststellen konnten. Ist die Störung nicht sehr stark, bemerken die Eltern erst dann etwas, wenn ihr Kind in der Schule typische Schwierigkeiten mit dem Lesen und Schreiben und vielleicht dem Rechnen hat. Da Robin an einer Verarbeitungsstörung des Gleichgewichtssinnes zu leiden scheint, will ich Ihnen kurz die Entwicklung dieses Sinnes erläutern.

Das Neugeborene zeigt schon Reaktionen auf die Erdschwerkraft, und es hat reflektorische Bewegungen, die von seinem Gleichgewichtsorgan im Innenohr stammen.

Wenn man es etwa im Arm hält und es «losläßt», wird es eine Art Alarmreaktion zeigen, und seine Arme und Beine bewegen sich so, als wollten sie etwas greifen. Die Information aus dem Innenohr vermittelt dem Kind den Eindruck, daß es fällt und daß es etwas tun sollte zu seinem Schutz. Die Klammer- und Beugebewegungen sind das erste Bewegungsmuster des ganzen Körpers bei einem Neugeborenen.

Legt die Mutter dem auf dem Arm gehaltenen, einen Monat alten Baby den Kopf auf die eigene Schulter, so wird das Kind versuchen, den Kopf zu heben. Dies geschieht, weil der Zug der Schwerkraft denjenigen Teil des Gehirns stimuliert, welcher beim Drehen die Nackenmuskulatur dazu anregt, den Kopf zu heben. Einige Wochen später hebt das Baby dann auch den Kopf aus der Bauchlage. Derselbe Mechanismus hält bei uns Erwachsenen den Kopf aufrecht.

Robin hat aber Schwierigkeiten, den Kopf geradezuhalten, gerade auch bei einer Veränderung der Lage im Raum. Erinnern Sie sich, wie ich im Turnraum Robin in Richtung Fenster gedreht habe?

Wenn wir bedenken, wie stark die Erdschwerkraft ist, so kann man sich vorstellen, wieviel inneren Antrieb ein Kind haben muß, um sich innerhalb eines Jahres aus der zuckenden Babyhaltung eines Neugeborenen in die Laufhaltung eines einjährigen Kindes zu entwickeln.

Die Zeit zwischen dem neunten und zwölften Monat ist sehr wichtig für die psychomotorische Entwicklung des Kindes. Dies ist die Zeit wichtiger Veränderungen. Das Kind kriecht jetzt schon längere Entfernungen und erkundet immer mehr. Das stimuliert sein Nervensystem durch zahllose Empfindungen der Muskeln, die Kopf und Körper aufrecht halten, und der Knochen, die das Körpergewicht unterstützen.

Das selbständige Aufstehen ist das Endprodukt der sensorischen Verarbeitung von Schwerkraft, den Bewegungen des Kindes, den Muskel- und Gelenkwahrnehmungen der vergangenen Monate.

Der größte Teil dessen, was wir lernen, muß also durch eine sensorische Verarbeitung erfolgen. Wenn Grundlegendes gelernt ist, kann es erst zu höheren intellektuellen Leistungen kommen, an denen vor allem die Großhirnrinde beteiligt ist, die auch ein Bewußtsein von uns, unserer Umwelt, und unserem Tun ermöglicht. Kinder lernen durch Spielen, wie man lernt.

Störungen der sensorischen Integration und psychomotorischen Verarbeitung sind eine Art Verkehrschaos im Gehirn. Eine sensorische Verarbeitungsstörung ist häufig anzutreffen, schließlich müssen im Gehirn zwölf Milliarden Neuronen reibungslos funktionieren. Da kann es schon mal zu ‹Fehlschaltungen› kommen.

Kinder mit Störungen der sensorischen Integration und den daraus resultierenden psychomotorischen Störungen entwickeln sich oft ungleichmäßig. Da das Problem nur minimal ist, funktionieren nur einige Teile ihres Nervensystems ungeordnet und unregelmäßig. Da diese Kinder durch ihre minimale Störung aber oftmals größere Schwierigkeiten im Umgang mit anderen Menschen haben oder Schulprobleme auftauchen, kommt es oftmals dazu, daß sie intolerant sind, schnell ärgerlich werden, sich zurückziehen oder aggressiv auf Kleinigkeiten oder auch besonders bei Reizüberflutungen reagieren.»

«Kann sich so eine sensorische Verarbeitungsstörung auch anders äußern?» fragt Gerda dazwischen.

«Ja, sicher. Seien Sie froh, daß Robin nicht so überaktiv, zappelig und unkonzentriert ist wie viele andere Kinder mit dieser Störung.»

«Ich habe trotz Ihrer langen und interessanten Ausführungen noch Bedenken, ob man Robins Schwierigkeiten in eine Schublade mit dem Etikett ‹sensorische Integrationsstörungen› packen soll. Wird nicht allmählich das ‹Normale› zur ‹Ausnahme›?» wirft Robert ein.

«Mag ja sein, aber wie wären Sie als Eltern von Robin, einem reizenden, intelligenten Kind mit doch recht gravierenden Schulschwierigkeiten, damit weiterhin umgegangen? Was wäre, wenn plötzlich das Thema ‹Sonderschule› aktuell würde? Ist es nicht besser, der Sache auf den Grund zu gehen und etwas dagegen zu unternehmen?»

«Sicher, sicher», meint Robert und fühlt sich etwas in die Ecke gedrängt. «Ich meinte ja nur. Aber was soll denn jetzt mit Robin passieren?»

«Eine sensorische Integrationsbehandlung ist angesagt. Robin kommt zweimal pro Woche für 45 bis 60 Minuten hierher, und ich arbeite mit ihm. Ich kann mir gut vorstellen, daß Sie wissen möchten, was ich mit Ihrem Jungen ‹anstelle›.

Die grundlegende Idee dieses Konzeptes ist, daß Kindern mit einer sensorischen Verarbeitungsstörung Sinnesreize gut dosiert angeboten werden und daß das Kind dadurch zu einer besseren Verarbeitung der Sinnesempfindung gelangt.

Das Kind muß sein Gehirn selbständig aktivieren, die Therapeuten bieten nur geeignete ‹Energien› an, stellen sozusagen die Mittel zur Verfügung.

Besonders reichhaltig werden Sinneseinwirkungen des Gleichgewichtssystems, der Muskeln und Gelenke (Tiefenwahrnehmung) und der Haut angeboten, und zwar so, daß das Kind diese ‹Angebote› spontan aufgreift und sie in sein Nervensystem integriert.

Dazu bedarf es eines erfahrenen Therapeuten und eines Raumes mit einfachen, aber wirkungsvollen Materialien. Die Therapeutin verhält sich nicht autoritär. Sie bietet nur an, das Kind wählt aus und spielt sich gesund.

Wir bieten dem Kind eine Reihe von Reizeinwirkungen und dazu geeignete Geräte an.

Manche Kinder brauchen leichte oberflächliche Hautberührungen, andere Kinder brauchen und lieben tiefe Druckempfindungen. Wir probieren beides aus, wobei sich gezeigt hat, daß das überaktive, leicht erregbare, Hautkontakt abwehrende Kind tiefe Haut-Muskel-Stimulierungen braucht.

Wir verschaffen sie ihm durch Bürsten, Igelbälle, Klopfen und Drücken, Pressen und Ziehen an den Extremitäten. Und wir stimulieren die Körpergewebesinne durch Vibrationen, sei es durch die Hand des Therapeuten oder durch ein Massage- oder Vibrationsgerät. Alle diese Dinge bedürfen einer intensiven Schulung des Therapeuten, können aber auch den Eltern als «Hausförderung» vermittelt werden.

Außerdem arbeiten wir erfolgreich mit dem Rollbrett, dem Pedalo, der Schwebeschaukel, dem Schaukelstuhl und der Hängematte.

Das Rollbrett ist ein einfaches, aber stabiles Holzbrett mit vier Rädern, die so angebracht sind, daß das Brett sich in jede Richtung, auch um die eigene Achse, drehen läßt. Das Kind legt sich mit dem Bauch auf das Rollbrett, während sein Kopf, die Brust und die Beine vom Rollbrett vorne, und hinten überhängen. Auch andere Lagen als die Bauchlage sind denkbar, aber es entspricht der natürlichen Reifeentwicklung eines menschlichen Wesens, mit der Bauchlage ‹anzufangen›.

Die ‹Flugzeughaltung›, die beiden Enden des Körpers werden hochgehalten, ist eine sensomotorische Leistung, die sich beim Baby mit vier bis sechs Monaten entwickelt.

Aus der Bauchlage entwickeln sich viele Haltungs- und Bewegungsreaktionen, die zum Stehen, Gehen etc. führen.

Weil es so eine elementare Stellung ist, ‹arbeiten›, sprich ‹spielen› viele Kinder mit einer Störung der sensomotorischen Integration gern mit dem Rollbrett, denn die Kinder ‹wissen› um die Möglichkeiten ihrer ‹Förderung›. Sie spüren, was ihnen guttut und was nicht. Daher ist es wichtig, das Kind ‹machen zu lassen›. Es sucht sich genau das, was es als Ausgleich für seine Defizite benötigt.

Die Ganzkörper-Bewegung auf dem Rollbrett, die damit einhergehenden Sinneswahrnehmungen und deren Verarbeitung bauen die Grundelemente für die Prozesse in dem Stammhirn auf, die die Voraussetzung für das Erlernen von Sprache, Lesen und Rechnen in der Großhirnrinde sind.

Daneben liefern Ganzkörperbewegungen auf dem Rollbrett die Grundlage für Hand- und Fingermotorik, die die Grundlage für die Schreibbewegungen sind. Schwerkraftsinne werden in der Bauchlage stimuliert, zum Beispiel werden die Sinnesorgane in den Bogengängen des Innenohres in Erregung versetzt, wenn das Kind mit dem Rollbrett eine schiefe Ebene herunterrollt, und wieder andere Erregungen spürt es, wenn es auf das Fußbodenplateau trifft. Dies aktiviert Nervenbahnen, die bisher oft gar nicht oder unzureichend ausgebildet waren. Nacken- und Augenmuskeln arbeiten zusammen und schicken Sinnesempfindungen von den Muskeln und Gelenken zum Gehirn, wo sich im Stammhirn alle Energien vermischen und an die Großhirnrinde weitergeleitet und verarbeitet werden.

Wie das Kind die beim Rollbrettfahren auftretenden Empfindungen und Bewegungsreaktionen zu meistern lernt, begreift sein Gehirn auch, die Sinneseindrücke anzupassen und eine genauere Körperwahrnehmung zu entwickeln.

Nach dem einfachen Vorwärts- und Rückwärtsfahren mit dem Rollbrett kann das Kind versuchen, einen kleinen Hügel herunterzufahren. Danach wird es vielleicht versuchen, durch einen Matten- oder Pappkartontunnel zu fahren oder sogar in weitläufig gesteckten Ballons ‹Slalomfahren›.

Weitere Möglichkeiten: auf dem Brett knien und mit den Händen abstoßen, auf das Rollbrett setzen und mit ausgestreckten Beinen einen Ball auf die Oberschenkel, dann auf die Füße legen, im Schneidersitz den Ball zwischen den Knien halten, sich von der Therapeutin mit geschlossenen Augen schieben lassen (rückwärts und vorwärts), mit gespreizten Beinen auf dem Brett stehen und sich durch Hüftschwung fortbewegen, Figuren fahren und erraten, z. B. ein A oder eine Fünf oder ein ◁ (Dreieck).

Wenn das Kind diese Rollbrettspiele oft macht, bildet sein Gehirn Sinneserfahrungen von jedem Teil des Körpers aus.

Es bildet sich eine Art Körperlandkarte im Kopf des Kindes, und diese Landkarte trägt nicht nur dazu bei, daß das Kind leichter rechts und links unterscheiden kann, sondern es kann sich auch leichter merken, ob z. B. der Buchstabe ‹b› ein ‹b› ist und kein ‹d›.

Das Pedalo sieht so aus: Es hat sechs Räder und zwei Bretter. Ist das eine Brett oben, ist das andere unten. Steht das Kind auf dem Pedalo, rollt es sozusagen gehend oder es geht rollend.

Auch das Pedalo bietet sehr gute Übungsmöglichkeiten für gesunde Kinder und Kinder mit psychisch-sensomotorischen Störungen. Neben dem einfachen Vorwärts- und komplizierterem Rückwärtsfahren bietet es noch folgende Möglichkeiten: während des Fahrens in die Knie gehen, die Hände auf dem Rücken zusammenhalten, unter einer locker gespannten Schnur durchfahren, große Linien fahren, einen Gegenstand während des Fahrens balancieren.

Das alles – und noch viele andere mehr – sind Materialien und Spielmöglichkeiten für Ihren Sohn. Ich bin sicher, in sechs Monaten geht es Robin in der Schule und auch zu Hause viel besser und damit sicher auch Ihnen.»

Bezugsquellen für psychomotorische Geräte und Materialien

Karl H. Schäfer, Psychomotorische Übungsgeräte, Großer Kamp 6–8, 32791 Lage, Tel. 05232/65982

Hans Staneker, Scheiblauer-Material zur Rhythmisch-psychomotorischen Erziehung, Karl-Brennenstuhl-Str. 14, 72074 Tübingen, Tel. 07071/81265

Franz Carl Weber, Entwicklungsfördernde Materialien, Allacher Str. 230e, 80999 München, Tel. 089/267556

Wehrfritz GmbH, Kindergarten-Spiel- und -Sportgeräte, Postfach, 96476 Rodach, Tel. 09564/9290

Berthold Widmaier, Kindergarten-Bedarf, Postfach 326, 73706 Esslingen, Tel. 0711/361004

Platten mit Musik zur Entspannung gibt es beim 2001 Versand, Postfach, 60348 Frankfurt, Tel. 069/ 4208000

Literaturliste

Dordel, Sigrid: Bewegungsförderung, Dortmund 1990

Ehrlich, P./Heimann, K.: Bewegungsspiele für Kinder, Dortmund 1986

Marbacher-Widmer, Pia: Bewegen und Malen, Dortmund 1991

Bielefeldt, Elfriede: Tasten und Spüren, München 1991

Müller, Else: Du spürst unter deinen Füßen das Gras, Frankfurt/M. 1985

Feldenkrais, Moshe: Bewußtheit durch Bewegung, Frankfurt/M. 1968

Zinke-Wolter, Petra: Spüren – Bewegen – Lernen, Dortmund 1991

Mit Kindern leben

Praktische Tips, Ideen, Ratgeber. Anregungen für den Umgang mit Kindern in der Freizeit.

Helga Biebricher
Scherzfragen, Rätsel, Schüttelreime *Vergessenes und Neues zur Unterhaltung*
(rororo sachbuch 7662)

Gela Brüggebors
Körperspiele für die Seele
312mal Bewegung, Entspannung, Energie. Anregungen zur Psychomotorik
(rororo sachbuch 8526)
So spricht mein Kind richtig
Entwicklungen und Störungen beim Sprechenlernen. Wie Eltern und Erzieher helfen können. Mit 237 lustvollen Spiel-Ideen.
(rororo sachbuch 8100)
So lernen Kinder besser *Mentale Fähigkeiten fördern, Lernhemmungen beheben.*
(rororo sachbuch 60154)

Kristina Hoffmann-Pieper
Basteln zum Nulltarif *Spiel und Spaß mit Haushaltsdingen*
(rororo sachbuch 7955)

Barbara Cratzius
Noch mehr Fingerspiele und andere Kinkerlitzchen *Eine Wundertüte für neue Spiellust mit kleinen Kindern*
(rororo sachbuch 8574)
Allererste Kinderrätsel
Denkspaß für Eltern und Kinder
(rororo sachbuch 9143)

Sharla Feldscher
Das Spiel- und Aktionsbuch
Spaß für Kinder, Eltern, Pädagogen
(rororo sachbuch 8867)

rororo sachbuch

Bettina Hannsz
Kinder mögen Yoga *Entspannung für Körper und Seele*
(rororo sachbuch 9130)

Beate Seeßlen-Hurler
Kinderfeste *Vorschläge für den Feierspaß von groß und klein*
(rororo sachbuch 8302)

Sollten Sie sich weiter informieren wollen, erhalten Sie in Ihrer Buchhandlung kostenlos unseren Katalog «Bücher für Eltern / Bücher für Kinder», wo Sie alle Titel der Reihen *Mit Kindern leben* und *rotfuchs* ausführlich vorgestellt finden.

EDELVIVES

ALA DELTA

El Guardián
de las Pesadillas

Álvaro Yarritu

Ilustraciones
David Guirao

Para mi madre.

1

Miedo a dormir

Hay personas que nunca sueñan. Hay personas que sí sueñan, pero sus sueños son raros y sin sentido. Otras, las más afortunadas, tienen sueños felices cada noche. La mayoría sueña un poco de todo. Pero había un chico llamado Daniel, *Dani* para sus amigos, que solamente tenía pesadillas.

O mejor dicho, una pesadilla en concreto.

Empezaba en su pueblo, al que solía ir a pasar el verano con sus padres, pero en sus sueños no era exactamente el mismo pueblo. Estaba vacío, era oscuro y daba miedo. Sin embargo, lo peor venía después, cuando aparecía el perro diabólico.

El perro de sus pesadillas no era un perro como los demás. Para empezar, era tan grande como un caballo, sus ojos brillaban como brasas encendidas y echaba fuego por la boca. Además, su pelo estaba plagado de espinas. Era más que un perro, era un auténtico monstruo.

Y ese monstruo lo perseguía noche tras noche hasta que se despertaba en su cama, gritando y envuelto en sudor.

Oh, sabía muy bien por qué tenía esa pesadilla. Cuando había sido más pequeño, había intentado hacerle una travesura a un perrazo con malas pulgas que había en el pueblo. El chucho no se lo tomó muy bien y lo atacó. Afortunadamente, sus padres llegaron a tiempo de evitar que le hiciera daño de verdad, pero desde entonces Dani no se atrevía a tocar a ningún perro.

No le costaba mucho evitar a los perros en la vida real. Bastaba con abrir bien los ojos y apartarse de su camino. Pero en el mundo de los sueños no tenía tanta suerte.

Sus padres no le ayudaban. Le decían que un chico mayor como él no debía preocuparse por una simple pesadilla. Repetían una y otra vez que aquello era una «fase» y que con el tiempo aprendería a superar su miedo. Dani no sabía qué era exactamente esa «fase» de la que hablaban sus padres, pero sí sabía que pasaban las noches y sus pesadillas seguían igual.

Era una cruz. Sus padres se enfadaban cuando remoloneaba para ir a la cama o cuando se quedaba despierto con una linterna mientras leía un libro. Pero es que Dani no quería dormir.

Le daba miedo.

Sabía que, en cuanto cerrase los ojos, el perro volvería a aparecer, lo perseguiría y él se despertaría en mitad de la noche. Así no había manera de descansar bien, por lo que iba cada mañana al colegio hecho una piltrafa.

Todo habría seguido igual para Dani, y habría tenido que pasar el resto de su vida teniendo miedo a soñar, de no haber conocido una noche a la Princesa de las Pesadillas.

2

La Princesa de las Pesadillas

La noche empezó como una cualquiera para Dani. Sus padres lo mandaron a la cama. Él remoloneó, como siempre. Entonces su madre se enfadó.

—No quiero excusas, Daniel. A la cama ahora mismo —dijo la mujer, prácticamente arrastrando a su hijo a su habitación.

Dani no se preocupó. Tenía un alijo de linternas y de libros a buen recaudo para pasar la noche en vela. Prefería leer bajo las sábanas antes que sufrir sus continuas pesadillas. Pero esta vez su madre estuvo al tanto.

—¿Buscas esto? —le dijo, y le enseñó tres linternas de mano y los dos libros con marcapáginas que había estado leyendo hasta entonces—. Lo siento, pero nada de trucos esta noche. Procura dormir, cielo, que es muy sano.

«Sí, dormir es sano —pensó Dani—. Pero las pesadillas no pueden ser sanas».

A lo largo de muchas noches, Dani había perfeccionado varias técnicas para no dormir. Al contrario que la gente que contaba ovejas, él rememoraba momentos en que había tenido los nervios a flor de piel, como partidos electrizantes de su equipo favorito o exámenes especialmente duros. No valía pensar en los deberes del colegio; así solamente conseguía quedarse dormido enseguida.

También había oído que el café era muy bueno para seguir despierto, pero sus padres no le dejaban tomarlo. Sin embargo, hiciera lo que hiciera, tarde o temprano su mente empezaba a descarrilar y se hundía en las nieblas del sueño. Dani siempre había intentado recordar el momento exacto en que se quedaba dormido, pero era misión imposible. Aquella noche, por ejemplo, creyó haber vencido al sueño y seguir despierto... hasta que se dio cuenta de que estaba de pie con su pijama en mitad de su pueblo.

—Ay, otra vez igual —se lamentó el muchacho.

Dani se giró, con mucho miedo. Deseaba que, por una vez, el perro diabólico no estuviese allí. Pero estaba.

El perrazo sonrió con ferocidad y se relamió los labios con una lengua de fuego.

—¡Grrroooaaarrr! —ladró el mastín infernal, aunque más que un ladrido parecía el rugido de una bestia prehistórica.

—¡Aaaah! —gritó asustado Dani.

Corrió con todas sus fuerzas, sintiendo en la nuca el aliento fogoso del perro diabólico. Si giraba la cabeza, podía ver aquellos ojos rojos clavados en él. Hasta entonces el perro nunca lo había cogido, pues siempre se despertaba justo un segundo antes, pero a Dani le aterraba la idea de poder recibir un mordisco.

La persecución se alargó horas, o al menos eso le pareció a Dani. El paisaje no cambiaba nunca, empero. Su pueblo real era muy pequeñito y se acababa enseguida, pero aquella versión fría y siniestra de su pueblo era interminable.

El perro diabólico estaba a punto de pillarlo y él estaba a punto de despertar, cuando de repente una voz aburrida resonó en todo el lugar:

—¡Eh! ¡Tú, el niño de ahí! ¿No podrías soñar algo un poco distinto? Tu pesadilla es muy aburrida.

Sin dejar de correr, Dani buscó con la mirada a la persona que había hablado.

Y cuando la encontró se quedó a cuadros.

Era una niña, pero no una niña normal como sus compañeras de clase. Su piel era tremendamente pálida. Su pelo era negro-negro, como la tinta, no

como ese marrón oscuro casi negro que la gente confunde con el color negro de verdad. Sus ojos también eran negros, como lo era su vestido, aparatoso y lleno de volantes y floripondios. Pero, incluso así, aquella niña no habría llamado demasiado la atención de no ser por una cosa.

Estaba comiendo palomitas de una calavera humana.

—¡Aaaah! —exclamó con miedo Dani—. ¡Otra pesadilla!

Al oírlo, la niña frunció el ceño.

—No me irás a comparar con ese chucho que tienes detrás, ¿verdad? Yo no soy «otra pesadilla». ¡Yo soy la Princesa de las Pesadillas! —proclamó ella con orgullo.

—¿Y qué haces aquí? —preguntó Dani sin dejar de correr. Tenía al perro casi a punto de clavarle sus colmillos.

—Había oído que un niño muy miedoso había batido el récord universal de tener la misma pesadilla noche tras noche, y quería verlo —dijo ella, señalándolo a él y a las palomitas que estaba comiendo—. Pero has resultado ser muy aburrido.

Dani se enfadó. Ya era bastante malo tener a un perro diabólico en el cogote, como para que viniera esa niña y se pusiese a criticar sus pesadillas.

—¡No es culpa mía! —protestó el chico—. ¡Si eres la Princesa de las Pesadillas, ayúdame, por favor!

—Supongo que podría ayudarte, sí —comentó la niña—. ¿Qué me das a cambio?

—¡Lo que sea! —prometió Dani—. ¡Pero quítame a este monstruo de encima!

—Está bien —aceptó ella.

La niña de negro chasqueó los dedos y el pueblo siniestro y el perro infernal desaparecieron. Solo estaban Dani y ella en medio de un vacío absoluto.

—¡Ostras! ¡Lo has hecho! —se sorprendió el chico.

—Claro que sí. ¿Acaso no te he dicho que soy la Princesa de las Pesadillas? —La niña sonrió con aires de superioridad—. Todas las pesadillas tienen que obedecerme. Y ahora tú también.

—¿Eh? —musitó Dani, confundido.

—Yo te he quitado al perro de encima. Ahora tú debes cumplir tu promesa.

Dani tragó saliva. ¿En qué lío se había metido?

3

UN REINO DE MIEDO

—¿Falta mucho? —preguntó Dani.

—Depende —contestó misteriosamente la Princesa de las Pesadillas.

—¿De qué depende? —preguntó extrañado Dani.

—De si crees que falta mucho o poco.

La respuesta no fue muy satisfactoria para Dani, pero prefirió no seguir insistiendo. La niña de negro era muy enigmática, incluso para ser un sueño. Le estaba muy agradecido por haber hecho desaparecer al perro de sus pesadillas, pero cuando la niña lo obligó a cumplir su promesa y a acompañarla al Reino de las Pesadillas, ya no le cayó tan bien.

Estaban andando en medio de la oscuridad. Mirase por donde mirase, Dani solo veía negro absoluto.

Era la nada cósmica. El vacío primordial. De haber estado solo, Dani se habría asustado mucho, pero la Princesa de las Pesadillas hacía de guía con paso firme.

Aunque, a decir verdad, aquella niña también daba mucho miedo.

—¿Seguro que eres una princesa? —se atrevió a preguntar Dani.

—Ya te he dicho que sí —respondió ella con voz cansina.

—No lo pareces —dijo el muchacho.

—¿Acaso conoces tú a otras princesas? —replicó la niña con irritación.

Dani tuvo que reconocer que no, no conocía a otras princesas, pero se las imaginaba como niñas ricas y repipis, que siempre sonreían y llevaban diademas en la cabeza.

—Eso es una estupidez —bufó la niña con desdén.

De repente, la Princesa de las Pesadillas se detuvo. Había una luz al final del túnel de oscuridad. Un poco más allá, un paisaje extravagante se desplegó ante ellos.

El cielo estaba plagado de soles de distintos colores, pero su luz era muy débil y, además, se veían tapados cada dos por tres por nubes de tormenta cargadas de rayos y relámpagos. Bajo las nubes se extendía un país siniestro. Dani pudo ver volcanes en continua erupción, ríos de ácido burbujeante y praderas de cuchillas de afeitar. Pero era imposible quedarse con todos los detalles, porque el paisaje cambiaba cada dos por tres.

—Este es mi reino —dijo la Princesa de las Pesadillas.

De las cuatro esquinas del país les llegó un rumor como de gritos y sollozos. La princesa sonrió extasiada, como si estuviese oyendo el canto de los pájaros.

—¿Qué es eso? —preguntó Dani.

—Son los lamentos de los soñadores. Gritos de auxilio, súplicas, lloros, ese tipo de cosas —contestó su acompañante—. ¿No te parece maravilloso?

Dani hizo una mueca. Apenas había entrado y ya empezaba a disgustarle aquel lugar.

La Princesa de las Pesadillas se adelantó. Dani se dio prisa para alcanzarla. No quería quedarse solo a merced de los infinitos peligros de aquel país de locos. Hasta entonces solo había tenido miedo a los perros, pero ahora el Reino de las Pesadillas le estaba dando razones para temer otras cosas aún peores.

Al cabo de un rato, la princesa se detuvo en medio de un descampado lleno de flores venenosas y avispones del tamaño de palomas bien cebadas.

—Creo que este es un buen lugar —dijo ella.

—¿Un buen lugar para qué? —preguntó Dani, confundido.

La Princesa de las Pesadillas dio una palmada y en mitad del descampado surgió una casa de té en ruinas en la que dos cangrejos zombis con traje y corbata atendían a los invitados. Que eran Dani y ella, obviamente.

—¿Desea ojos de ratón en su té, maestro? —le preguntó amablemente uno de los cangrejos a Dani. Tenía entre sus pinzas un tarro lleno de ojos de roedor.

—N-no, gracias… Mejor que no —contestó el muchacho, conteniendo las ganas de vomitar.

La Princesa de las Pesadillas lo observó con expresión crítica mientras bebía su té.

—No me vas a servir si tienes tantos remilgos —dijo la niña—. Eres un miedoso.

—Ya sé que soy un miedoso —se enfadó Dani—. Pero a ti ¿por qué te importa? No creo que me necesites para nada. Aquí puedes hacer lo que quieras.

Para su sorpresa, la princesa soltó una carcajada.

—¿Que puedo hacer lo que quiera? ¡Ja! —se rio sin humor la niña—. Tal vez te lo parezca, porque eres un soñador y no te enteras, pero no puedo hacer nada sin permiso de mi madre o de mi padre. Ellos son los reyes, ellos son los que mandan, y dicen que soy muy pequeña para hacer ciertas cosas. No me dejan divertirme.

—¿Y yo qué pinto en todo esto? —preguntó Dani.

La Princesa de las Pesadillas le obsequió una sonrisa maliciosa.

—Un soñador es libre para ir adonde lo lleven sus sueños. Esas son las reglas. Si vienes conmigo, puedo decir que tú me soñaste y que por eso estaba allí, incluso si es un lugar prohibido —le explicó la niña—. ¡Es la excusa perfecta!

—Yo no puedo ir adonde quiera —le recordó Dani—. El perro…

—El perro es fruto de tu propio miedo —lo interrumpió la princesa—. Eres tú el que no quieres salir de esa pesadilla. Pero mira esto: si me acompañas en mis aventuras, haré que ese chucho te deje de molestar. ¿Trato hecho?

Dani se lo pensó mucho. No confiaba en aquella niña, pero la posibilidad de librarse de su pesadilla recurrente era una tentación demasiado grande para él.

—Trato hecho —aceptó el chico.

De haber sabido lo que iba a ocurrir en el futuro, no habría aceptado con tanta facilidad.

4

Buen despertar

Aquella mañana, Dani se despertó lleno de energía. Había dormido de un tirón por primera vez en mucho tiempo.

Su memoria era un poco nebulosa, pero tenía la vaga sensación de que no había tenido la misma pesadilla de siempre. Sí, el perro diabólico lo había perseguido otra vez, pero también había aparecido otro personaje. Recordaba algo de una Princesa de las Pesadillas y de una promesa que le había hecho…

Había sido un sueño un tanto tétrico y había pasado algo de miedo, pero al menos había sido diferente.

—Ojalá todos mis sueños fuesen así —murmuró para sí mismo.

Su día en la escuela fue mejor que de costumbre y volvió a casa silbando una canción. Ahora que por fin había logrado dormir bien, Dani veía el mundo con otros ojos.

Sin embargo, sus miedos regresaron cuando llegó la hora de ir a la cama. ¿Volvería a tener la misma pesadilla de siempre? Deseaba con todas sus fuerzas que no fuera así.

Y entonces se durmió.

Para su horror, descubrió que había regresado al lugar de su pesadilla recurrente. Allí estaba él otra vez, en el pueblo que no era su pueblo, y allí estaba también el perro que chorreaba fuego por la boca.

—Oh, no —se lamentó Dani, empezando a correr.

Para su infinita alegría, su carrera no duró mucho. La niña de la otra noche apareció de repente y se interpuso entre Dani y su perseguidor.

—Atrás —le ordenó al perro monstruoso—. Este soñador es mío.

El mastín infernal meneó la cabeza contrariado, pero se dio la vuelta, no sin antes dirigirle a Dani un gruñido amenazador. «Esto no ha acabado», venía a decir.

—¡Gracias! —le dijo el chico a la Princesa de las Pesadillas—. Me has salvado.

—Claro que te he salvado. Yo cumplo mis promesas —contestó la niña.

Dani se rascó la cabeza, avergonzado.

—Creí que eras solo un sueño.

—Por supuesto que soy un sueño —repuso la princesa, como si Dani hubiese dicho lo más obvio del mundo—. El Reino de las Pesadillas sigue formando parte del universo de los sueños, no te olvides.

—Entonces, ¿esto es real o no es real? ¿Eres solo un producto de mi imaginación? —preguntó Dani con curiosidad.

La Princesa de las Pesadillas le dirigió una mirada asesina.

—Yo soy de la realeza —le recordó ella—. No me trates como si fuera uno de esos sueños de tres al cuarto que desaparecen en cuanto sus soñadores se olvidan de ellos.

Dani no se atrevió a hacer más preguntas por el momento.

Observó con cierto interés que su acompañante vestía de manera diferente aquella noche. En vez de un vestido negro con volantes, ahora llevaba una túnica de color rojo sangre. Adornos en forma de calavera estaban cosidos a lo largo y ancho de la tela carmesí.

También se dio cuenta de que no venía sola.

—¿Oh? ¿Has traído un conejito? —se sorprendió Dani, acercándose con cuidado a la adorable bola de pelo. Como no era un perro, no le daba miedo.

—¡No te acerques a él! —le advirtió la princesa con seriedad.

—No iba a hacerle daño —se defendió Dani.

—Eres tú el que me preocupa. Este conejo no es uno de esos patéticos animales de granja que tenéis en vuestro mundo, sino una criatura única. Su nombre es *Rodolfo,* más conocido como «Conejo Asesino de Dol Horpein». Te comerá si no tienes cuidado.

Dani se apartó como un resorte. ¡Vaya con el conejito carnívoro! El animal hizo unos ruiditos agudos, como si estuviera riéndose.

—*Rodolfo* dice que necesitarás ser más valiente si quieres sobrevivir en el Reino de las Pesadillas —tradujo la princesa, arrugando la frente—. Tiene razón. Tu cobardía puede ser un problema para mis planes.

—¿Por qué? —preguntó Dani. Aún no sabía exactamente lo que su nueva amiga quería hacer con él.

—Existen muchos lugares en el Reino de las Pesadillas que pueden retorcer y destruir las mentes más débiles. Si te llevo allí sin que estés preparado, por mucho que me muera de ganas de visitar esos sitios, seguramente perderás la cabeza —dijo la niña con seriedad—. Quiero que dures. No todos los siglos se encuentra a alguien con una carga de sueños tan negativa como la tuya y pienso aprovecharte al máximo.

La perspectiva de ver su mente destruida por los horrores innombrables del Reino de las Pesadillas no era agradable. No obstante, a Dani le gustó saber que la princesa se preocupaba por él, aunque fuese solamente por interés.

El conejo asesino volvió a hacer ruiditos.

—Sí, tienes razón, *Rodolfo*. Eso podría funcionar —asintió la Princesa de las Pesadillas, para luego volverse hacia Dani—. Lo que tú necesitas es entrenamiento.

—¿Entrenamiento? —repitió Dani mosqueado.

—Sí, entrenamiento. Haremos que vayas venciendo a tus miedos uno a uno. Así aprenderás a moverte sin problemas por el Reino de las Pesadillas. Y cuando estés listo, entonces empezará la verdadera diversión... —dijo su nueva amiga con una sonrisa peligrosa.

5

COMIENZA EL ENTRENAMIENTO

Dani, la Princesa de las Pesadillas y *Rodolfo,* el Conejo Asesino de Dol Horpein, iban de camino a un pueblecito llamado Villa Tranquila. Aunque el lugar estaba en la otra punta del reino, en realidad tardaron muy poco en llegar. En el mundo de los sueños, el tiempo no tenía sentido. Lo único que importaba era saber adónde se quería ir.

Mientras caminaban, Dani se puso a pensar. Tenía muchísimas preguntas, pero había una cuestión en particular que le rondaba la mente en aquel momento.

—No te lo había dicho antes. Mi nombre es Daniel. Puedes llamarme Dani, si quieres. ¿Tú cómo te llamas? —le preguntó a la princesa, un poco avergonzado por no haberlo hecho antes. Estar soñando

no era excusa para ser un maleducado.

—Puedes llamarme Princesa de las Pesadillas, princesa a secas o Su Muy Terrorífica Alteza Real, como prefieras —dijo y se encogió de hombros la niña.

—No, me refiero a un nombre de verdad... —aclaró Dani, pero no consiguió arrancarle una respuesta a la princesa.

Llegaron por fin a Villa Tranquila que, como su nombre indicaba, parecía un pueblecito apacible y bucólico: casas bonitas y perfectamente alineadas, macetas repletas de flores e incluso pajaritos cantando alegremente en las ramas de los árboles. Era tan normal que resultaba anormal, sobre todo si se recordaba que formaba parte del Reino de las Pesadillas.

Dani no entendía por qué estaban allí, hasta que la princesa dijo:

—Ah, el pueblo de los asesinos de cine. Es uno de mis favoritos.

A Dani se le pusieron los pelos de punta.

Su miedo aumentó cuando un individuo enmascarado y armado con una ruidosa motosierra salió

a su encuentro. El asesino se detuvo cuando reconoció a la princesa.

—¡Bienvenida de nuevo a Villa Tranquila, alteza! Siempre es un honor tenerla en nuestro humilde pueblo —la saludó el siniestro personaje, haciendo una reverencia—. ¿Puedo saber qué la trae por aquí?

—Hola, Johnny —lo saludó la niña—. Necesito ayuda para endurecer un poco a este soñador tan miedoso. Se llama Daniel. Es el criajo que batió el récord la semana pasada.

Para terror del muchacho, el enmascarado llamado Johnny lo agarró de los hombros con mucha fuerza. Pero, en vez de hacerle daño, lo que hizo fue darle un abrazo de oso que casi le dejó sin aire.

—¡Así que tú eres ese famoso soñador! Chico, todo el reino ha estado hablando de tu récord, eres un *crack* —lo felicitó el asesino de la motosierra—. La mayoría de los soñadores se rinden, cambian de pesadilla o dejan de soñar directamente, ¡pero tú no! Tú, ahí, pasando miedo noche tras noche, pero aguantando como un campeón. Es gracias a soñadores como tú que el Reino de las Pesadillas puede mantenerse fuerte.

—Esto... Gracias, supongo —musitó Dani.

Johnny apoyó un brazo sobre sus hombros, en actitud fraternal.

—¿Sabes? Muy pocos soñadores entienden lo que hacemos —suspiró el enmascarado—. Nos tienen miedo. ¡Bueno, es lógico! Estamos aquí precisamente porque *necesitan* tener miedo. La vida en el mundo mundano no es un camino de rosas, ¿verdad? A veces hay malos tragos que pasar. Y si no los pasan allí, tienen que pasarlos aquí. Es algo, ¿cómo se dice? «Terapéutico», eso. Fíjate en mí, vengo de asustar a una familia entera que vio una noticia sobre un asesino en serie. ¿Cómo se enfrentan a sus miedos? Pues aquí, en el Reino de las Pesadillas. Ni siquiera les hago daño de verdad. ¿Me lo van a agradecer algún día? No, desde luego que no. Pero yo sigo, porque sé que mi trabajo es necesario.

La princesa esbozó una sonrisa de aprobación.

—¡Bien dicho! Dani necesita enfrentarse a muchos miedos a partir de ahora. Quiero que sea un chico valiente, o no me servirá.

Johnny le guiñó un ojo a la princesa. En realidad, no vieron cómo guiñaba el ojo, por culpa de la careta que llevaba encima, pero supieron que había sido así. Cosas del universo de los sueños: podías saber algo sin necesidad de verlo.

—Ya entiendo —asintió el asesino de la motosierra—. Su alteza quiere ir poco a poco, para que la mente de este niño aguante, ¿verdad? Muy considerado por su parte, princesa. Sois la bondad personificada. Sí, Villa Tranquila será un comienzo suave para él.

Dani no estaba tan de acuerdo.

—¿Suave? —repitió el chico con incredulidad—. ¿Esto es suave? ¡La gente sale corriendo de todas partes! ¡Y ese tipo de allí lleva un hacha! ¡Con sangre!

—Ah, el viejo Joe. Un clásico —dijo Johnny en tono nostálgico—. En el fondo ya no da tanto miedo como antes, pero de vez en cuando consigue visitantes. ¿Quieres conocerlo?

—Casi mejor que paso… —empezó a decir Dani, pero la Princesa de las Pesadillas le dio un empujón para que se adelantara.

—No seas miedica —le reprochó Su Muy Terrorífica Alteza Real—. Este sitio no es nada comparado con lo que tengo previsto para las próximas noches.

Dani se puso blanco como el papel. ¿Qué podía ser peor que un pueblo de asesinos en serie? No tuvo mucho tiempo para pensarlo, porque el enmascarado de la motosierra lo agarró del brazo y lo arrastró hacia donde el tal Joe amenazaba con rebanarle el gaznate a un pobre hombre en pijama. Para sorpresa de Dani, en el momento en que el asesino descargó su hachazo sobre él, el soñador pegó un grito y se esfumó.

—¿Lo ves? El Reino de las Pesadillas es cien por cien seguro —le señaló su guía.

Mientras tanto, la princesa y su conejo conversaban en actitud conspiradora.

—Tranquilo, *Rodolfo*. Aguantará. Ese niño tiene mucha energía negativa. Y no pienso compartirla con nadie más.

6

La Ciudad Transparente

A partir de entonces Dani empezó una rutina muy rara. Cada vez que se dormía, aparecía de nuevo el perro monstruoso que siempre le perseguía, pero al poco rato siempre llegaba la Princesa de las Pesadillas para salvarle y llevarlo de visita por su reino.

Tras acostumbrarse a los sustos de Villa Tranquila, Dani conoció otros lugares igual de horripilantes o incluso más, como la estación de tren de Siempre Te Caes A Las Vías, el Mar de los Tiburones Hambrientos o la fábrica de salchichas 100 % Carne Humana. La siniestra niña no había bromeado cuando había dicho que le iba a hacer superar todos los miedos habidos y por haber.

Curiosamente, aunque Dani sufría susto tras susto, en el fondo se lo pasaba bien. Con el tiempo, había empezado a entender que los habitantes del Reino de las Pesadillas no eran realmente malvados. Vale, su aspecto solía ser repugnante, su trabajo era asustar a los demás y su definición de la palabra «diversión» dejaba mucho que desear, pero en el fondo eran personas con sus puntos buenos y malos, no monstruos sin corazón.

Ayudaba también el hecho de que la Princesa de las Pesadillas hacía de guía para él. Los habitantes del reino la trataban con mucha deferencia y a él, también, por ser su acompañante.

Eso sí, no faltaban pesadillas que se tomaban su trabajo muy en serio, con presencia de la realeza o sin ella.

—¡Groaaarrr! —rugió el terrible tiranosaurio que gobernaba la Ciudad Transparente nada más verlos.

La Ciudad Transparente era un lugar bastante curioso. Todas las paredes de los edificios parecían estar hechas de un cristal muy claro que permitía ver todo lo que ocurría en el interior de las casas. Los soñadores que tenían miedo a que los demás los mirasen, a perder sus secretos y su intimidad, se encontraban allí, desnudos o en ropa interior. Se quedaban encogidos en un rincón, sin atreverse a salir.

Porque, cuando salían, el tiranosaurio estaba siempre al acecho, esperando la oportunidad para devorarlos.

—¡Raaarrr! —rugió una vez más la bestia prehistórica, abriendo sus mandíbulas plagadas de afilados colmillos.

—¿Por qué hay un tiranosaurio aquí? —preguntó Dani mientras escapaba del dinosaurio con toda la fuerza que le permitían sus piernas—. ¡No tiene ningún sentido!

—A mí no me mires. Es a los soñadores a los que se os ocurren estas cosas —contestó la Princesa de las Pesadillas, que corría a su lado.

—¿Por qué estás huyendo tú también? —se extrañó Dani.

—Digamos que ese tiranosaurio ha tenido ciertos problemillas con mi padre. Prefiero no arriesgarme —confesó la niña.

—¡¿Y no podías haberlo dicho antes?! ¡Ahora ese bicho tendrá el doble de ganas de comernos! —exclamó Dani, incluso más asustado que antes.

A pesar de sus temores, lograron salir sanos y salvos de la Ciudad Transparente. El tiranosaurio gruñó enfadado, pero cuando llegó al borde de sus dominios dio la media vuelta y se marchó. Dani y la princesa se quedaron tendidos sobre un campo de flores carnívoras para recuperar el aliento.

—Ese dinosaurio da mucho miedo —reconoció Dani.

—Claro. Esa es la idea, precisamente —respondió la Princesa de las Pesadillas—. Pero lo que da más miedo en la Ciudad Transparente es justamente su transparencia.

—¿Porque todo el mundo te puede ver? No parece para tanto —comentó Dani.

La princesa le dirigió una media sonrisa.

—Para ti no, tal vez, pero cada persona tiene sus propios temores. Los miedos personales son los más deliciosos. —Dani tragó saliva al oír aquello—. Ya lo verás la noche que visitemos el Valle de la Desesperación, pero todavía no. No estás preparado.

Dani se tumbó cuan largo era sobre el campo de flores carnívoras. Afortunadamente, las flores fueron simpáticas y no lo molestaron. El chico miró al cielo con expresión pensativa. Como todo en aquel reino, era un cielo muy raro. Recordaba de la primera noche los soles de distintos colores y las nubes de tormenta, pero ahora también podía ver los meteoritos que caían desde las alturas y las estrellas que explotaban y se convertían en agujeros negros, agujeros que luego devoraban otras estrellas.

—Aún no sé por qué hago este entrenamiento —se quejó Dani.

—Te lo he dicho mil veces, te necesito como excusa para viajar, porque mis padres no permiten que visite ciertos lugares. «Demasiado peligrosos», dicen. ¡Ja! Lo que pasa es que aún me tratan como a una niña pequeña.

—¿Qué edad tienes? —le preguntó Dani con curiosidad.

—Veinte mil años. En años mundanos, claro —respondió rápidamente la Princesa de las Pesadillas, aunque luego se arrepintió un poco y añadió—: Bueno, en realidad voy a cumplir los diecinueve mil novecientos noventa y siete años el próximo ciclo, ¡pero eso es casi veinte mil!

Dani se sorprendió muchísimo. ¡Su espeluznante amiga era más vieja que las pirámides de Egipto! Pero como parecía que la princesa era muy sensible en lo tocante a su edad, decidió cambiar de tema.

—¿Adónde me vas a llevar mañana? —le preguntó con interés.

—A conocer una de las pesadillas más antiguas —dijo la niña—: el Pozo Sin Fondo.

7

El mensaje de los Antiguos

Dani aún no se había asomado y ya estaba sintiendo vértigo. El Pozo Sin Fondo daba miedo solamente con oír su nombre.

Era un agujero enorme en el suelo. O era un agujero pequeño. Algunas veces parecía un pozo para sacar agua, con su cubo y su polea, y otras veces parecía, simplemente, una grieta en la tierra. Como buena pesadilla, su aspecto cambiaba cada dos por tres, pero había algunas cosas que siempre eran iguales: te podías caer sin darte cuenta y, cuando lo hacías, nunca llegabas al fondo, porque no había. Era una caída eterna.

Dani hizo un esfuerzo por asomarse y echar un vistazo. No vio nada, solo negrura. Completa y

absoluta oscuridad. La luz no se atrevía a penetrar más allá de los bordes del Pozo Sin Fondo.

—¿Se suele caer mucha gente? —preguntó Dani con muchos nervios.

—Ni te lo imaginas —contestó la Princesa de las Pesadillas y sonrió, mientras acunaba a *Rodolfo* en sus brazos. El conejo homicida se había merendado antes un par de dragones y ahora se estaba echando una siesta.

—¿Y no hay ningún fondo? ¿Seguro? —quiso saber Dani. A su mente le parecía imposible que algo así pudiese existir de verdad.

—Segurísimo —le aseguró su compañera de sueños—. ¿Quieres probar?

—No, gracias —contestó Dani de inmediato—. Pero algo habrá en el Pozo Sin Fondo, ¿no? Aunque no haya un fondo.

La Princesa de las Pesadillas se llevó una mano a la barbilla, la viva imagen de una pensadora.

—Hay... ¿Cómo explicárselo a una mente mundana? Hay vacío. Hay oscuridad. Hay nada. Eso es lo que hay.

—O sea, que no hay nada —dijo Dani un poco decepcionado.

Pero la niña negó con la cabeza.

—Te equivocas. No he dicho que no haya nada, sino que hay nada.

Su explicación sirvió únicamente para confundir aún más al pobre Dani.

—No lo entiendo —confesó el chico.

—No esperaba que lo entendieses. Es imposible para un soñador mundano —dijo la Princesa de las Pesadillas, encogiéndose de hombros—. El Pozo Sin Fondo es el ejemplo más famoso que tenemos de la Nada Primordial, el Vacío Cósmico, la Oscuridad Que Todo Lo Envuelve. Es tan pequeño como para que una persona que caiga por él sienta que le falta espacio, pero tan grande que en él cabrían universos enteros. Y luego están los Antiguos...

La niña pronunció la palabra «Antiguos» con mucha reverencia. Dani se sorprendió. Había pasado suficientes noches compartiendo pesadillas con ella como para saber que su siniestra amiga era muy presumida y estirada.

—¿Quiénes son esos Antiguos? —preguntó Dani con curiosidad.

—Son... Ay, qué preguntas más difíciles me haces —suspiró la princesa, sin poder encontrar las palabras adecuadas—. Son, pues eso, los Antiguos.

Desde luego, la Princesa de las Pesadillas no era muy buena dando explicaciones.

—Eso no es una respuesta —dijo Dani.

—¡Es que no hay forma de explicar quiénes son los Antiguos! —bufó la niña con indignación—. Son viejos, muy viejos, más viejos que mil millones de universos mundanos. Están hechos de miedo, olvido y vacío. Si los vieras, aunque fuera en sueños, te volverías loco de inmediato. Pero lo más raro de todo es que sueñan.

—¿Qué tiene de raro que sueñen? —se extrañó Dani—. Yo también sueño.

—Pero tú eres un soñador —señaló la princesa con un toque de tristeza en sus ojos negros—. Este mundo está hecho con vuestros sueños. Es vuestro don. Nosotros no lo tenemos. Salvo los Antiguos. Son infinitas veces más poderosos que mis padres, los reyes, pero les dejan gobernar porque ellos se conforman con vivir en el Pozo Sin Fondo. Casi nunca salen de allí. Los Antiguos prefieren dormir. Y soñar.

—¿Y qué sueñan? —quiso saber Dani.

—Nadie lo sabe —reconoció la princesa—. Hay quien dice que sueñan con vosotros.

—Entonces, ¿puedo ser el sueño de un sueño? —preguntó Dani sin terminar de creérselo.

La Princesa de las Pesadillas se encogió de hombros y dio la conversación por terminada. Ya se disponían a marcharse cuando de repente sintieron un frío tremendo y una ola de miedo los envolvió. Entonces se oyó una voz que provenía del pozo.

—*Princesa de las Pesadillas... Venid aquí... Tenemos un mensaje para vos...*

—¡Dani! ¡Un Antiguo está saliendo del pozo! —le advirtió la niña.

—¿De verdad? —se asombró Dani, dándose la vuelta de inmediato. Tenía mucha curiosidad por ver a uno de esos Antiguos tan famosos. Pero antes de que pudiera posar sus ojos sobre el Pozo Sin Fondo, la princesa lo tiró al suelo.

—¿No te acuerdas de lo que he dicho? —le gritó ella enfadada—. ¡Si ves a uno de los Antiguos, te volverás loco o algo peor! ¡Cierra los ojos!

Dani obedeció sin rechistar. Por si acaso, su compañera lo obligó a agachar la cabeza. No se fiaba. Mientras tanto, la presencia del Antiguo se hizo sentir a su alrededor.

—*Princesa... Princesa...*

—¿Qué deseáis de vuestra humilde servidora, todopoderosos señores de la Nada? —preguntó la niña muy educadamente. Dani seguía sin poder ver con quién estaba hablando, pero cada palabra de aquella «cosa» resonaba en su cabeza y le hacía sentir escalofríos.

—*Princesa de las Pesadillas... Debéis advertir a vuestros padres. Se avecinan cambios, cambios peligrosos. La felicidad es contagiosa... La sonrisa esconde maldad... La lluvia quema... Hemos visto eso y más. Debéis advertir al Rey y a la Reina...*

La voz (¿o eran voces?) se retiró lentamente. Cuando la Princesa de las Pesadillas juzgó que la situación volvía a ser segura para su amigo, Dani pudo abrir los ojos de nuevo. El Pozo Sin Fondo estaba igual que antes. Sin embargo, la princesa parecía tener las piernas de gelatina. Su descaro y confianza se habían evaporado.

—Hacía dos mil años que no veía a un Antiguo —admitió la niña—. No les gusta relacionarse con otras pesadillas. Ese mensaje debe ser muy importante.

—¿Y qué hacemos ahora? —preguntó Dani.

—Lo que han ordenado los Antiguos: avisar a mis padres —contestó la princesa con expresión sombría.

8

Sus Muy Terroríficas Majestades

Nada más recibir el mensaje de los habitantes del Pozo Sin Fondo, Dani y la Princesa de las Pesadillas se dirigieron sin tardanza al Palacio Real, que, como todo lo que había en aquel sitio, era espeluznante.

Torres oscuras, gárgolas siniestras, fosos llenos de pirañas, esqueletos colgando de las murallas y cobradores de deudas que vigilaban en las almenas hacían del palacio un lugar muy poco acogedor, al menos para un soñador mundano. La princesa, en cambio, se sentía como en casa, pues, a fin de cuentas, realmente era su casa.

—Bienvenida de nuevo al palacio, princesa —la saludó un chambelán que tenía toda la pinta de ser una cucaracha gigante. El insecto miró de reojo a Dani, pero no dijo nada. Eso sí, a un gesto suyo, una nube de arañas bajó del techo y se posó sobre las ropas del muchacho. Dani se puso muy nervioso, pero la Princesa de las Pesadillas no hizo ni caso.

—¡Hola, Fzzz! ¿Están mis padres en palacio? —preguntó la niña.

—Sí, alteza, aunque si hubieseis llegado un momento después ya no los habríais encontrado. Se van a una conferencia onírica —le explicó el chambelán cucaracha.

La princesa se mostró muy sorprendida por la noticia.

—¿Una conferencia? ¿Con quién? ¿Por qué?

—Ya se sabe, amenaza de guerra con el País de los Sueños Felices, quejas del Señor de los Sueños Olvidados, que si Don Dinero ha metido la nariz donde no debe... Lo de siempre. Nada de qué preocuparse.

—¿Y por qué no me he enterado hasta ahora? —se quejó la princesa.

—Porque no era algo importante, alteza. Vuestros padres lo tienen todo controlado —respondió amablemente la cucaracha gigante—.

Además, en los últimos tiempos habéis estado saliendo mucho del palacio. ¿Quizá para jugar con ese soñador de ahí?

El chambelán señaló a Dani, que en ese momento estaba siendo cubierto por la horda de arañas de antes. Sorprendentemente, los arácnidos se estaban afanando en tejer un traje para él sobre la ropa que llevaba puesta. Al parecer, en el Palacio Real de las Pesadillas no gustaba que nadie apareciese en pijama, incluso si era un soñador.

—No quiero interrumpir, pero tenemos un mensaje urgente —le recordó Dani a su compañera de sueños en cuanto las arañas terminaron de coser su traje de seda.

—Huy, sí, es verdad. ¡Nos vemos, Fzzz! ¡Y dale de comer a *Rodolfo,* por favor!

—Como gustéis, princesa —dijo la cucaracha gigante, e hizo una reverencia.

Dani y su amiga salieron entonces a un patio del palacio donde, según los sirvientes, estaba pastando la Reina de las Pesadillas. Sí, sí, pastando, porque, en cuanto se acercaron más, Dani pudo comprobar que Su Muy Terrorífica Majestad era una yegua, una yegua negra. Sus ojos eran rojos y brillaban con un resplandor espeluznante. Por un momento, le recordó al perro de sus pesadillas.

Nada más verlos, la sombría yegua trotó hasta ellos y relinchó con entusiasmo. La Princesa de las Pesadillas se adelantó para encargarse de las presentaciones.

—Dani, te presento a mi madre, Yegua Nocturna, la Reina de las Pesadillas. Madre, te presento a Dani. Es un soñador.

Yegua Nocturna volvió a relinchar una vez más. Cuando vio que Dani no entendía lo que estaba diciendo, cambió a una voz humana.

—Es un placer, Daniel —dijo la reina—. Mi querida princesita me ha hablado mucho de ti. Ya era hora de que alguna vez trajese a sus amigos a palacio. Estar siempre encerrada en casa no es bueno para una pesadilla. Como siga así, se va a convertir en un Sueño Olvidado...

La princesa se sonrojó de vergüenza.

—Madre... —empezó a decir la niña pausadamente, pero luego explotó—: ¡Mamá, no me hagas quedar mal delante de un soñador, por favor! ¿Qué va a pensar Dani?

—Yo no pienso nada —se apresuró a responder él—. ¿No sería hora de darle el mensaje?

—¿Mensaje? —repitió Yegua Nocturna—. ¿Qué mensaje?

—Espera, mamá, ¿dónde está papá? —preguntó la Princesa de las Pesadillas.

—Oh, estará al caer. Creo que estaba preparando los últimos detalles del viaje —contestó su madre—. Mira, ahí viene.

El Rey de las Pesadillas era imponente, desde luego. Era una armadura de tres metros de alto cuajada de pinchos afilados y que chirriaba a cada paso que daba, como unas bisagras mal engrasadas. Cuando sus pies tocaban la tierra, esta se ennegrecía, las flores se marchitaban y los animales morían. Al menos no hacía efecto con los soñadores, pensó Dani, aliviado al ver que a él no le estaba pasando nada.

Su Muy Terrorífica Majestad llegó hasta ellos y se quedó callado. Al parecer, el rey no era muy parlanchín.

—Padre, madre, os tengo que comunicar algo muy importante —les dijo la Princesa de las Pesadillas con suma gravedad—. Es un mensaje de los Antiguos del Pozo Sin Fondo. Han visto cambios peligrosos. Hablan de una felicidad contagiosa, una sonrisa que esconde maldad y una lluvia que quema. No sé lo que quiere decir, pero puede tener algo que ver con esa conferencia a la que vais a ir.

En lugar de expresiones de asombro o de preocupación, la princesa se sintió decepcionada al ver que sus padres no se tomaban en serio el mensaje.

—Cariño, ¿otra historia fantástica más de las tuyas? Ya sé que te aburres, pero un mensaje de los

Antiguos es algo serio. No se debe bromear con algo así —suspiró la reina.

—¡Pero es verdad! ¡No me lo he inventado! —protestó la niña—. ¡Preguntádselo a Dani si no me creéis!

El chico asintió.

—Es cierto, yo lo vi. Bueno, lo oí, porque cerré los ojos. Pero era un Antiguo.

Sin embargo, Yegua Nocturna suspiró con incredulidad.

—Claro, claro. Dime, hija, ¿sabes diferenciar a un Antiguo del sueño de un soñador? Hace dos mil años que no ves a uno. ¿Quién me asegura que ese mensaje no ha sido un producto de la imaginación de tu amigo?

—¡Yo no he hecho nada! ¡Lo juro! —se defendió Dani.

—Conscientemente no —señaló la reina—. Pero tal vez lo hayas hecho sin darte cuenta, para darle a mi hija una excusa.

La princesa hizo un mohín de disgusto. Dani empezaba a entender ahora por qué estaba tan obsesionada con usarlo a él para burlar las prohibiciones de sus padres. Para él, su compañera de juegos era poderosísima y sabía muchísimas cosas, pero para sus padres solamente era una niña pequeña que daba la lata cuando se aburría.

Yegua Nocturna acarició a su hija con cariño. La princesa seguía enfurruñada.

—No te enfades, mi noche. Cuando volvamos de la conferencia jugaremos más contigo, ¿de acuerdo? —prometió la reina. La armadura con pinchos que era su marido asintió silenciosamente.

Sus Muy Terroríficas Majestades se pusieron en marcha acompañadas de un séquito de monstruos a cual más aterrador. La Princesa de las Pesadillas se quedó sentada en la entrada del palacio con los brazos cruzados, viéndolos marcharse.

—¿Y ahora qué? —le preguntó Dani inseguro.

—Ahora, a esperar —suspiró la Princesa de las Pesadillas—. Ojalá no ocurra nada malo.

9

LA DESAPARICIÓN

Dani empezó a notar que algo raro ocurría la noche siguiente cuando la Princesa de las Pesadillas tardó más de lo acostumbrado en ir a rescatarlo de las garras de su viejo conocido, el perro diabólico.

Al chucho infernal se le veía con ganas de recuperar el tiempo perdido, pero en el último instante tuvo que dar media vuelta otra vez, pues la princesa llegó justo a tiempo de evitar que le diese un mordisco a Dani. Aunque el chico se alegró, su amiga parecía muy alterada.

—Dani, ha ocurrido algo malo. Algo muy, muy malo —dijo la princesa.

—¿Qué?

—¡Mis padres han desaparecido!

Al momento, Dani se encontró de nuevo en el Palacio Real de las Pesadillas, donde reinaba una actividad frenética. Consejeros alarmados, secretarios preocupados y camareros estresados deambulaban de una esquina a otra del edificio.

—¡Princesa! ¡Gracias a los Antiguos que habéis vuelto! —exclamó el gran chambelán Fzzz, la cucaracha gigante—. ¿Dónde os habíais metido? ¡Estábamos todos muy preocupados?

—Solo he ido a buscar a mi amigo —se excusó ella—. No estaba en peligro.

—Pero ¿qué ha pasado? —quiso saber Dani.

El chambelán Fzzz movió la cabeza de un lado a otro, con gesto pensativo. Luego, empezó a explicarle a Dani lo que había ocurrido.

Al parecer, todo había empezado con una queja formal de los asistentes a la conferencia onírica, que aseguraban que Sus Muy Terroríficas Majestades no se habían presentado. Al principio se habían enfadado mucho, al pensar que los Reyes de las Pesadillas habían decidido pasar de ellos y no acudir a la conferencia, pero luego se enteraron de que tanto Yegua Nocturna como su real esposo habían partido hacia allí el día anterior. Si no habían aparecido por la conferencia, no había sido por falta de ganas.

—Nos tememos que haya sido un secuestro —se lamentó Fzzz—. O algo peor.

—Pero ¿quién querría hacer algo así? —se extrañó Dani. Aunque daban un poco de miedo, los Reyes de las Pesadillas le habían parecido bastante simpáticos.

—Huy, ¿te hago una lista? —dijo la Princesa de las Pesadillas con ironía.

Resultaba que manejar un reino tan grande tenía sus más y sus menos. Entre las desventajas estaba ganarse un montón de enemigos que, por una razón o por otra, le tenían inquina a las pesadillas. Tampoco ayudaba que las propias pesadillas no fuesen las criaturas más amables y consideradas del universo, precisamente.

—Está la Liga de Soñadores Independientes, que se queja de que asustamos demasiado a la gente; el Señor de los Sueños Olvidados, que nos tiene manía porque los soñadores se acuerdan de nosotros, aunque nos tengan miedo; y, por último, los peores de todos, los granujas del País de los Sueños Felices —le explicó la princesa a Dani.

—¿País de los Sueños Felices? —repitió Dani—. No suenan muy malvados.

—¡Ja! Eso es porque tú no los conoces —bufó su amiga—. Son unos plastas que creen que la gente solo debería soñar cosas bonitas y alegres, y tratan de fastidiar a todos los que no piensan como ellos.

—A mí no me importaría tener sueños felices —comentó Dani.

Al momento se arrepintió de haber dicho eso, porque la Princesa de las Pesadillas se enfadó. Y mucho. Se sentía traicionada y así se lo hizo saber a Dani.

—¡Lo siento, lo siento! No quería decir eso —trató de explicarse el muchacho—. Es que hasta ahora solo he soñado pesadillas. Me gustaría ver otras cosas.

—¡¿Incluso si esos sueños felices han hecho daño a mis padres?! —se enojó la princesa.

—Alteza, no tenemos pruebas de que este lamentable incidente haya sido culpa del País de los Sueños Felices —intervino entonces el chambelán Fzzz—. Como vos misma habéis dicho, al Reino de las Pesadillas no le faltan enemigos. Tenemos que averiguar quién ha sido y luego tomar las medidas oportunas.

—¡Estoy segura de que han sido los sueños felices! —saltó la princesa, poniéndose roja—. Ya lo decía el mensaje de los Antiguos: «La felicidad es contagiosa». ¿A quién más se puede referir?

Para su irritación, sin embargo, el chambelán puso sus ojos de insecto en blanco. Estaba claro que ni siquiera el fiel Fzzz se creía la historia del mensaje del Pozo Sin Fondo.

—Alteza, ¿por qué no vais al jardín a jugar con vuestro amigo? Lo mejor que podéis hacer ahora es distraeros un poco y dejar los asuntos políticos en manos de los ministros y consejeros —sugirió la cucaracha gigante.

La princesa iba a protestar, pero se lo pensó mejor. Cerró la boca y se marchó de allí a grandes zancadas. A Dani le faltó tiempo para seguirla.

Mientras los adultos trabajaban (o corrían como pollos sin cabeza, que para el caso era lo mismo), Dani y la Princesa de las Pesadillas se fueron al jardín, donde los galimatazos cazaban limazones entre los matorrales de higueras venenosas.

—No me hacen caso. Son igual que mis padres, nunca me toman en serio —se quejó la princesa—. ¡Ya no soy una niña pequeña! ¡Tengo veinte mil años!

—Creía que tenías diecinueve mil novecientos noventa y siete —señaló Dani.

Su amiga se enfurruñó y no dijo nada más por un rato. Dani intentó animarla, pero no sabía cómo. Era evidente que la princesa estaba muy preocupada, aunque intentara hacerse la valiente.

—Han sido los sueños felices. Lo sé —insistió ella.

Dani no estaba tan seguro. Le preguntó a su amiga:

—¿Por qué iban a hacer algo así?

—¿Y yo qué sé? —le espetó la Princesa de las Pesadillas, encogiéndose de hombros—. Son sueños felices. Son raros. Y odian a los que no piensan como ellos.

—No sé yo si… —dudó Dani, pero la princesa no le dio tiempo a decir nada, porque en ese momento levantó el puño en alto y proclamó:

—¡Si los chambelanes y los ministros no me creen, yo misma averiguaré lo que les ha pasado a mis padres y los rescataré!

Dani trató de calmarla.

—¡Espera, espera! ¿No crees que es demasiado peligroso? Tus padres eran muy fuertes, ¿no? Pero han desaparecido. Tú sola no podrás hacer nada.

Las palabras de Dani hicieron mella en la princesa, que se puso a reflexionar sobre el asunto. Entonces se le ocurrió una idea.

—¿Quién ha dicho que vaya a ir sola? Tú me acompañarás, por supuesto —dijo la Princesa de las Pesadillas.

—¿Yo? —Dani se hizo el loco.

—Sí, tú —afirmó la niña con una sonrisa astuta—. Recuerda nuestro trato. Me lo debes.

Dani iba a protestar, pero se rindió antes de empezar. ¿De qué iba a servir quejarse? La princesa era terca como una mula y jamás daría su brazo a torcer.

Además, en el fondo, muy en el fondo, aunque aún tenía miedo de muchas cosas, quería ayudar a su siniestra amiga. Prefería verla mandona y animada antes que quieta y deprimida.

—Está bien, de acuerdo —aceptó Dani finalmente—. Vamos a buscar a tus padres.

10

DON DINERO

Tras la desaparición de Sus Muy Terroríficas Majestades, el Reino de las Pesadillas estaba en alerta máxima. Había guardias en todas las fronteras. Eran los seres más temibles y feroces del país, siempre atentos a que nada ni nadie entrase en el reino.

Así estaba la situación cuando Dani y la Princesa de las Pesadillas se acercaron a la frontera más cercana. No iban solos; ante la insistencia del muchacho, la princesa había buscado algún acompañante más y lo había encontrado en la figura de *Rodolfo*, el Conejo Asesino de Dol Horpein. El lagomorfo homicida había creído a pies juntillas la historia del mensaje de los Antiguos y tenía muchas ganas de

enseñarles a esos sueños felices quién era el bicho más terrible del universo.

El caso fue que, cuando llegaron a la frontera, un guardia de tres cabezas y trescientos ojos les dio el alto.

—¡Quietos todos! ¿Quiénes sois y qué hacéis aquí?

—Soy la Princesa de las Pesadillas y quiero cruzar la frontera —respondió la niña.

—Lo siento, pero por orden del Consejo, las fronteras están cerradas hasta nuevo aviso —los informó el guardia—. Nadie puede entrar en el reino sin permiso.

—Ah, pero nosotros no queremos entrar sino salir —precisó la princesa.

El guardia, que aunque tenía tres cerebros no era muy listo, se quedó pensando. Quizá eran los nervios por ser la primera vez que trataba con alguien de la realeza, pero sentía que había algo que no cuadraba.

—Hum, espere aquí un momento, alteza. Tengo que ir a hablar con mi superior —terminó por responder el guardia.

Y allá se fue. En cuanto vieron que no había moros en la costa, los tres aventureros cruzaron la frontera.

—¡No me puedo creer que haya funcionado! —se sorprendió Dani.

—Te lo dije —se rio la princesa—. Aunque me da mucha pena. El pobre se va a ganar una buena bronca cuando vea que nos hemos ido.

—Y ahora, ¿qué hacemos? ¿Adónde vamos? —preguntó Dani.

El conejo asesino gruñó y rechinó los dientes.

—*Rodolfo* tiene razón. Sería muy arriesgado viajar directamente al País de los Sueños Felices así, sin más —admitió la princesa—. Necesitamos información.

El conejo volvió a hacer ruiditos escalofriantes.

—¡Sí, buena idea! —celebró la Princesa de las Pesadillas.

—¿Qué ha dicho? —quiso saber Dani.

—Que hay alguien que nos puede ayudar —respondió su compañera—. Pero primero tenemos que viajar a la Capital del Dinero.

Según iban caminando, el paisaje a su alrededor cambió a un ritmo vertiginoso. Antes de que pudiese preguntar cuánto faltaba para llegar, Dani vio ante sus ojos la Capital del Dinero.

Era un lugar de lujo y derroche desmedido. ¿Habéis oído alguna vez la frase «El dinero no crece en los árboles»? Bueno, pues allí el dinero sí crecía en los árboles. Las ramas daban billetes de todas las monedas conocidas, las calles estaban pavimentadas con oro y en el suelo brotaban diamantes del tamaño de pelotas de fútbol.

—¡Ahí va! —se maravilló Dani—. Seguro que vienen muchas personas a soñar aquí.

—Sí, desde luego —reconoció la princesa, y chasqueó la lengua con desagrado—. No sé qué tiene el vil metal, pero los soñadores acuden a la Capital del Dinero como moscas a la miel. Pero no te confundas, Dani: este lugar no es un sueño feliz.

—¿Ah, no? —se sorprendió él.

—Aquí vienen los que tienen mucho. Pero también vienen los que tienen poco —dijo la princesa, y señaló a un grupo de personas desesperadas que trataban de arrancar el oro de las calles o los billetes de los árboles. Por alguna razón, nunca lo conseguían y acababan por echarse a llorar.

A Dani no le gustó ver aquello, pero no tuvo mucho tiempo para preocuparse por eso, porque su amiga lo condujo hasta un impresionante rascacielos de altura imposible.

—Es aquí —dijo la princesa—. Aquí vive Don Dinero.

Subieron al último piso. Sin embargo, para irritación de la princesa, la puerta a la habitación privada de Don Dinero estaba cerrada a cal y canto.

Una voz cantarina y juguetona dijo desde el otro lado:

—No se puede entrar sin la contraseña…

—Don Dinero, soy la Princesa de las Pesadillas y no tengo tiempo para tonterías. Mis padres, los reyes, han desaparecido, y necesito tu ayuda.

—No has dicho la contraseña —insistió Don Dinero desde el otro lado.

La princesa intentó hacerlo entrar en razón, pero el amo de la Capital del Dinero no pensaba dejarlos entrar sin la dichosa contraseña. Colmada su paciencia, la niña aporreó la puerta mientras llamaba a gritos a Don Dinero, pero solo consiguió hacerse daño en las manos. La puerta era de metal. Dani pensó que no parecía la de un piso sino la de una caja fuerte.

—¿No sabes la contraseña? —preguntó el chico inquieto.

—No, no es eso, es que… ¡Es que es una contraseña muy estúpida! No quiero decirla —respondió la princesa, cruzada de brazos.

—Pero entonces no podremos hablar con Don Dinero —señaló Dani—. Venga, ya la digo yo, si quieres.

La Princesa de las Pesadillas se acercó y le cuchicheó al oído la contraseña. Entonces Dani se plantó delante de la puerta y recitó:

—Madre, yo al oro me humillo.

—¡Correcto! —canturreó Don Dinero desde el otro lado. La puerta se abrió.

Dani se volvió hacia su amiga.

—Ha sido facilísimo. ¿Por qué no querías decir la contraseña?

—Porque la Princesa de las Pesadillas no se humilla ante nadie —contestó ella con malos humos—. Ni siquiera en un poema.

En el interior los esperaba Don Dinero, uno de los sueños más poderosos del universo. Tal como Dani había sospechado, su habitación era realmente una caja fuerte de tamaño colosal, llena a rebosar de monedas de oro. Su dueño se bañaba en ella como si estuviese en una piscina.

—¡Bienvenida, princesa! Y bienvenidos sean también tus acompañantes, claro —los saludó con jovialidad Don Dinero—. ¿A qué se debe el honor de esta visita?

—Ya lo sabes —dijo la Princesa de las Pesadillas en tono cortante—. Mis padres han desaparecido. Estoy segura de que ha sido cosa del País de los Sueños Felices, pero no tengo pruebas.

—Y quieres conseguirlas, ¿verdad? Por eso has pensado en el pobre y viejo Don Dinero —dijo su anfitrión y sonrió con astucia—. Sí, a mí también me interesa mucho este asunto. He investigado por mi cuenta. A fin y al cabo, no hay secreto que el dinero no pueda comprar. Todos tenemos un precio.

La Princesa de las Pesadillas enarcó una ceja.

—¿Cuál es tu precio, Don Dinero? ¿Nos vas a ayudar o no?

—Oh, sí, por supuesto que os ayudaré —respondió el otro—. Vuestra intuición no os ha fallado, alteza. Han sido los sueños felices. Pero me temo que el secuestro de los Reyes de las Pesadillas es solamente el primer paso de su plan.

—¿Su plan? ¿Qué pretenden hacer? —quiso saber la princesa.

—Cambiar el mundo —contestó Don Dinero con una mueca burlona.

11

El País de los Sueños Felices

La charla con Don Dinero confirmó los temores de la Princesa de las Pesadillas. Los gobernantes del País de los Sueños Felices tramaban algo. Por desgracia, Don Dinero no pudo o no quiso aclarar en qué consistían sus planes. Sin embargo, les proporcionó indicaciones para encontrar el lugar donde tenían retenidos a los Reyes de las Pesadillas.

—Lo siento, princesa, pero la capital debe mantenerse neutral —explicó Don Dinero—. Sin embargo, os deseo lo mejor. Nunca me han caído bien esos pesados y su «felicidad». No confío en nada que no pueda comprar.

Así que Dani, la princesa y el conejo *Rodolfo* tuvieron que hacer el camino solos.

Tenían un grave problema: los viajes en el mundo de los sueños dependían de la imaginación pero, por desgracia, ni la Princesa de las Pesadillas ni *Rodolfo* sabían pensar como sueños felices. Por sí solos jamás habrían encontrado el País de los Sueños Felices.

Afortunadamente, tenían a Dani con ellos.

—Si queremos llegar rápido, tienes que soñar algo feliz —le ordenó la princesa.

—¿Cómo? Hasta ahora solo he tenido pesadillas —le recordó Dani.

—Mmm, supongo que debes pensar en algo que te haga feliz —murmuró la niña, algo insegura—. Yo soy feliz cuando veo un buen susto, cuando oigo los gritos de terror de la gente o cuando hay sopa de lágrimas frescas para cenar. Sin embargo, algo me dice que no son la clase de cosas que hacen felices a la mayoría de los soñadores mundanos.

—No, no nos gustan mucho esas cosas —respondió Dani, rascándose la cabeza. Su amiga tenía unos gustos realmente extravagantes.

—Y a ti, ¿qué es lo que te hace feliz? —le preguntó la princesa.

Era la primera vez que alguien le hacía una pregunta así. Cerró los ojos y trató de pensar. ¿Qué le hacía feliz a él? Solo se le ocurrían cosas pequeñas, cosas como…

—¡Eh! ¿Qué está pasando? —se alarmó la Princesa de las Pesadillas.

Al oír la exclamación de su compañera, Dani abrió los ojos. Para su sorpresa, se encontró tumbado en su cama.

No, no era su cama. Para empezar, era muchísimo más grande que la suya. Las sábanas y las mantas estaban extendidas hacia arriba, como una tienda de campaña. En el interior había libros y linternas. Y, por si se le acababa la lectura, alrededor de la cama se alineaban estanterías infinitas, repletas de todavía más libros.

—¿Por qué hay tantos libros aquí? —quiso saber la Princesa de las Pesadillas.

—Es que me gusta leer —confesó Dani—. Antes de conocerte, no quería dormir. Por eso solía leer de noche. A mamá y a papá no les gustaba mucho. Cuando me pillaban, me quitaban los libros. Ahora duermo bien, ya no necesito hacer eso, pero a veces… A veces lo echo de menos.

La princesa asintió. Para ella, Dani tenía gustos muy raros, pero no le importó.

—En fin, ya hemos llegado. ¡Hora de buscar a mis padres! —dijo la niña con aire decidido.

Dani, la Princesa de las Pesadillas y *Rodolfo* salieron de aquella curiosa biblioteca y se internaron en los dominios del País de los Sueños Felices. Nada más cruzar el umbral, se hallaron ante un panorama idílico y luminoso, donde el sol resplandecía en el cielo, los pájaros cantaban y hermosas casitas de distintas formas y colores punteaban el paisaje.

Nada más aparecer ellos, salió a recibirlos un comité de bienvenida. Parecían los típicos dependientes solícitos y sonrientes que uno encontraría en un centro comercial. Al menos, en un centro comercial de ensueño, claro.

—¡Bienvenidos al País de los Sueños Felices! —los saludaron con efusividad.

—Eh, hola… —balbuceó Dani, confundido por el cordial recibimiento.

—Habéis salido de vuestro sueño asignado. ¿Acaso no os ha gustado? —les preguntaron con preocupación los dependientes—. Es nuestro trabajo conseguir que todos nuestros visitantes encuentren la felicidad. ¿Quizá buscáis otra cosa? Tenemos casas de golosinas, paseos en unicornios voladores, mundos de videojuegos…

Dani notó que la Princesa de las Pesadillas se estaba impacientando y que *Rodolfo* observaba con ojos de conejo hambriento a sus anfitriones, así que intentó rechazarlos de la manera más cortés que pudo. Sin embargo, los dependientes insistieron.

—¿Tal vez queréis ser los mejores deportistas del mundo? O sacar matrículas en todos los exámenes.

También tenemos familias perfectas, mucho mejores que las originales...

Esta vez la princesa no aguantó más y exclamó:

—¡Vuestros estúpidos sueños de pacotilla no me importan! ¡Llevadme ante mis padres ahora mismo!

Los miembros del comité de bienvenida no se dieron cuenta de con quién se estaban jugando los cuartos, así que no se asustaron.

—¿Qué tenemos aquí? —preguntaron con sorpresa. Examinaron a la princesa con curiosidad y cierta dosis de sospecha—. No pareces una soñadora...

Su Muy Terrorífica Alteza Real iba a cantarles las cuarenta a los almibarados dependientes cuando Dani se interpuso y les dijo:

—¡Tranquilos! ¡No pasa nada! Ya encontraremos nosotros un sueño que nos guste.

Cuando el comité de bienvenida se fue, la princesa se encaró con su amigo.

—¿Por qué has hecho eso? ¡Los habría mandado a todos a freír espárragos si no te hubieses puesto en medio!

—Entonces se enterarían de quién eres de verdad —contestó Dani—. Y no queremos que nos cojan, ¿no?

El conejo *Rodolfo* hizo unos ruiditos de aprobación.

—Está bien, está bien, estamos de incógnito —suspiró la princesa—. No debemos llamar la atención… por ahora.

—Oh, me temo que ya es demasiado tarde para eso, alteza —exclamó, de repente, una voz desde las alturas.

Dani y la princesa miraron hacia arriba. *Rodolfo*, por su parte, se puso a dos patas y trató de mantener erguido su cuerpo de conejo. En el cielo soleado había aparecido un caballero de brillante armadura, montado en una paloma blanca. El recién llegado hizo descender a su montura con suavidad hasta aterrizar delante de ellos.

—Debéis saber que llevo siguiendo vuestro rastro desde el momento en que abandonasteis el Reino de las Pesadillas —los informó el caballero, aunque después miró a Dani con manifiesta sorpresa—. Sin embargo, he de admitir que no esperaba encontrar a un soñador con la Princesa de las Pesadillas y el Conejo Asesino de Dol Horpein.

—¿Quién eres tú? —preguntó la niña, poniéndose en guardia.

—Ah, lo siento. Supongo que nadie nos ha presentado antes —se disculpó el caballero—. Mi nombre es Eudemon, el Paladín de la Felicidad.

A Dani, el nombre no le sonaba de nada; pero a sus acompañantes, sí. La princesa abrió mucho los ojos y *Rodolfo* gruñó con ferocidad, preparándose para saltar sobre el recién llegado.

—¡Eudemon, el genocida implacable! —murmuró la Princesa de las Pesadillas.

—Tanta animadversión es inmerecida, alteza —dijo el paladín—. A fin de cuentas, voy a cumplir vuestro deseo. ¿No queríais ver a vuestros padres? Pues yo mismo os llevaré con ellos.

Eudemon sonrió. Y aquella sonrisa le dio más miedo a Dani que cualquier otra cosa que hubiese visto en el Reino de las Pesadillas.

12

El plan de la presidenta

Eudemon, el caballero que servía con su espada y su escudo a los intereses del País de los Sueños Felices, condujo a Dani, a la princesa y a *Rodolfo* hasta el Palacio Presidencial.

Por alguna razón difícil de entender, al menos para Dani, el Palacio Presidencial de los Sueños Felices se encontraba a miles de kilómetros bajo tierra. Era una ciudad en una cueva. En el techo, cristales brillantes iluminaban el refugio como si fuesen el mismo sol, mientras flores que olían a colores tapizaban el suelo.

No todo era alegría y belleza en aquel lugar. Había guardias en todas las esquinas: graciosos pingüinos rosas armados con bazucas del tamaño de autobuses.

—Nos tomamos muy en serio la seguridad —les explicó Eudemon, al señalar a los pingüinos—. Una vez que el plan de la presidenta llegue a buen puerto, ya no los necesitaremos, pero, hasta entonces, debemos ser precavidos.

—¿De verdad es un plan para cambiar el mundo? —preguntó Dani con curiosidad.

—Ah, veo que algo ya sabéis. Me encantaría contaros el plan con pelos y señales, pero me temo que tendréis que esperar un poco para eso. Paciencia, os aseguro que pronto lo veréis en acción —respondió enigmáticamente el caballero.

Otra vez, Dani sintió escalofríos al ver la sonrisa de Eudemon.

Aunque técnicamente eran sus prisioneros, el Paladín de la Felicidad los trató como a unos invitados de lujo. Si había dicho la verdad (y no tenían motivos para creer que no fuese así), pronto se reunirían con los Reyes de las Pesadillas. La princesa estaba plenamente convencida de que, en cuanto estuviese de nuevo con sus padres, podría librarse de esos estúpidos sueños felices y volver a su reino en un periquete.

Sus pasos los condujeron al centro del palacio, una torre de cristal que relucía como una vela encendida.

Un plato volador los llevó a las estancias más altas de la torre, donde la presidenta Hedoné tenía su despacho. Al contrario de lo que había pasado con Don Dinero, no necesitaron contraseña para entrar, sino que Eudemon abrió la puerta sin más y los invitó a pasar.

Dani dudó. Miró hacia atrás. Guardias pingüinos habían aparecido como por arte de magia e impidían la huida. No era necesario. La Princesa de las Pesadillas no tenía intención de escapar hasta haber averiguado qué había sido de sus padres.

Cuando entraron, la presidenta Hedoné se levantó de su mesa y salió a recibirlos. Parecía una simpática abuelita con moño y delantal. Llevaba una bandeja de galletas recién horneadas.

—Pero ¡¿a quién tenemos aquí?! —los saludó la presidenta como si fuesen sus nietos—. Antes que nada, tomad una galleta. ¡No se puede hablar con el estómago vacío!

Dani cogió la galleta que la presidenta le tendió, sin saber muy bien qué hacer con ella. *Rodolfo* ni siquiera la olisqueó. Por su parte, la Princesa de las Pesadillas dio un manotazo a la bandeja de galletas y todas cayeron al suelo.

—Eso ha estado mal, hija. Muy pero que muy mal —la regañó la presidenta.

—Muestra un poco más de respeto por la presidenta Hedoné, engendro abominable —le espetó el caballero Eudemon, ya sin sonreír.

—El respeto se gana, idiotas, ¡y vosotros no sois más que unos secuestradores! —les soltó la niña, más enfadada que nunca—. ¡Soy la Princesa de las Pesadillas! ¡Exijo la verdad! ¿Dónde tenéis encerrados a mis padres?

La presidenta Hedoné meneó la cabeza con gran pesar.

—Ay, suponía que íbamos a llegar a eso tarde o temprano —suspiró la gobernante de los sueños felices, aunque, a diferencia de Eudemon, ella sí conservó su sonrisa—. En fin, que nadie diga que no soy una buena anfitriona. Los Reyes de las Pesadillas no están prisioneros, sino que son nuestros invitados.

—¡Mientes! —bufó la princesa.

La sonrisa de la presidenta Hedoné se hizo aún más ancha.

—Te equivocas, cariño. Eudemon, sé un cielo y diles a nuestros «huéspedes especiales» que vengan un momento —le pidió a su paladín—. Su hija quiere verlos .

Eudemon se retiró. Se produjo un silencio incómodo. Ni Dani ni la princesa sabían muy bien qué decir. Incluso *Rodolfo* dejó de hacer ruido.

Entonces la puerta se abrió y Eudemon regresó acompañado de los Reyes de las Pesadillas.

Sin embargo, Sus Muy Terroríficas Majestades estaban muy cambiadas. Para empezar, ahora no parecían muy terroríficas sino todo lo contrario.

La reina seguía siendo una yegua, pero ahora su piel era de un color blanco impoluto, sus ojos eran suaves y amables, y a cada paso que daba brotaban flores en el suelo. En cuanto a su marido, ya no era una chirriante armadura plagada de espinas sino un rey como los de los cuentos, con corona, capa de terciopelo y aire bonachón. Los dos resplandecían, con un brillo tan fuerte que disipaba las sombras a su alrededor.

Su hija no se podía creer lo que estaba viendo.

—¡Papá! ¡Mamá! ¿Qué os ha pasado? —les preguntó, muerta de preocupación.

Los Reyes de las Pesadillas la miraron confusos.

—¿Qué nos ha pasado? —repitió Yegua Nocturna—. Nada, hija. Pero ¿qué te ha pasado a ti? He oído lo maleducada que has sido con la buena señora Hedoné. Ninguna hija mía sería tan mala. ¿Y esas ropas tan oscuras que llevas? Deprimente.

—¡No digas eso, mamá! —exclamó la princesa, al sentirse herida en lo más hondo.

Dani, que estaba atónito por lo que estaba viendo, se volvió hacia la presidenta.

—¿Qué les habéis hecho? —le preguntó con enfado.

—Nada especial. Un simple tratamiento de felicidad pura —sonrió Hedoné—. Ha sido siempre nuestra misión llevar la felicidad a todos los soñadores del universo. Por desgracia, la felicidad solo es posible cuando hay más placer que dolor. Con las pesadillas, tal como son, es imposible conseguir la felicidad absoluta en el mundo de los sueños. Entonces se nos ocurrió la solución: ¡convertir a las pesadillas en sueños felices!

Eudemon se adelantó.

—Durante centurias, hemos estado extrayendo esencia pura de felicidad de las mentes de los soñadores. Es tan potente que puede convertir hasta la pesadilla más terrorífica en un sueño ideal —explicó el caballero, al tiempo que mostraba un vial con un líquido más brillante que el sol—. Y ahora que tenemos a la familia real en nuestro poder, transformaremos todo el Reino de las Pesadillas.

Dani se sintió asqueado. El plan de los sueños felices era horrible. Que quisieran que todas las personas fuesen felices cuando soñaban sonaba bien. Pero ¿transformar por la fuerza a los que no pensaban como ellos? Eso era malvado. Su amiga, la princesa, no parecía precisamente muy feliz en aquellos momentos.

—Mamá, papá, por favor... Volved a ser como antes —les suplicó la niña, llorando.

—Hija, deja de llorar. Si otras personas te ven triste, ellas también se sentirán tristes y no podrán ser felices. ¿No te parece muy egoísta por tu parte? —le recriminó su madre. El tono de su voz era dulce, pero sus palabras se clavaban como puñales en el corazón de su hija—. Además, frunces demasiado el ceño. Eso es malo para tu salud. Si no sonríes más, tus padres no te querrán. Y tú quieres que tus padres te quieran, ¿no es así?

—Yo... yo... —balbuceó la princesa, confundida.

Dani no pudo soportarlo más. Se dirigió hacia ella, seguido de inmediato por *Rodolfo,* el conejo asesino.

—¡No la escuches! ¡A tus padres los han transformado! ¡Y quieren hacerte lo mismo a ti! —trató de advertirle a la princesa.

Por desgracia, Eudemon se interpuso en su camino. Derribó a *Rodolfo* de una certera patada. Luego cogió a Dani por el pescuezo y lo levantó en el aire.

—No te preocupes, soñador. Cuando regreses, todo será maravilloso —le dijo el Paladín de la Felicidad—. Ahora, despierta.

Al instante siguiente, Dani se encontró en su cama, la de verdad, cubierto de sudor. Se había despertado.

Sus padres, alarmados, fueron a su habitación. Al parecer, había estado gritando un buen rato antes de despertar. Le tomaron la temperatura y quisieron saber si estaba bien.

—No estoy enfermo —les dijo Dani.

—¿Qué ha sido entonces? ¿Una pesadilla? —le preguntó su madre.

—No —negó Dani con la cabeza—. Ha sido... un sueño feliz.

13

MAL DESPERTAR

Al día siguiente, Dani estaba hecho polvo. Había intentado volver a dormirse y regresar al mundo de los sueños, pero no lo consiguió. Demasiados nervios. Cuando amaneció, llevaba horas sin pegar ojo.

Sus padres estaban muy preocupados. Incluso hablaron de llevarlo al médico.

—¿Seguro que estás bien, Daniel? —le preguntó su madre por enésima vez.

—Sí, estoy bien, mamá —respondió él, cansado.

Pero sus padres aún estaban con la mosca detrás de la oreja.

—Creía que las pesadillas se le habían pasado —le dijo su madre a su marido—. Hace semanas que no se queja.

—Quizá nos equivocamos. Quizá sea algo más grave que unas simples pesadillas —sugirió el padre de Dani.

—Entonces debemos llevarlo al médico —concluyó su esposa.

Dani no entendía a sus padres. ¿Ahora se preocupaban de que tuviese pesadillas? Durante incontables noches había tenido que sufrir al perro diabólico de sus sueños, pero sus padres no lo habían ayudado. Si dormía bien, era gracias a la Princesa de las Pesadillas.

Y ahora no sabía qué había sido de ella.

«La he dejado sola», se lamentó Dani.

Después de convencer a sus padres de que no necesitaba ir al médico, Dani caminó hasta el colegio arrastrando las piernas de mala gana.

En clase las cosas fueron más o menos como siempre, aunque estaba tan cansado que creía que se iba a dormir en el pupitre. Tampoco le habría importado hacerlo, pues entonces podría regresar al mundo de los sueños, pero no consiguió dormirse del todo. Además, no habría servido de mucho. Los profesores lo habrían despertado enseguida.

De regreso a casa, comió copiosamente y trató de echarse una siesta. No funcionó. Cuantas más ganas tenía de dormir, más difícil le resultaba conciliar el sueño.

Dani se pasó el resto del día contando las horas y los minutos que le faltaban para ir a la cama. Cuando llegó la noche, se tomó un vaso de leche caliente (que decían que era muy buena para dormirse) y esperó a que le entrase el sueño.

Esta vez se durmió. Pero, para su desazón, se levantó a la mañana siguiente sin haber soñado nada. Ni siquiera el perro infernal apareció. Había tenido la esperanza de regresar al Reino de las Pesadillas. No soñar nada, ni bueno ni malo, era algo nuevo para él.

Sus padres esta vez estuvieron más tranquilos, pues no se había despertado gritando de terror ni nada parecido.

Sin embargo, no entendían por qué Dani estaba cada vez más preocupado.

—¿Has tenido otra pesadilla? —le preguntó su madre con simpatía.

—No —respondió Dani, alicaído—. Ese es el problema.

Por supuesto, su madre no comprendió lo que quería decir.

Ese día, cuando fue al colegio, Dani preguntó a sus amigos y a sus compañeros de clase si habían tenido alguna pesadilla. Todos respondieron que no. Es más, ninguno había soñado nada. Igual que Dani, se habían ido a dormir y se habían despertado a la mañana siguiente sin recordar su paso por el mundo de los sueños.

—Qué raro —se dijo Dani.

Por supuesto, tampoco sus amigos entendieron por qué se preocupaba tanto por unos sueños. A fin de cuentas, las personas no soñaban todas las noches. Pero Dani seguía inquieto y angustiado, y se preguntaba qué habría sido de la princesa y del conejo asesino.

—Daniel está muy raro —comentó su madre en la cena.

—Será otra fase —se encogió de hombros su padre—. Ya se le pasará.

Aquella noche Dani se preparó a conciencia: doble ración de leche caliente y mucha concentración.

«Quiero volver al Reino de las Pesadillas. Quiero volver al Reino de las Pesadillas. Quiero volver al Reino...», se repitió mentalmente una y otra vez.

En cierto sentido, funcionó casi tan bien como contar ovejas. Se durmió en un santiamén.

Y esta vez sí soñó.

—¡Bien! ¡Lo he conseguido! —celebró Dani.

Apareció en la versión siniestra de su pueblo que existía en el mundo de los sueños, allí donde solía perseguirlo el perro infernal. Sin embargo, para su sorpresa, el pueblo ya no parecía tan siniestro y del chucho diabólico no había ni rastro.

—Esto no me gusta —murmuró Dani.

Intentó recordar cómo se iba desde allí hasta el Reino de las Pesadillas. Había hecho esa ruta muchas veces, aunque el camino era siempre diferente.

Entonces se dio una palmada en la cabeza.

—¡Qué tonto soy! Ya estoy en el Reino de las Pesadillas —se dijo Dani, al caer en la cuenta—. Solo necesito pensar adónde quiero ir.

Al momento, el paisaje cambió a su alrededor. Se concentró en el Palacio Real. Pero, justo cuando estaba a punto de llegar, una mano lo agarró por detrás y lo obligó a girarse.

Dani, asustado, estuvo a punto de gritar, pero entonces reconoció al responsable. Era Johnny, de Villa Tranquila. Su máscara y su motosierra eran inconfundibles. Pero la alegría de Dani duró poco, porque Johnny parecía fuera de sí.

—¡Tienes que ayudarnos! —gritó el enmascarado.

—¿Qué ocurre? —le preguntó Dani.

—¡El Reino de las Pesadillas está desapareciendo! —respondió Johnny.

14

El contagio

Johnny no había exagerado. Dani pudo comprobar muy pronto que el Reino de las Pesadillas estaba a un paso de la desaparición total.

En vez del habitual cielo tenebroso, hacía sol. Curiosamente, también llovía. Pero no era la lluvia gris y plomiza que podía aparecer de vez en cuando en el Reino de las Pesadillas sino una lluvia fina y brillante. Cada vez que las gotas tocaban a una criatura oscura, esta se transformaba en un pequeño poni, un macizo de hermosas flores o cualquier otro sueño lindo e inofensivo.

Hasta el mismo paisaje de pesadilla estaba cambiando al ser borrado poco a poco por aquella lluvia misteriosa.

—«La lluvia quema» —dijo Dani en voz alta, recordando la profecía—. Son gotas de felicidad pura.

—¡Es horrible! —exclamó Johnny, desesperado—. Primero desaparecieron los reyes; luego, la princesa, y después, durante un tiempo, nos quedamos sin soñadores a los que asustar. Ahora esta lluvia está acabando con nosotros. Incluso yo estoy cambiando…

Johnny cayó al suelo de rodillas y gimió de intenso dolor.

—¡Oh, no! ¡Me ha llegado la hora! —exclamó el enmascarado.

—¡No! ¡Aguanta! —le pidió Dani, mientras intentaba levantarlo.

Fue en vano. Un brillo cegador rodeó al vecino de Villa Tranquila. Dani tuvo que apartarse, pues la luz le quemaba las manos. Cuando el resplandor se apagó, Johnny se había convertido en un presentador de televisión elegantemente vestido con ropa a la última moda y, por supuesto, con una sonrisa esplendorosa. Del asesino en serie que siempre iba con una motosierra bajo el brazo no quedaba ni rastro.

—¡Ahora lo veo todo claro! —exclamó Johnny—. ¡Se acabó lo de asustar a la gente! Es algo muy feo.

—P-pero a ti te encanta asustar a la gente… —balbuceó Dani—. Decías que la gente necesita pasar miedo. Y mejor aquí que en el mundo real.

—¿Eso dije? —Johnny se rascó la cabeza—. No lo recuerdo. Pero incluso si fuese así, no me importa.

—¿Cómo que no? ¿Y qué hay del Reino de las Pesadillas? ¡Va a desaparecer! —insistió Dani, en un intento de recordarle quién era realmente.

Johnny perdió por un momento la sonrisa.

—Pues que desaparezca —le contestó a Dani—. Las pesadillas son malvadas.

El cambio era brutal. Johnny le había enseñado a Dani que no todos en el Reino de las Pesadillas eran malos. De hecho, la mayoría creía que estaban ayudando a la gente, haciendo que se enfrentaran con sus miedos más secretos. Johnny estaba orgulloso de su trabajo. Ahora, en cambio, lo odiaba. Pero no porque lo hubiese decidido así, sino porque lo habían obligado.

El plan de los sueños felices estaba funcionando.

Dani se fue corriendo. No podía seguir hablando con Johnny. Ya no era la persona que conocía. Necesitaba buscar ayuda en otra parte. Por desgracia, fuese a donde fuese, los estragos de la felicidad estaban alterando irremediablemente el Reino de las Pesadillas. Ni siquiera el Palacio Real estaba a salvo.

Cuando Dani llegó al palacio, salió a recibirlo el chambelán Fzzz. Sin embargo, ya no era una cucaracha gigante, sino un hombre mayor, estirado pero muy educado. Recibió a Dani con una sonrisa.

—¿Puedo ayudarle, joven señor? —le dijo al muchacho.

—¡Fzzz! ¡No me digas que tú también has cambiado! —se lamentó Dani.

—¿Cambiado? No sé a lo que se refiere, joven señor. Yo sigo igual que siempre —se sorprendió el chambelán.

—¡No! ¡Tú antes eras una cucaracha gigante!

El chambelán de palacio arrugó la frente.

—Joven señor, no debería ser tan grosero con los demás —le reprochó a Dani—. ¿Yo, una cucaracha gigante? ¡Menudo disparate!

Dani volvió a salir corriendo, esta vez sin rumbo fijo.

Era un desastre. El Reino de las Pesadillas estaba dejando de ser el Reino de las Pesadillas. Sus habitantes estaban olvidando quiénes eran de verdad. Los sueños felices se iban a salir con la suya y no podía hacer nada para evitarlo.

Sus pasos lo llevaron, sin pensarlo, al único lugar que aún se mantenía a salvo de la felicidad contagiosa que asolaba el reino: el Pozo Sin Fondo.

El sol brillaba sobre hermosos campos de flores a su alrededor, a la vez que la luna relucía sobre un puro cielo estrellado, pero la oscuridad del Pozo Sin Fondo seguía siendo impenetrable. La luz aún tenía miedo del pozo.

Por desgracia, el agujero se estaba haciendo más pequeño poco a poco.

—¿Qué hago? ¡¿Qué hago?! —gritó Dani, al sentirse inútil—. ¡Por favor, que alguien me ayude!

Un segundo después se hizo un silencio sepulcral. Absoluto. Hasta el más mínimo sonido fue ahogado de repente. Y entonces un coro de voces profundas y cavernosas surgió del Pozo Sin Fondo:

—*Hemos escuchado tu súplica, soñador.*

Dani pegó un salto hacia atrás. ¡Se había olvidado de ellos! ¡Los Antiguos que vivían en el Pozo Sin Fondo! Si la Princesa de las Pesadillas le había dicho la verdad, ellos eran los seres más poderosos del reino.

Dani tragó saliva y se acercó al borde del Pozo Sin Fondo.

—Sois los Antiguos, ¿verdad? ¡Por favor, necesito ayuda! ¡Intentan convertir a las pesadillas en sueños felices! ¡Aunque no quieran! ¡Les están borrando la memoria!

Las voces del pozo volvieron a retumbar.

—*Lo sabemos. Lo vimos. Transmitimos nuestra profecía a la Princesa, pero nadie tomó medidas. Ahora, puede ser demasiado tarde…*

—¿No podéis hacer nada? —les preguntó Dani.

—*Nosotros dormimos. Nosotros soñamos. Actuamos a unos niveles que están muy por encima de lo que sueños y soñadores pueden entender. Para los asuntos menores están los reyes. Pero la familia real está atrapada y convertida... Hasta el Pozo Sin Fondo puede desaparecer... O no. Milenios han pasado y milenios pasarán, pero el miedo vive siempre...*

Dani estaba demasiado nervioso como para entender todo lo que los Antiguos estaban diciendo. Aun así, comprendió que los habitantes del pozo no iban a intervenir.

—Seguro que algo podéis hacer, ¿no? ¡El Reino de las Pesadillas es vuestra casa! Yo solo quiero rescatar a mi amiga. ¿No podéis ayudarme, aunque sea un poco? —les suplicó Dani.

Silencio. Nadie respondió.

Dani se dio por vencido. Sin embargo, antes de que pudiese marcharse, las voces del Pozo Sin Fondo volvieron a hablar.

—*Sí. Podemos ayudarte, soñador. No mucho. No más que un empujón. Cierra los ojos.*

El chico obedeció de inmediato. Incluso cuando oyó algo húmedo arrastrarse fuera del pozo siguió con los ojos cerrados. No quería volverse loco por mirar a un Antiguo.

—*Ya está.*

Dani abrió los ojos. A sus pies habían dejado unas cadenas.

—¿Qué es esto? —preguntó con aprensión.

—*Un regalo* —respondieron las voces del Pozo Sin Fondo—. *Encadena tus miedos, soñador. Si aprendes a encadenar tus miedos, podrás encadenar los de los demás...*

Dani cogió las cadenas. Aunque no sabía cómo podía utilizar el regalo de los Antiguos, sí tenía clara una cosa: iba a intentar salvar a la princesa y al resto de las pesadillas, costase lo que costase.

15

PESANTE

Dani intentó pensar en sueños felices para viajar a su país, pero le resultaba muy difícil. Estaba preocupado, terriblemente preocupado. Había visto cómo el Reino de las Pesadillas se había transformado en una parodia de sí mismo y se preguntaba qué le habría ocurrido a su amiga la princesa.

Los Antiguos del Pozo Sin Fondo le habían dado unas cadenas. «Cadenas. Genial». Ni siquiera sabía qué podía hacer con ellas. Una espada o algo así habría resultado más útil. Tal vez tenía que haberles pedido a los Antiguos un manual de instrucciones.

Como su mente andaba de preocupación en preocupación, en lugar de viajar al País de los Sueños Felices, regresó al pueblo habitual de sus pesadillas.

El pueblo estaba cambiando también, aunque a un ritmo más lento. Aún quedaban sombras a la vista y había algo raro en el ambiente. No era todavía un sueño feliz.

—¡No quiero estar aquí! —protestó Dani—. ¡Quiero ir al País de los Sueños Felices!

Entonces, un gruñido amenazador hizo que se detuviera en seco.

Allí estaba. Su pesadilla recurrente. El perro diabólico. Enorme, peligroso, terrorífico. Incluso con todo el entrenamiento al que lo había sometido la Princesa de las Pesadillas, Dani seguía teniéndole miedo. Mucho miedo.

El perro se acercó a él, babeando con monstruoso apetito. Cada vez que espiraba, llamas naranjas brotaban de sus fauces.

El primer impulso de Dani fue echar a correr, pero se controló. Tenía una misión que cumplir y así se lo dijo al perro diabólico, que se preparaba para saltar sobre él.

—¡Espera! —gritó Dani—. ¡No tenemos tiempo para esto! ¡El Reino de las Pesadillas está en peligro!

El perro se detuvo. Y entonces habló:

—¿A mí qué me importa el reino? No es asunto mío.

—¿Hablas? —se sorprendió Dani.

El cánido infernal soltó una risita asmática.

—Claro que hablo. Soy un sueño. No hay nada imposible para mí, siempre que mi soñador tenga suficiente imaginación —respondió el perro con arrogancia—. Pero tú nunca te has molestado en hablar conmigo. Hasta ahora.

En lugar de asustarse, Dani se alegró. Si podía hablar con su pesadilla, podía hacerle ver el peligro en el que se encontraban. Tal vez incluso podría acompañarlo al País de los Sueños Felices. Por desgracia, cuando Dani se lo propuso, el perro respondió:

—Ni hablar.

—¿Por qué no? —preguntó Dani, confuso ante la negativa del perro—. ¡Tú eres una pesadilla! ¡Si no hacemos nada, tú también te transformarás!

—Tú lo has dicho. Soy una pesadilla. Existo para asustarte. Cuando no me necesites más, me olvidarás y desapareceré. Así son las reglas —dijo el perro diabólico. Su mirada carmesí se endureció—. Durante demasiadas noches, esa cría de la realeza se ha entrometido y me ha privado de mi justa presa. Pero ahora vuelvo a ser libre, libre para perseguirte.

Dani quería tirarse de los pelos. ¿Por qué le ocurrían a él esas cosas? Seguro que había alguna manera de convencer al perro de sus pesadillas.

—Por favor, ¿no puedes hacer una excepción? ¿Solo por esta vez? —le pidió Dani—. Tengo que rescatar a mi amiga. Estoy seguro de que le ha pasado algo malo.

El perro, en lugar de mostrarse comprensivo, se rio en su cara.

—¿A ti qué te importa lo que le pase a esa princesa presumida? —le preguntó a Dani con malicia—. Para Su Muy Terrorífica Alteza Real, tú no eres más que un juguete. Cuando se aburra de ti, te tirará al cubo de la basura.

—¡No es verdad! ¡Somos amigos! —protestó el muchacho.

—¿Amigos? ¡Ja! Si de verdad fuese tu amiga, te habría ayudado a superar el miedo que me tienes a mí. Pero no lo hizo, ¿verdad? No, no lo hizo, porque quería tener algo con lo que chantajearte. Así siempre tendrías que seguir sus órdenes.

Fue un golpe duro para Dani. Nunca había pensado en eso. Dio un paso hacia atrás, mientras el miedo y la duda se apoderaban de él.

—Ni siquiera sabes cómo se llama... —observó el perro con una sonrisa astuta.

Tenía razón. Desde el principio, la princesa se había negado a decirle su verdadero nombre. También era cierto que su alteza era muy mandona, lo mangoneaba una y otra vez, y lo hacía pasar por situaciones terroríficas simplemente por diversión.

En el fondo, Dani tenía miedo de que su amistad con la princesa fuese una mentira.

—Miedo… —murmuró Dani. Una bombilla se iluminó en su mente.

En lugar de huir, como esperaba el perro, Dani se plantó ante él, muy decidido.

—Si no corres, no es divertido —se burló el chucho infernal.

—¡Ahora lo entiendo! Tú eres mi miedo, ¿verdad? —Dani lo apuntó con el dedo. El can no dijo nada, así que el chico prosiguió—: Primero era mi miedo a los perros. Ahora, miedo a que la princesa no sea mi amiga. Pero ¿sabes qué? ¡No me importa! ¡Yo sí soy su amigo!

En lugar de alejarse, Dani se acercó al perro de sus pesadillas y lo miró a los ojos.

—Gracias a la princesa, ya no tengo miedo —le dijo el chico—. Ni siquiera de ti.

—Eso ya lo veremos —gruñó el perro.

Sin previo aviso, el monstruoso cánido saltó sobre Dani. El muchacho trató de apartarse, pero no fue lo suficientemente rápido.

El perrazo, pesado como el plomo, lo derribó y lo tiró contra el suelo. No contento con eso, apoyó su terrible pata de hierro sobre su pecho. Dani se quedó sin aliento. ¡No podía respirar!

El perro infernal bajó la cabeza y susurró en su oído:

—Nunca he podido morderte antes. Esta será la primera y última vez.

Dani intentó quitárselo de encima, pero era demasiado fuerte. Pensó en darle un golpe con algo. Lo único que tenía a mano en ese momento eran las cadenas de los Antiguos...

«¡Las cadenas!», pensó Dani. ¿Qué habían dicho los Antiguos? «Encadena tus miedos», eso le habían dicho. Si se referían a aquella situación o no, Dani no podía saberlo, pero valía la pena intentarlo.

Justo cuando los colmillos del perro de sus pesadillas se acercaban peligrosamente a su piel, Dani hizo un esfuerzo supremo y lanzó la cadena por encima del cuello del can.

—¿Qué demonios estás haciendo? —se quejó el perro.

Con más maña que fuerza, Dani convirtió la cadena en una correa. Cuando el perro, enfadado, se decidió por fin a pegarle un mordisco, Dani tiró de la correa y, para sorpresa de ambos, el monstruoso cánido se detuvo.

—Así que esto es encadenar mis miedos —murmuró Dani, y respiró de nuevo. El perro se había apartado y ya no le oprimía el pecho.

—Ya era hora, soñador —replicó burlonamente el mastín diabólico.

—¿No estás enfadado? —se sorprendió Dani.

El perro se rio, pero esta vez sin malicia. Parecía realmente contento.

—Cuando un miedo se vence, la pesadilla desaparece. Pero tú has vencido tu miedo y aun así aquí estoy, gracias a estas cadenas. Prefiero existir a ser olvidado.

Dani suspiró. Lo había conseguido. El regalo de los Antiguos había funcionado.

—Quiero ser tu amigo —le dijo Dani al perro—. ¿Cómo te llamas?

—Mi nombre es Pesante —respondió el can.

—Qué nombre más raro.

—Para ti quizá, soñador. Pero es mi nombre y me gusta —repuso el perro con orgullo—. Ahora vayámonos, jefe. Tenemos un reino que salvar.

16

Regreso al País de los Sueños Felices

En su viaje al País de los Sueños Felices, Dani y Pesante pasaron por la Capital del Dinero, donde Don Dinero en persona bajó de su alto rascacielos para desearles buena suerte. A fin de cuentas, aunque estaba acostumbrado a hacer feliz a muchos soñadores, Don Dinero también solía hacer infeliz a muchos otros. Puestos a elegir, prefería pensar por sí mismo y repartir penas y alegrías a su gusto.

Aun así, Dani y Pesante no recibieron nada más de Don Dinero que sus buenos deseos. Nadie más los iba a ayudar en su empresa. Las pesadillas estaban fuera de combate y el resto de sueños no se atrevían a inmiscuirse, por miedo a las represalias.

A Dani no le importó. Siguió adelante, con la única compañía de Pesante.

Pasaron horas o pasaron segundos; el tiempo no tenía mucho sentido en el mundo de los sueños. Por fin llegaron al lugar donde todo era felicidad y los soñadores podían ver realizados sus deseos más profundos. O al menos así lo vendían.

Ahora que Dani podía tomarse su tiempo para mirar a su alrededor, descubrió que el País de los Sueños Felices no era tan idílico como se lo había imaginado en un principio. Sí, allí todos se esforzaban en hacer felices a los soñadores que llegaban a sus dominios, pero no les importaba cómo. Jefes odiados que caían en la ruina, rivales que quedaban en ridículo en público, vecinos a los que se les caía la casa encima... Al parecer, no faltaban soñadores que encontraban su felicidad en ver sufrir a sus semejantes.

—¿Problemas, jefe? —comentó Pesante, siguiendo la mirada de Dani.

—No —se apresuró a responder el chico—. Es que no creía que en el País de los Sueños Felices dejasen hacer daño a otras personas.

—Y no dejan —aclaró el perro—. Lo que ves son sueños, así que no pasa nada.

Dani no creía que, por ser sueños, estuviese justificado hacerles sufrir, pero tampoco tenía tiempo de discutir. Habían llegado a la entrada de la cueva del Palacio Presidencial.

Con paso firme, Dani y su nuevo aliado se internaron en la enorme gruta de cristales luminosos. Por el camino se encontraron con varios sueños felices y con soñadores más felices aún. Todos se apartaron a su paso, especialmente cuando vieron al enorme perrazo infernal.

—¡Una pesadilla! ¡Aún queda una pesadilla libre! —gritaron asustados los sueños, mientras corrían hacia el palacio.

Los soñadores no entendían muy bien lo que estaba pasando, pero cuando Pesante les gruñía se arrojaban al suelo llenos de terror.

El perro sonrió complacido.

—Me encanta el olor del miedo en los soñadores —comentó—. Huele a victoria.

—No te pases —le conminó Dani, al tiempo que le daba un leve tirón de la cadena—. No hemos venido a hacerles daño a ellos.

—A ellos tal vez no, pero a ese de ahí sí —dijo Pesante y señaló con su hocico un punto a lo lejos—. ¿No es verdad, jefe?

Eudemon, el Paladín de la Felicidad, había aparecido al pie de la gran torre que se levantaba en el centro de la cueva. Parecía muy enfadado por su llegada.

—¿Qué es esto? ¿El soñador que estaba con la princesa? —Eudemon examinó a Dani de arriba abajo. Luego se fijó en Pesante—. ¡Y una pesadilla! A estas alturas, todas esas abominaciones de miedo y dolor deberían haber sido transformadas por completo. ¿Qué hace aquí este engendro?

—No es un engendro, se llama Pesante y lo he traído yo —contestó Dani muy serio—. Ahora quiero ver a la Princesa de las Pesadillas.

—¿Qué te hace pensar que te voy a dejar pasar, niño? —se encaró con él Eudemon.

En ese momento, una imagen flotante de la presidente Hedoné apareció junto a ellos.

—Calma, paladín —le pidió a Eudemon—. Recuerda la regla fundamental: existimos para hacer felices a los soñadores. El chico es un soñador. Si es su deseo ver a la princesa, no se lo podemos impedir.

Eudemon gruñó para mostrar su desacuerdo.

—Es una mala idea —protestó el caballero de brillante armadura. Aun así, se hizo a un lado y permitió que Dani y Pesante pasaran al interior de la torre.

Como la vez anterior, la presidenta Hedoné los esperó en su despacho. Seguía manteniendo su apariencia de abuelita encantadora, aunque no pudo evitar esbozar una mueca de disgusto cuando vio entrar a Pesante.

—¿Qué podemos hacer por ti, Daniel? —le preguntó al muchacho.

Dani ni siquiera se molestó en mostrarse amable esta vez. Se plantó delante de la mesa de la presidenta y dijo:

—La princesa. ¿Dónde está?

Había sonado muy cortante y muy maleducado, pero la presidenta Hedoné no se enojó. Simplemente, le señaló una puerta a su izquierda.

Temiéndose una encerrona, Dani abrió la puerta con cuidado. Y entonces alguien se le echó al cuello.

—¿Qué...? —empezó a preguntar Dani, pero recibió un abrazo tan fuerte que casi lo asfixió.

—¡Dani! ¡Estás aquí! ¡Por fin, por fin, por fin!

Era la Princesa de las Pesadillas... y no era ella exactamente. Estaba completamente cambiada. Fuera sus vestidos góticos, su aire siniestro y sus ojos cargados de arrogancia sádica. Ahora parecía una princesa de cuento de hadas, de sonrisa perenne y con una bonita diadema dorada en la cabeza. Exudaba dulzura por los cuatro costados.

—¡Mamá, papá! ¡Es Dani! —exclamó la princesa con voz cantarina. Detrás de ella, los Reyes de las Pesadillas, tan cambiados como ella, saludaron a Dani.

Después, la princesa recogió una bola peluda del suelo.

—¡Mira, *Rodolfo!* ¡Dani, nuestro superamigo! —dijo la niña mientras ponía delante del chico al antiguo Conejo Asesino de Dol Horpein. La temible bestia antropófaga se había convertido en un adorable conejito de color rosa incapaz de hacerle daño a una mosca—. Dale un besito...

Pero Dani no quiso besar al pobre *Rodolfo* transformado. En su lugar, trató de hacer ver a su amiga la situación en la que se encontraba.

—Princesa, estás mal. Esos sueños felices te han transformado. ¿No lo recuerdas?

—Pero ¡¿qué dices, Dani?! Yo siempre he sido así. Feliz y contenta —respondió ella con una sonrisa perfecta—. No hay nada que me guste más que hacer feliz a los demás.

Justo entonces, la presidenta Hedoné y el caballero Eudemon aparecieron detrás de Dani. En sus rostros se veía la satisfacción de la victoria.

—Escúchala, Daniel —le dijo la presidenta del País de los Sueños Felices—. Con un trago de felicidad pura se ha convertido en una princesita maravillosa, como debe ser. No te preocupes: los dos podéis seguir siendo amigos en el País de los Sueños Felices...

Dani se enfadó mucho. Pesante, al sentir su ira, se volvió contra Hedoné y Eudemon y rugió como un león. Un tanto sorprendidos, la presidenta y el paladín retrocedieron varios pasos.

—¡Yo ya soy su amigo! —exclamó Dani furioso—. Princesa, a ti no te gusta hacer feliz a la gente. A ti te gusta comer palomitas de una calavera, y la sopa de lágrimas frescas, y los gritos de terror de la gente, y...

—Dani, ¿por qué dices cosas tan raras? —preguntó la princesa, muy asombrada.

—Porque soy tu amigo —respondió Dani—. Yo siempre le digo la verdad a mis amigos. No olvides quién eres de verdad. ¡Eres la Princesa de las Pesadillas!

Dani sujetó un extremo de la cadena que le habían dado los Antiguos. Incluso en aquella torre, el regalo del Pozo Sin Fondo emitía una tremenda energía negativa.

Siguiendo una corazonada, Dani le tendió la cadena a la princesa.

—Todavía queda un poco de miedo aquí —le explicó el chico—. Quizá con ese miedo puedas recordar quién eres.

—¡No lo hagáis, alteza! —le pidió Eudemon, dando un paso hacia delante—. ¡No toquéis esa cadena! ¡Es un engaño de ese malvado soñador! ¡Quiere arrebataros vuestra felicidad!

La princesa miró primero al caballero de los sueños felices. Luego, a la presidenta Hedoné. Después miró a sus padres, que estaban ahí quietos sin decir ni pío. Por último, miró a Dani.

—Yo... No sé si debo... —murmuró la niña, que dudaba si tocar la cadena o no.

—Soy tu amigo. Eso sí lo recuerdas, ¿verdad? Aunque no sé si tú me considerabas tu amigo —confesó Dani—. Pero, si era así, por favor, confía en mí.

Por un momento, la princesa apartó la mano. Pero al instante siguiente, antes de que Eudemon o la presidenta Hedoné pudiesen intervenir, agarró el extremo de la cadena que le tendía Dani.

Un vaho oscuro y malsano se extendió por la sala. Todos los presentes, salvo Pesante, tosieron como si hubiesen respirado aire venenoso. Cuando el humo se disipó, una sombra oscura se dibujó en todos los cristales, como reflejo del terror puro que solo podía pertenecer a un miembro de la familia real de las pesadillas.

—¡Agh! ¡Malditos sueños felices! ¡¿Cómo os atrevéis a hacerme esto a mí y a mis padres?! —gruñó la niña, mientras sus ojos oscuros relampagueaban con ira—. ¡Soy la Princesa de las Pesadillas¡ ¡Os vais a enterar de lo que es bueno!

Dani sonrió. Su amiga había regresado.

17

DUELO DE CAMPEONES

Las tornas habían cambiado. Gracias a Dani y al regalo de los Antiguos, la Princesa de las Pesadillas había recordado quién era. Y estaba muy pero que muy enfadada.

El caballero Eudemon se volvió hacia la presidenta Hedoné.

—Te dije que era una mala idea dejar entrar a ese chico —comentó el paladín.

—No te inquietes, Eudemon. Esto no es más que un ligero contratiempo —trató de tranquilizarlo la presidenta del País de los Sueños Felices—. Una sola cadena no puede liberar a todo el Reino de las Pesadillas. Además, el niño Daniel es un soñador. Tarde o temprano tendrá que despertar. Y entonces, ¿quién protegerá a la princesa?

A Dani no le gustó oír aquello. Se dirigió derecho hacia la presidenta Hedoné, con Pesante pisándole los talones.

—¡Yo lo haré! Volveré noche tras noche si hace falta —prometió el chico.

—¿Serás capaz de hacerlo? ¿Incluso si te tienes que enfrentar a nuestro ejército de sueños felices? —se burló Eudemon. El paladín chasqueó los dedos y al instante un escuadrón de pingüinos armados con bazucas entró en la sala.

Pesante no se dejó impresionar.

—Pollo asado. Mi favorito —se relamió el perro infernal al ver a los pingüinos.

Antes de que se iniciasen las hostilidades, sin embargo, la Princesa de las Pesadillas dio un paso adelante.

—Cobardes hasta el fin. Me lo esperaba —comentó la niña con desagrado—. Pero antes de que esto se convierta en una batalla campal que se repita hasta el aburrimiento, se me ocurre otra idea. Una solución más sencilla.

—¿Cuál? —preguntó la presidenta Hedoné, intrigada.

—Un duelo de campeones.

La respuesta de la Princesa de las Pesadillas, ciertamente, despertó la curiosidad de los sueños felices. A un gesto de la presidenta, los pingüinos armados desaparecieron y Eudemon fue a hablar con ella. Mientras tanto, Dani se acercó a su amiga y le preguntó:

—¿Qué es un duelo de campeones?

—Es una antigua tradición. Las guerras son malas y en el mundo de los sueños nunca sirven para nada, así que inventamos otra cosa. Cuando hay una disputa, cada bando elige a un campeón y los dos pelean entre sí hasta que hay un vencedor —explicó la princesa.

Dani frunció el ceño, preocupado. Se olía más de un problema.

—Supongo que yo soy tu campeón, ¿no es así? —le preguntó a la princesa.

—Sí —admitió ella con tristeza—. Lo siento mucho, Dani. Me hago la valiente, pero estamos mal, muy mal. Necesito tu ayuda otra vez. ¡No quiero volver a ser esa princesa repipi de antes! ¡Quiero ser yo misma!

El muchacho asintió y sonrió con confianza.

—Tranquila. Seguro que se me ocurre algo —dijo Dani.

—Eh, no te olvides de mí, jefe —le recordó Pesante—. Soy tu perro, para lo que necesites.

Dani se lo agradeció. ¡Cómo habían cambiado las cosas! Hasta hacía poco, había tenido un miedo atroz al perro diabólico. Ahora era su amigo y su aliado.

En cuanto a la presidenta Hedoné y Eudemon, terminaron de conversar entre ellos y decidieron llegar a un acuerdo con la Princesa de las Pesadillas.

—Aceptamos el duelo —dijo la presidenta—. Si ganáis, seréis libres y podréis marcharos…

—Con mis padres y *Rodolfo* —la interrumpió la princesa.

—Sí, con los Reyes de las Pesadillas y el Conejo Asesino de Dol Horpein—aceptó Hedoné a regañadientes—. Supongo que entonces podréis restaurar ese país infecto vuestro. Sin embargo, si ganamos nosotros, el soñador Daniel será expulsado para siempre del País de los Sueños Felices. No podrá venir a ayudarte, ni tampoco podrá tener sueños felices durante el resto de su vida.

Era una prohibición muy dura.

La princesa miró con preocupación a Dani, pero el chico no pensaba echarse atrás. Le importaba menos quedarse sin sueños felices que dejar abandonada a su amiga. Le hizo un gesto de ánimo a la princesa.

—Está bien —dijo la niña—. Ante la incapacidad actual de mis padres, acepto el duelo en nombre del Reino de las Pesadillas. El soñador Dani será mi campeón. ¿Quién será el vuestro?

En realidad, no hacía falta preguntarlo. Eudemon, el Paladín de la Felicidad, dio un paso al frente.

—Los campeones han sido elegidos, las condiciones han sido aprobadas. Por los sueños felices y las pesadillas, ¡que comience el duelo! —proclamó la presidenta Hedoné.

Sin embargo, al principio no ocurrió nada. En el último piso de la torre de cristal, Dani y Eudemon caminaron en círculos, sin quitarse el ojo de encima. El caballero parecía tomarse el duelo con mucha tranquilidad. Si tenía intención de atacar, no lo demostraba.

En cambio, parecía tener ganas de hablar.

—¿Por qué te opones a nosotros? —le preguntó Eudemon a Dani—. ¿Sabes lo mucho que hemos trabajado para llegar hasta aquí? Siglos y siglos recolectando felicidad pura de las mentes de los soñadores. Si por alguna desgraciada casualidad ganas tú, todo ese esfuerzo no habrá servido para nada.

—Lo siento —se disculpó Dani—, pero lo que hacéis está mal.

El Paladín de la Felicidad acarició la empuñadura de su espada.

—¿Mal? ¿Qué tiene de malo conseguir que todas las personas tengan sueños felices? —señaló Eudemon—. Tú eres del mundo mundano, soñador. Deberías saber que la vida no siempre es justa. Hay mucha gente que solo puede disfrutar de un pedacito de felicidad cuando sueña. Nosotros queremos asegurarnos de que siempre sea así.

—¡Pero eso es injusto para las pesadillas! —protestó Dani—. ¿Qué hay de su felicidad? Ellas hacen su trabajo, como vosotros. Ayudan a la gente, aunque de otra manera. ¡No podéis obligarlas a ser como vosotros! Luego, ¿qué pasa si las personas quieren soñar otra cosa? ¿Les ordenaréis tener solo sueños felices?

—Haremos lo que haya que hacer —contestó Eudemon, decidido.

—Sois unos matones —comentó Dani, disgustado.

Aquello fue la gota que colmó el vaso de la paciencia de Eudemon. El Paladín de la Felicidad se lanzó hacia delante, espada en alto. Afortunadamente para Dani, Pesante estuvo al quite e interceptó al caballero en el aire. Ambos, perro y paladín, se enzarzaron en un brutal combate mientras rodaban por el suelo de la sala.

Tanto la presidenta Hedoné como la Princesa de las Pesadillas observaban la pelea con muda atención. Sin embargo, Dani no se quedó de brazos cruzados.

Mientras Pesante y Eudemon luchaban a brazo partido, el muchacho cogió la cadena y empezó a rodear a los contendientes, de tal manera que poco a poco se iban quedando enganchados en ella. Era

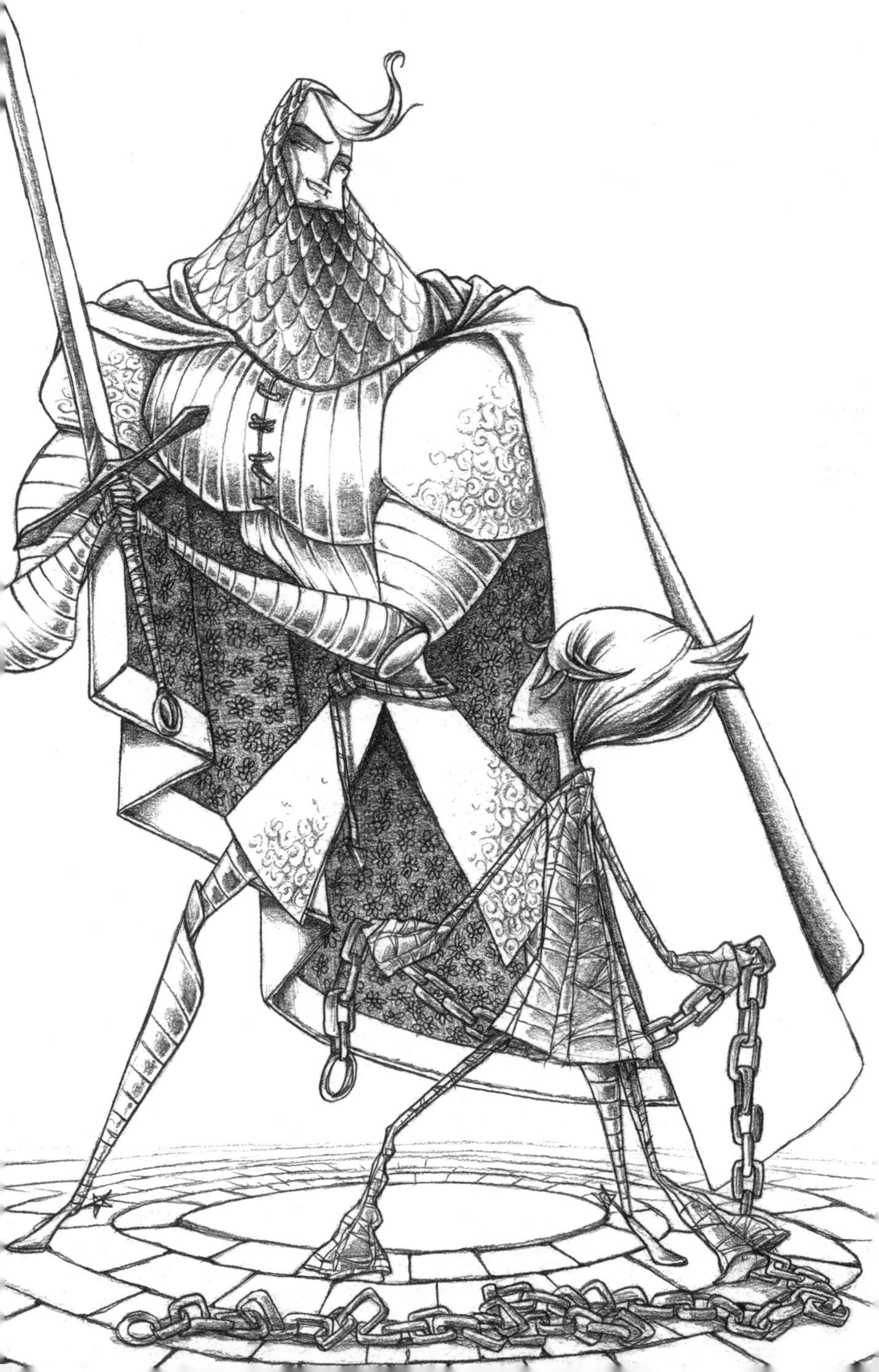

una tarea peligrosa, ya que la espada de Eudemon sobrevolaba a menudo su cabeza y hendía el aire. «Zis-zas», hacía. A pesar del riesgo, Dani lo consiguió, y antes de que se diera cuenta, Eudemon había quedado atrapado en una red de hierro.

—Ah, ya veo. Esta cadena apesta a los terrores innombrables del Pozo Sin Fondo —observó el Paladín de la Felicidad con evidente asco—. Pero no es un problema para mí.

A pesar de que las cadenas le impedían moverse libremente, Eudemon tuvo la fuerza necesaria para arrojar a Pesante por el aire y agarrar a Dani por el pescuezo, tal como había hecho dos noches atrás.

—No soy tu perro, soñador. No me pondrás una correa —le dijo Eudemon.

—No quería hacer eso —repuso Dani con aplomo—. Solo quiero saber de qué tienes miedo.

El rostro de Eudemon se congeló. Luego, se retorció de dolor. Se arrojó al suelo y se tiró de los pelos, sin poder evitarlo. A través de la cadena, Dani vio pasar imágenes fugaces por su cabeza. Gente deprimida. Gente infeliz. Gente dándole la espalda a Eudemon y al País de los Sueños Felices.

—¿Qué le está pasando, jefe? —preguntó Pesante, un poco dolido por el golpe que se había llevado—. Si no supiera que es imposible, diría que está teniendo una pesadilla.

—Lo he obligado a ver sus miedos —contestó Dani, un poco triste. Tal como habían prometido los Antiguos, ahora podía encadenar los miedos de otros. Incluso los miedos de los sueños. No era la habilidad más divertida del mundo, pero al menos había funcionado.

Había ganado.

Al ver a Eudemon tirado sobre el suelo, incapaz de levantarse, la Princesa de las Pesadillas se volvió hacia la presidenta Hedoné con una sonrisa de oreja a oreja.

—¿Lo dices tú o lo digo yo? —le preguntó la niña con malicia.

—Está bien. Yo lo haré —respondió la presidenta con un suspiro de pesar—. El duelo de campeones ha terminado. El Reino de las Pesadillas ha vencido.

18

El Guardián de las Pesadillas

En cuanto el duelo terminó, la Princesa de las Pesadillas le rogó a Dani que usase la cadena del Pozo Sin Fondo para liberar a sus padres del encantamiento de felicidad. El muchacho así lo hizo y pronto Yegua Nocturna y su marido volvieron a ser los mismos de siempre.

Como era comprensible, los Reyes de las Pesadillas estaban muy disgustados.

—Esto que habéis hecho es imperdonable —le dijo Yegua Nocturna a la presidenta Hedoné, mientras sus ojos rojos relucían con un brillo amenazador—. Ahora tengo que ir a restaurar mi reino, pero arreglaremos cuentas en el futuro.

Su marido asintió. Su armadura chirrió cuando se acercó al caído Eudemon para examinarlo. El Paladín de la Felicidad seguía tirado en el suelo, dominado por sus miedos.

La presidenta Hedoné tenía cara de haberse tragado un barril de sapos y culebras. Aunque seguía teniendo poder para retener a la Familia Real de las Pesadillas, las reglas eran las reglas. El País de los Sueños Felices había perdido el duelo de campeones. Era un hecho. Si ahora intentaba hacer trampa, todos los sueños del universo se enterarían y se volverían contra ellos.

Pues, aunque los sueños felices eran muchos y poderosos, solo eran una gota en el mar de criaturas que poblaban el mundo de los sueños. Igual que las pesadillas.

—Algún día lamentarás lo que has hecho —le dijo la presidenta Hedoné a Dani antes de que se marcharan.

Dani intercambió una mirada con su amiga. Luego meneó la cabeza.

—No, no lo creo —le contestó a la presidenta. Entonces se fueron.

El retorno al Reino de las Pesadillas fue casi inmediato. Sus Muy Terroríficas Majestades se horrorizaron al ver el estado en el que se encontraba su país.

Afortunadamente, el daño no era irreparable. Utilizando las energías oscuras del Pozo Sin Fondo (con un poco de ayuda de los Antiguos), los reyes frenaron el contagio de felicidad y revirtieron la transformación de sus súbditos. Fuera los ponis, las flores de colores, los días soleados y las toneladas industriales de azúcar. El miedo y la oscuridad regresaron al reino. Y también volvieron sus habitantes.

Decir que en el Reino de la Pesadillas hubo una explosión de alegría es decir poco. Tal vez fueran unas criaturas siniestras y macabras cuya concepción de la felicidad era muy diferente de la de los soñadores mundanos, pero sí sabían dar una fiesta. De una punta a otra del reino, miles de pesadillas acudieron para celebrar su liberación y para dar las gracias al soñador que los había rescatado.

—Creo que esto es demasiado para mí —suspiró Dani, mientras miles de pesadillas se agolpaban para felicitarlo.

—Tonterías —replicó Yegua Nocturna con benevolencia—. Rara vez los soñadores sienten algo más que miedo o repugnancia hacia nosotros, pero tú has demostrado ser diferente. El Reino de las Pesadillas te lo agradece.

—Bueno, majestad, cuando yo lo perseguía, el jefe no era tan amigo de las pesadillas, no señor —intervino Pesante con una mueca burlona.

La reina fingió no haber escuchado al perrazo demoníaco.

—Los Antiguos, es su insondable sabiduría, ya te han agraciado con un regalo poderoso. Nosotros, como legítimos gobernantes del reino, deberíamos hacer más, mucho más —dijo Yegua Nocturna.

—No, en serio, no hace falta —repuso Dani, muy azorado—. La princesa ha hecho más que yo. Además, seguro que pronto me voy a despertar. No puedo quedarme mucho tiempo…

La Reina de las Pesadillas no hizo caso de sus protestas y lo condujo a la torre más alta del palacio, desde la cual se podía contemplar todo el reino. Los acompañaron el rey, la princesa, el chambelán cucaracha Fzzz, *Rodolfo* (que volvía a ser el Conejo Asesino de Dol Horpein) y Pesante.

La voz de la reina resonó con fuerza desde las alturas y llegó a los oídos de todas las pesadillas que se agolpaban en los alrededores del palacio.

—¡Pueblo mío! ¡Pesadillas de todos los rincones del universo! Esta noche, por primera vez en milenios, nuestro reino ha estado a punto de sucumbir a la traición y las estratagemas de los sueños felices. Pero, si nos hemos salvado todos, ha sido gracias a la ayuda de un soñador. Sí, de un soñador —Yegua Nocturna hizo una pausa dramática antes de continuar—. Por eso, Sus Muy Terroríficas

Majestades concedemos al soñador Daniel el título de «Guardián de las Pesadillas». Ahora, súbditos míos, ¡saludad a vuestro campeón!

Atronadores gritos de júbilo se oyeron en todo el país. Dani estaba contento, aunque no entendía muy bien qué significaba eso de ser un Guardián de las Pesadillas. En un momento de tranquilidad, se escabulló de las celebraciones y la princesa se lo explicó.

—Es un gran honor —le contó ella—. Cada varios siglos se elige a un campeón que representa al reino, un poco como Eudemon para los sueños felices. Solo que, en vez de «Paladín de la Felicidad», se le llama «Guardián de las Pesadillas».

El Conejo Asesino de Dol Horpein hizo un ruidito agudo e insistente.

—Ah, sí, tienes razón, *Rodolfo* —asintió la princesa—. Hay algo aún más importante: es la primera vez que un soñador se convierte en Guardián de las Pesadillas. Antes, siempre habían sido otros sueños.

—Les tengo que dar las gracias a tus padres —dijo Dani, asombrado por el honor que había recibido—. Pero lo importante es que todos estéis bien. Esos sueños felices… ¡Casi acaban con el Reino de las Pesadillas!

—Bueno, en realidad su plan no habría funcionado —comentó la princesa.

Dani se quedó muy sorprendido.

—¿Cómo que no? ¡Vi como Johnny y los demás cambiaban! ¡Incluso tú!

La Princesa de las Pesadillas esbozó una sonrisa triste.

—Sí, las pesadillas individuales se habrían transformado para siempre —admitió la niña—. Pero incluso si los sueños felices hubiesen logrado su propósito, habrían aparecido nuevas pesadillas. Nacemos de la imaginación de la gente. Mientras haya un soñador que tenga miedo, existirá un Reino de las Pesadillas.

Como Dani parecía súbitamente desanimado, la princesa lo cogió de la mano.

—¡Pero tú has hecho mucho, Dani! Sí, habría aparecido un nuevo Reino de las Pesadillas tarde o temprano, ¡pero ya no serían las mismas pesadillas! Nosotras, las antiguas pesadillas, nos habríamos convertido en sueños felices para siempre. Nos has salvado, Dani. Eres un héroe.

El chico levantó la mirada. A pesar de la alegría de la victoria, estaba muy serio.

—Yo no quiero ser un héroe —repuso el muchacho—. Yo solo quiero ser tu amigo.

—Ya eres mi amigo, Dani —contestó la princesa sin dudar.

Pero el muchacho no las tenía todas consigo.

Aún recordaba las pullas que le había lanzado Pesante antes de domarlo.

—Si de verdad somos amigos… —murmuró Dani—, ¿me dirás tu nombre? ¿Por favor?

Por un momento, pareció que la princesa no iba a responder. Sin embargo, enseguida sonrió. Una auténtica sonrisa de felicidad, no aquella horrible falsificación que había tenido que mostrar en el País de los Sueños Felices.

—Por supuesto —asintió ella—. Mi nombre es Nyx. Créeme, Dani. A partir de ahora somos amigos para siempre.

19

BUEN DORMIR

Dani por fin había aprendido a dormir a pierna suelta. Nada de pesadillas continuas que lo despertaran en mitad de las noches. De hecho, desde que se había convertido en el Guardián de las Pesadillas, estaba durmiendo de manera normal. Demasiado normal, pensaba él.

Había noches en que soñaba mucho. Sueños raros, sin sentido, que no eran ni felices ni pesadillas. Algunas veces los recordaba y otras no. Otras noches no soñaba nada y se levantaba preocupado.

Sus padres, como no podía ser de otro modo, no comprendían nada.

—¿Por qué pones esa cara, Dani? ¿No has dicho que ya no tienes pesadillas? —le preguntaba su madre, confundida.

Y ese era el problema. Hacía semanas que no tenía pesadillas.

Aunque no lo reconocía abiertamente, Dani tenía miedo. Temía que sus estrambóticas aventuras en el mundo de los sueños no hubiesen sido más que un invento de su imaginación. Que la Princesa de las Pesadillas, Pesante, *Rodolfo,* Don Dinero, Eudemon y los demás personajes que había conocido no fuesen reales.

Entonces, unos días después, Dani soñó. Regresó al mismo pueblo que durante noches interminables había sido escenario de sus pesadillas.

Pero, en vez de sentir miedo, Dani se alegró. Porque en una esquina del pueblo apareció la Princesa de las Pesadillas comiendo palomitas de una calavera humana, igual que la primera vez que se habían encontrado.

—¡Nyx! —la saludó Dani alborozado, mientras corría hacia ella—. ¡Has vuelto!

—Por supuesto que he vuelto —rezongó la niña—. Perdona por no haber venido antes, pero mamá insistió. «Déjalo en paz por unas noches, Nyx. El pobre chico necesita descansar. No lo atosigues». Pero entonces empezaste a tener miedo de no volvernos a ver, así que me ha dado permiso para visitarte.

Dani se lo agradeció de todo corazón. Detrás de la princesa aparecieron *Rodolfo* y Pesante.

—¿Qué tal estás, jefe? —lo saludó el perrazo de sus pesadillas—. Ya me estaba aburriendo sin tener a nadie a quien perseguir.

El Conejo Asesino de Dol Horpein gruñó con satisfacción, pues compartía el sentimiento.

Nyx le guiñó un ojo a Dani.

—¿Qué me dices, Guardián de las Pesadillas? ¿Te vienes a pasar un poco de miedo?

—Siempre —contestó Dani.

Índice